Manfred H. Krämer

Die Marathonne

Band 1: 1999 - 2010

AF124919

Für Raimund.

Bist ganz schön faul geworden ...

Manfred H. Krämer

Die Marathonne

Ein Laufbuch für alle die das Laufen
nicht zu ernst nehmen.
Mit den Reportagen und Kult-Kolumnen aus
Runner's World!
Garantiert ohne Ernährungs- und Trainingspläne!

Band 1: 1999 - 2010

Bibliografische Information der Deutschen Nationalbibliothek:
Die Deutsche Nationalbibliothek verzeichnet diese Publikation in der Deutschen Nationalbibliografie; detaillierte bibliografische Daten sind im Internet über http://dnb.dnb.de abrufbar.

TWENTYSIX – Der Self-Publishing-Verlag
Eine Kooperation zwischen der Verlagsgruppe Random House und BoD – Books on Demand

© 2018 Krämer, Manfred

Herstellung und Verlag:
BoD – Books on Demand, Norderstedt.

ISBN: 9783740734084

Titelidee und Gestaltung: Manfred H. Krämer

Unter Verwendung einer Illustration von Steffen Boiselle

Lektorat: Luisa Clasen

Inhalt:

Der Autor:

Manfred H. Krämer, 1956 geboren, lebt in Lampertheim in der Nähe von Mannheim. Hauptberuflich ist er als Lkw-Fahrer im Nahverkehr beschäftigt. Von 1999 bis 2016 war er als freier Mitarbeiter und Kolumnist für das Laufmagazin Runner's World tätig. Bekannt wurde er mit seiner erfolgreichen Krimireihe um die kultigen Hobby-Ermittler Solo & Tarzan. (Verlag Waldkirch, Mannheim)

Manfred H. Krämer ist verheiratet, hat zwei erwachsene Kinder und eine Enkelin. Das Laufen ist für ihn weder Passion noch fällt es ihm besonders leicht. Trotzdem hat er bereits dutzende Marathon- und Halbmarathonläufe, viele Volksläufe über fünf und zehn Kilometer und sogar Ultraläufe wie den Rennsteig und den legendären Bieler 100-Kilometer-Lauf bewältigt. Krämer läuft um seinen Diabetes in Schach zu halten und um sein Gewicht zu reduzieren.

Das Buch:

„Die Marathonne" ist kein Fachbuch und schon gar kein Lehrbuch. Es ist der Erfahrungsbericht eines Menschen, der zum Laufen gefunden hat, obwohl er sich jedesmal neu dazu aufraffen muss. Wer Anleitungen und Pläne sucht, wird hier sicher nicht fündig werden. Wer aber noch einen letzten Schubser braucht, um selbst die Laufschuhe zu schnüren. Wer raus möchte/muss aus seinem bewegungsarmen Alltag, wer das wohlige Gefühl erbrachter körperlicher Leistung unter der warmen (ja, ich dusche IMMER warm!) Dusche geniessen möchte und wer ohne Qual und Verzicht abnehmen will, der/die ist hier richtig. Krämers heiter-selbstironischer Schreibstil hat ihm bereits als Kolumnist bei Runner's World, dem größten Laufmagazin der Welt, eine große, internationale Fangemeinde beschert. In diesem Buch werden sich viele wiederfinden. Einer wird nach der Lektüre vielleicht die alten Turnschuhe aus der Kiste kramen und eine kurzatmige Runde um den Block drehen. Eine andere auf der Couch bleiben und amüsiert den Kopf schütteln. Spaß werden beide haben. Versprochen.

Wie alles begann

In den ersten Januartagen des Jahres 1998 quälte sich ein fast 100 Kilo schwerer 42-jähriger Mann über eine knapp vier Kilometer lange Strecke durch den Lampertheimer Wald. An seiner Seite ein etwas jüngerer und etwas leichterer Gefährte, der aber ebenfalls zum ersten Mal im Laufschritt unterwegs war. Beides Familienväter, deren Frauen belustigt und zweifelnd den erwachten Ehrgeiz ihrer Gatten als rasch wieder verklingende Randerscheinung abtaten. Weder die Ladys noch die völlig ausgelaugten Vier-Kilometer-Cracks ahnten an jenem nasskalten Morgen, dass einige Jahre später beide Männer mehr oder weniger lädiert, doch lachend und stolz die Ziellinie des Bieler 100-Kilometer-Laufs passieren würden.

Der ein oder andere wird sich erinnern: „Die Marathonne" war meine erste Reportage, die in RUNNER'S WORLD erschien. Die schweißtreibenden 48 Minuten meines ersten Laufs in durchweichten Baumwollschlabberhosen und Discounter-Latschen waren mein Start ins Läuferleben. Es folgten diverse Wettkämpfe vom 10-Kilometer-Volkslauf über den Duisburg-Marathon bis zu legendären Ultraklassikern wie Rennsteig und Biel. Aus fast zwei Zentnern Lebendgewicht wurden knackige 75 Kilo, und die Gattinnen bezeichneten uns mittlerweile nicht mehr als Laufträumer, sondern als Laufverrückte.

Mittlerweile bin ich über Sechzig und habe in den letzten Jahren das Wettkampflaufen ganz aufgegeben. Nur noch für die Fitness, lautete die Devise. Ich wurde zum stressfreien, trainingsplanabstinenten Laufschluri. Heute keinen Bock zum Laufen? Bleib ich auf der Couch. Resultat des Schlendrians: Schleichend näherte sich mein Gewicht wieder speckig-jugendlichen Werten. Ups!

Aus der Lethargie weckte mich der Plan, dieses Buch-Projekt „Die Marathonne" zu veröffentlichen. Mit ausgewählten Reportagen und Kolumnen aus RUNNER'S World sowie aktuellen Texten. Ich erschrak. So, wie es mittlerweile um mich stand, würde es eine Parabel werden: vom dicken jungen Mann über den gut trainierten Sportler zum dicken Opa. Das durfte nicht geschehen! Deshalb mache ich nun eine Schreibpause und gehe in den Wald. Jetzt! Sofort! Es regnet, es stürmt, es ist kalt. Egal! Bleibt dran, gleich geht's weiter! Ihr könnt jetzt was essen, oder selber laufen gehen oder einfach weiterlesen …

Geschafft! Acht Kilometer in 53:33 Minuten. Anstrengend wie früher ein 15er, aber fast im gewohnten Tempo von 6:40 Min/km. Mit Wampe! Kampfgewicht: 87 Kg. Wenn ich jetzt dranbleibe, kann ich das Ruder noch rumreißen. Heißt aber auch: weg mit dem ganzen Süßkram, den ich seit Wochen in mich reinstopfe.

Regelmäßige Leserinnen und Leser meiner Kolumnen wissen: Manni ist ein Frustfresser +. Das „+" steht dafür, dass ich nicht unbedingt Frust haben muss, um ungehemmt über Schoki, Torte & Co. herzufallen. Das wird am schwersten werden. Aber ich habe bereits eine Lösung im Blick. In meiner Lieblingsbuchhandlung in Nachbarort gibt es einen Shop-im-Shop mit toskanischen Spezialitäten. Da habe ich mir jüngst eine mediterrane Genusstüte füllen lassen. Vor dem Fernseher frisch abgesäbelten Parmigiano mit Oliven zu knabbern, verweist jede Chipstüte ins Abseits. Was aber wirklich schmerzt: auf die heißgeliebten süßen Teilchen vom Bäcker zu verzichten, die ich täglich um 10 und 15 Uhr zur Erhaltung der allgemeinen Fahrtüchtigkeit mampfe.

Diesen Monat steht übrigens wieder eine Blutentnahme beim Diabetologen an. Also Disziplin! Ja, ihr dürft lachen. Disziplin passt zu mir wie ein Heizstrahler zum Schneemann. Aber: Uffbasse! Unter 85 Kilo werfe ich hiermit in den Ring. En garde!

So. Jetzt kennt ihr meine Schreibe und meine Einstellung zum Laufen. Ich habe zwar alles gemacht, was ein „richtiger" Läufer glaubt, gemacht haben zu müssen, also diverse Marathons, Halbmarathons, Zehn-Kilometer-Läufe und sogar Ultras. (Alles was über Marathon hinausgeht) Aber ich musste mir alles erkämpfen, stand nie auf einem Siegertreppchen und hatte stets den Besenwagen oder das Besenfahrrad im Genick. Spaß hat es aber immer gemacht. Zumindest, wenns vorbei war und ich mir zum zwanzigsten mal gesagt habe: Nie wieder! Mittlerweile bin ich ein reiner Spaßläufer, der das Zusammensein mit dem kunterbunten Laufvölkchen genießt, die „Wettkämpfe" nach landschaftlicher Schönheit oder Extravaganz aussucht und so ganz nebenbei seinem Diabetes davongelaufen ist.

In diesem ersten Band könnt ihr nachlesen, wie alles begann. Vom ersten Marathon bis zum Hundert-Kilometerlauf. Vom fast Zweizentnermann zum schlanken Sportsmann und (fast) wieder zurück. In diesem Buch findet ihr die frühen RUNNER's World Reportagen ab 1999 und die ersten monatlichen Kolumnen die ich für dieses Magazin schrieb.

Die Marathonne

Dein Atem geht tief und rhythmisch, dein Blut pulsiert spürbar durch das Netzwerk von Adern und Venen, deine Beine tragen dich wie der Wind durch den verschneiten Wald. Du schließt kurz die Augen, breitest die Arme aus und glaubst zu fliegen.

So ist Laufen! Oder?

Schwer stampfen die Füße auf den Boden. Röchelnd und keuchend lechzen die Lungen nach Sauerstoff, schweißnass klatscht das T-Shirt auf Bauch und Rücken. Die Brille rutscht, die Nase läuft, die Oberschenkel brennen wie Feuer. Schweiß rinnt in Strömen, die Arme werden taub, das Herz rast. Die Bäume beginnen sich zu drehen, der Weg windet sich wie eine Schlange, rote Sterne tanzen vor deinen Augen.

Ein Marathoni, Sekunden vor dem neuen Weltrekord?

Ein Ultraläufer bei Kilometer 98?

Fast richtig! Es handelt sich um den Autor dieser Zeilen nach den ersten 400 Metern Waldlauf in seinem 42-jährigen Leben.

Warum tut man sich so was an? "Man" hat eine tolle Familie, ist beruflich etabliert, gesellschaftlich anerkannt und mit den ehrlich erworbenen Schwimmringen hat man sich arrangiert.

Wirklich?

Meine Frau wiegt exakt die Hälfte, mein Sohn ist ein Strichmännchen und meine Tochter eine filigrane Ballettmaus.

Bis vor wenigen Jahren hatten wir immerhin noch einen übergewichtigen Zwergdackel.

Nachdem jedoch im letzten Urlaub der Stolz über meine jugendlich aussehende Ehefrau, der Angst wich, für ihren Vater gehalten zu werden, beschloß ich etwas für meinen Körper zu tun: keine Schokolade, kein Alkohol, keine Sahnetörtchen! Kein Schweinsbraten, keine Käseflips und kein Nutella-fingerdick!!

Erwartungsgemäß schlug alles fehl und um so mehr an: Sylvester 1996 war ich mit 95 kg so schwer wie nie und um eine schreckliche Erkenntnis reicher: Sport ist der Schlüssel zur Idealfigur!

Raimund, verständnisvoller Bauchträger wie ich, schlug vor, am nächsten Sonntag einen erholsamen Waldlauf zu machen.

Und das unglaubliche geschah:

Raimund lud mich am Sonntag morgen um 8:30 Uhr in sein Auto, fuhr mit mir zum Läufertreff am Stadtwald, lehnte mich dort gegen einen Baum, bis er sich die Schuhe geschnürt hatte und begann sogleich locker-lässig auf der Stelle zu traben wie Rocky im ersten Teil.

Irgendwie brachte ich es fertig, mit rollenden Schultern, geballten Fäusten und hervorquellenden Augen in einen schlurfenden Zuckeltrab zu fallen. Nach 400 Metern (siehe oben), kämpften wir gemeinsam gegen das Vorhaben unserer Körper, unnötigen Ballast durch Erbrechen loszuwerden.

An jenem denkwürdigen Tag haben wir die Vier-Kilometer-Strecke tatsächlich geschafft! Nach 45 Minuten erreichten wir blaß, zitternd und Klitsche-Klatsche-Naß wieder den Parkplatz, klopften uns auf die Schultern, würdigten jeweils die Leistung des Partners: "du Wildsau!", "du Wahnsinniger!" und kamen uns vor wie Olympiasieger.

Ein entspannt vorbeischwebender Läufer in hautengen Leggins, (das die Dinger Tights heißen, wußten wir damals noch nicht) grüßte uns lässig (!)

Wir gehörten dazu! Wir sind jetzt Sportler! Asse! Marathonnen! (Oder heißt es Marathoni?)

Auf der Heimfahrt, unsere sogenannten "Jogging-Anzüge " dampften permanent Brillen und Autoscheiben zu, schworen wir uns, eisern zu trainieren! Keine Schokolade, kein Alkohol, keine Sahnetörtchen! Kein Schweinsbraten, keine Käseflips und kein Nutella-fingerdick!! Na ja, jedenfalls von allem etwas weniger.

Von da an trabten wir allsonntags durch den Stadtwald, schafften es nach sechs Wochen sogar, die "Vierer" ohne Geh-, Schnauf- und Spuckpausen hinter uns zu bringen.

Als ich dann begann, heimlich unter der Woche zu laufen, war ich bereits infiziert. Die Pfunde purzelten ganz ohne Diät, die "Vierer" wurde bald langweilig und als ich das erstemal, die mit den blauen Schildern gekennzeichnete

Sechs-Kilometer-Strecke lief, zeigte ich der mächtigen Kiefer am Abzweig zur "Anfängerstrecke" glücklich den Mittelfinger.

Ich war ein Läufer geworden.

Bei keiner Sportart sieht man so schnell den Erfolg wie beim Laufen. Nach wenigen Wochen spulten wir bereits lässig die "Zehner" ab. Die "Königsstrecke". Sogar Raimunds Golden Retriever rannten wir schlapp.

Der Sommer kam und mit ihm der alljährliche "Spargelfestlauf" meiner Heimatgemeinde. Ein Halbmarathon mit 10-Kilometerlauf und 5-Kilometer "Einsteigerlauf". Auch für die ganz kleinen gab es einen 1000-Meter "Bambini-Lauf".

Klar, Dass ich da mitmache!

Einsteiger war ich ja keiner mehr und zehn Kilometer lief ich jede Woche. Halbmarathon war angesagt!

Dummerweise erzählte ich allen von meinem Vorhaben. Erwartungsgemäß erntete ich ungläubiges Staunen (Du? Das hätte ich dir nie zugetraut!) und ehrfürchtige Bewunderung (Mit der Wampe auf den Halbmarathon?).

Dummerweise startete just in der Woche, in welcher die Veranstaltung stattfand, der Sommer zu seinem einzigen kurzen Hochtemperatur-Gastspiel.

Für den Wettkampftag waren Temperaturen zwischen 33 und 35° C angesagt.

Zudem sorgte Windstille und eine Luftfeuchtigkeit wie in einer Baumwollunterhose nach 10 Kilometern, für denkbar ungünstige Bedingungen.

Aber wozu war man schließlich über 40 Jahre alt? Ein Mann, Herr all seiner Sinne, fern von jugendlichem Imponiergehabe und falsch verstandenem Ehrgeiz?

Ich pfeife auf alle "ich-habs-doch-gleich-gewußt" Bemerkungen sogenannter guter Freunde. Bei dem Treibhauswetter laufe ich doch kein Halbmarathon! Ich bin doch nicht blöd!

Oder doch?

Wenn ein Mann Dinge tut, die er nicht tun will, seine durch nichts zu beeinflussende Meinung plötzlich ändert, sämtliche Vorsätze und wohlformulierten Entschuldigungen fallenläßt, dann ist er nicht blöd, dann ist er verheiratet!

Meine Frau war überhaupt nicht gewillt, sich den Sprüchen ihrer Montagabendfreundinnen auszusetzen: "Na, dein Maratönnchen, was hat er denn für eine Zeit gelaufen?", "War dein Mann etwa so schnell, dass ich ihn nicht gesehen habe?"

"Du wirst deine Nudeln essen und du wirst laufen!" befahl meine Göttin.

Ich aß meine Nudeln und ich lief.

Zuerst einmal aufs Klo, denn auch Rennpferde werden nun mal nervös vor dem Start.

Der Start war um 18:00 Uhr, um 17:00 Uhr kreuzte ich an der Meldestelle auf, erstand eine Startnummer (119), traf staunende Mitläufer: ("Was du auch? Die Zehner?") "Nö, den Halbmarathon". Erntete mitleidige Blicke und vielsagendes Augenzwinkern und schnürte meine nagelneuen

"Tights" etwas enger. Das T-Shirt trug ich über der Hose, da diese hautengen Beinlinge leider äußerst figurbetonend sind. Leider schreibt niemand in Fachbüchern oder Zeitschriften, wie man die Startnummer am T-Shirt befestigt, ohne sich den Bauch zu zerstechen oder das Hemd zu zerfetzen. Aber auch das gelang mir endlich. Noch etwas Vaseline unter die Achseln. (Darüber haben sie geschrieben), noch mal ein Zwischenspurt aufs Klo, dann konnte es von mir aus losgehen.

Im Gedränge vor der Startlinie suchte ich mir einen Platz im hinteren Drittel, fachsimpelte mit meinen Nachbarn/innen und wippte und trippelte auf der Stelle. Aufgeregt? Nö, aber aufs Klo könnte ich schon wieder.

Dann der Countdown! Gemeinsam im Chor zählt die Menge (etwa 1500 Leute) von zehn bis eins, ein Knall und das Volk rennt!

Nach etwa fünf Minuten Hackentreten, Ellenbogenknuffen und Beckenstößen zerstreute sich das Feld auf eine angenehmere Dichte. Schnell fielen die Musik, die krächzenden Lautsprecher und die frenetischen Familienchöre zurück. "Trapp Trapp Trapp" war neben diversen Rotz- und Schnieflauten das vorherrschende Geräusch. "Trapp Trapp Trapp", mein Rhythmus, meine Religion, "Trapp Trapp Trapp".

Gleichmäßig laufen! Ermahnte ich mich, Gleichmäßig! Nicht mitziehen lassen! Aber den Dicken da vorne, den Kauf ich mir "Trapp Trapp Trapp" und die drei Frauen auch! "Trapp Trapp Trapp". Den ollen Opa noch, dann ist Schluss! "Trapp Trapp Trapp".

Trapp Trapp Trapp? Schnauf, keuch, pfeif? Noch nicht einmal bei Kilometer zwei und schon bist du platt? Kurzer gehetzter Blick zurück: Da läuft noch jede Menge Volk hinterher. Keine Panik. Ruhig und gleichmäßig laufen "Trapp Trapp Trapp".

Über eine Brücke, mein Gott, die müssen wir kurz vor dem Ziel noch einmal rüber! Vor einer Kneipe hocken welche, prosten uns mit Weizenbier zu. Bauch einziehen, Kopf hoch, kernig und energiegeladen aussehen!

In der Stadtmitte die erste Verpflegungsstation. "Wasser!" "Elektrolyt!" "Wasser!" schallt es uns entgegen. "Wasser!", rufe ich, jemand reicht mir einen Becher "Trapp Trapp Trapp, Gluck, Gluck, Gluck" den Rest übers Hemd. Gar nicht so einfach im Laufen zu trinken. Noch ein Becher, diesmal über den Kopf Ah! Herrlich! Hinter der Kurve kommt eine lange Gerade. Ich schloss zu einer Gruppe Männer auf, die von Statur und Laufstil her ganz gut zu mir zu passen schienen. Schnell passte ich mich an, freundliches Kopfnicken. "Trapp Trapp Trapp".

Neben mir lief ein Profi: 285,80 DM an den Füßen, Markenhosen, Markenshirt, Markenmütze. Um die Taille ein Holster, gefüllt mit Powerriegeln und zwei Trinkflaschen, die sicherlich hochgeheimes, leistungssteigerndes Dope enthielt. Ich bedachte den Profi mit einem ehrfürchtigen Blick. Der schnaufte kaum, bestimmt würde er nach kurzer

Zeit seinen "Turbo" einschalten und uns alle in einer Staubwolke verschwinden lassen. Am Ortsausgang kamen uns die ersten Zehn-Kilometer-Leute entgegen, die mit uns gestartet waren und deren Wendepunkt etwa zwei Kilometer voraus war: ausgemergelte Gestalten, offene Münder, ewig lange Beine und ein Tempo. Wahnsinn!

Dann kam die Wendemarke. Ein Feuerwehrmann hielt jedem Läufer ein Megaphon unmittelbar vor den Kopf und röhrte: "Zeeeeeehner Wende!!!!!, Zeeeeeehner Wende!!!!!"

Meine "Zugläufer" machten allesamt kehrt und trabten wieder zurück. So ein Mist! Aber halt! Der Profi hielt sich immer noch an meiner Seite. Gerade zerrte er einen Powerriegel aus seinem Gürtel, fetzte die Folie ab und schob sich das Zeug rein. Aber jetzt! Doch nichts geschah. Der Superläufer hielt genau mein Tempo. Bestimmt ein ganz ausgefuchster. Wahrscheinlich würde er auf den letzten fünf Kilometern das gesamte Feld von hinten aufrollen!

Trapp, Trapp, Trapp, da vorne ging es in den Wald. Endlich der Sonne entronnen! Am ersten Abzweig steht THW. Eine Gestalt liegt am Boden, ein Sanitäter mit einer antiken 250er BMW braust heran. Schocklage, Eisbeutel, Infusionsflasche. Ein junger Mann, höchstens 20 Jahre alt, gute Muskulatur. Wir sind erst bei Kilometer acht. Die Hitze? Der Ehrgeiz? Keiner weiß es, jeder wirft einen scheuen Blick auf den Mann am Boden und läuft weiter: Trapp, Trapp, Trapp.

Ein Halbmarathon ist kein Spaziergang. Schon gar nicht bei 34°. Manche erkennen erst spät, dass sie sich überfordert haben. So wie ich.

Ein Ziehen im linken Oberschenkel. Egal, weiter, Trapp, Trapp, Trapp. Das Leukoplastband um den Mittelfuß löst sich durch den Schweiß ab, verklumpt zwischen Schuh und Fußsohle. Egal, weiter, Trapp, Trapp, Trapp.

Kilometer 12: Das Wasserwerk, Verpflegungsstation. "Wasser, Elektrolyt, Wasser!", rufen die Helfer. Ein Mädchen reicht einen Teller mit Bananenstücken. "Bloß nicht!", denke ich, "die poltert dir bloß im Magen herum", Wasser! Wasser!, Zwei Becher über den Kopf, einer fallengelassen, einer halbwegs geleert, weg damit. Unter den Füßen krachen und platschen die weggeworfenen Becher, Schwämme werden gereicht, Mütze ab, Stirn abwischen, Schwamm unters Mützenband, weiter, weiter! Trapp, Trapp, Trapp!

Kilometer 14: Das Feld ist keines mehr, die Spitzenleute sind schon durchs Ziel. Wie versprengte Soldaten auf eiligem Rückzug trotten Männlein und Weiblein vereinzelt oder in kleinen Gruppen durch den Wald. Wieder ein Abzweig: Zwei Ordner winken uns nach rechts, "Gut seht ihr aus!" rufen sie, "Bravo, gute Leistung! Klasse!" Ich winke dankend, den Gesichtern der Männer ist das Mitleid mit uns deutlich anzusehen. Ein schmaler Pfad, dann wieder Wohngebiet: Gelobt sei Gardena! Anwohner haben Durchlaufduschen aufgebaut. Ich vergeude wertvolle Sekunden, drehe mich dreimal um die eigene Achse, bis das Wasser in den

Schuhen quietscht, genieße den Beifall und die Zurufe und laufe weiter Trapsch, Trapsch, Trapsch.

Weiter vorne spielt eine Band "Man On The Run", ein Sprecher begrüßt anhand der Teilnehmerliste die vorbeiziehenden Läufer, Geher und Schlurfer. Jetzt scheppert auch noch mein Name über den Platz. Bauch rein, Arme hoch, grins grins, Tempo alter Junge, zeig es den Bierbäuchen! Um die Ecke. Die Musik wird leiser. Noch ne Ecke, raus aus dem Wohngebiet, auf den Radweg entlang der Landstraße. Die weißen Pfeile der Streckenmarkierung sind plötzlich lila, scheinen sich zu bewegen, ich beginne zu frieren. Es ist immer noch deutlich über 30° warm. Am Waldfriedhof steht der Mann mit dem Hammer, schwingt denselben weit über den Kopf und knallt ihn mir mit Wucht auf die Stirn. Stop! Weiter! Stop! Ich stolpere vorwärts, der Atem geht stoßweise, doch statt Luft scheint nur kochender Dampf in die Lungen zu kommen. Halt an, du Idiot! Halt an! Ich gehorche meiner inneren Stimme, setze langsam einen Schritt vor den anderen, hebe die Arme hoch, versuche den Nebel vor meinen Augen zu durchdringen und zwinge mich, tief auszuatmen. Es nützt nichts. Der Puls fliegt, das Herz hämmert im Akkord, die Lungen pfeifen und der Kopf dröhnt wie eine Glocke. Zwei Silhouetten in orangefarbenen Jacken erscheinen schemenhaft vor mir. "Rechts ab Junge, rechts!" Gehorsam biege ich ab, hebe kaum die Füße, lasse die Arme hängen, versuche nicht zu torkeln und kämpfe weiter gegen die Raserei in meinem

Brustkorb. Sie sagen mir nicht, dass ich gut aussehe. Niemand kommt auf die Idee, einem Zombie Komplimente zu machen.

Ich bin allein. Wahrscheinlich der letzte auf der Strecke. Zehn Minuten schlurfe ich an einem Rübenfeld vorbei. Merke kaum, wie mich die Beregnungsanlage mit einem kühlen, kalkigen Schauer überschüttet. Endlich ist das durchgehende Pferd in meiner Brust wieder ein braves Pony. Du Idiot! Warum machst du das?

Kilometer 18: Noch ein paar hundert Meter, dann führte die Strecke an meiner Wohnung vorbei. An der Straße regelt ein Polizist den Verkehr. Heute haben Fußgänger Vorfahrt. Der Polizist hat ein Funkgerät. Ich werde ihn bitten, am Ziel anzurufen und Bescheid zu geben, Dass die "119" aufgegeben hat.

Dann werde ich duschen, ein Bier trinken, mich auf die Couch werfen und dankbar dafür sein, dass letztendlich doch die Vernunft gesiegt hat. Genau! Das werde ich tun!

Kurz vor der Bahnunterführung stehen Leute mit Wasserschläuchen. Sie schauen die Läufer fragend an, manche schütteln den Kopf, das sind die Klügeren. Andere rufen "Volle Kanne!" das sind die Anfänger. Solche wie ich.

Eiskaltes Grundwasser klatscht auf mein ohnehin schon durchnäßtes Baumwollshirt.

"Volle Kanne!" ruft noch eine Stimme dicht hinter mir. Ich drehe den Kopf und glaube es kaum: Der Profi! Der Superläufer mit der schnieken Ausrüstung! Der war die ganze

Zeit noch hinter mir! Jetzt sehe ich noch weiter Gestalten in bunten Trikots über den Feldweg trotten. Ich bin nicht der letzte!

"Jungs, zieht mich die letzten Kilometer mit!" ruft eine Frauenstimme. Eine drahtige Sportlerin in meinem Alter lächelt uns verzerrt an, "ich bin so froh, dass ich euch wieder eingeholt habe, ihr lauft genau mein Tempo, zieht mich mit, sonst pack ich's nicht!"

Da kam er herausgekrochen aus der angeblich dicht verschlossenen Kiste in meinem Inneren: der Macho, der Beschützer, der Neandertaler.

"Natürlich ziehen wir dich! Auf geht's, die letzten Kilometer sind Kinderkram!"

Was sind wir doch für Kerle! Aufgeben? So ein Blödsinn, ein Mann gibt nicht auf!

Durch die Unterführung, der Polizist sperrt die Straße ab, winkt uns durch. Dort, mein Haus! Meine Tochter springt mir entgegen, drückt mir die vorbereitete Flasche Cola in die Hand (Kohlensäure vorher rausgeschüttelt). Ich stoppe, setze die Flasche an, rein mit dem Gift, herrlich! Schnell ein Küsschen für die Gattin, Winken in Papas Fotoapparat und weiter! Trapp, Trapp, Trapp!

Die Leute klatschen und johlen. Wir sind wieder in der Stadt. Überall sitzen sie auf Gartenstühlen und Bierzeltbänken, bieten Getränke und Bananen an. Sie klatschen auch für uns, die (fast) letzten Mohikaner. Dann kamen sie endlich: Lang erfleht, heiß ersehnt: die Endorphine. "Runners

High". Bei Kilometer 19 beginne ich zu fliegen. Spüre meine Beine nicht mehr, lache und winke den Zuschauern. Mein Vater fährt mit dem Fahrrad nebenher: "Mach langsam, du siehst grauenhaft aus! Mach langsamer!"

Ich lache ihn aus, ich weiß selbst, wie ich aussehe: das klitschnasse T-Shirt hat sich durch das ganze Wasser bis auf die Länge eines Sommerkleidchens gedehnt, schlottert mir um die Knie, während der Halsausschnitt sich rapide dem Nabel nähert. Es geht doch nichts über 100% Cotton.

Die Europabrücke kommt in Sicht. "Die fresse ich!", rufe ich meinen Kollegen zu, die Frau neben mir gibt Gas, der "Profi" hält mühsam Schritt. Zu dritt wetzen wir über die Brücke, überlassen beim Abstieg unser Tempo der Schwerkraft. Legen uns in die letzte Kurve. Lautsprechergeplärr, Fahnen, eine enge Gasse aus Absperrgittern und Flatterbändern. Das Transparent mit der Aufschrift "Ziel". Eine überdimensionale Digitaluhr vernichtet erbarmungslos die Zeit. Ich passiere die Lichtschranke bei 2:17:11. Meine Begleiterin hat mich noch auf der Zielgeraden abgehängt. Das ist der Dank. Der "Profi" läuft knapp hinter mir mit 2:17:45 ein. Profi??

"Danke Mann!" Patschnasses Schulterklopfen vom "Profi". "Danke? Wofür?", der Profi grinst mühsam, "fürs Mitschleppen, das war mein erster Wettbewerb".

"Meiner auch, ich habe mich eigentlich an dir orientiert." So kann man sich täuschen.

He, was ist denn mit meinen Knien los? Wer hat denn da Pudding reingetan? Erst mal unter den Wasserhahn mit der Rübe und dann erst mal langmachen. Mein Vater kommt, gratuliert mir. Strahlt wie ein Castor-Behälter.

"Du bist ein tolles Rennen gelaufen, bei dieser Hitze!"

Ich nicke, das kann wohl sein. Ein tolles Rennen, Trapp, Trapp, Trapp. Mit Sicherheit auch mein letztes Rennen. Solch einen Wahnsinn macht man nur einmal im Leben! Laufen ist doch eh nur für Verrückte.

Mittlerweile ist der November hereingebrochen, ich laufe in der Woche zwischen 40 und 70 Kilometer, habe eine aktuelle 10km-Zeit von 45:00 und bereite mich auf meinen ersten Marathon im Frühjahr 1999 vor. Hamburg? Paris? Helgoland? "Schaun mer mal."

Laufen ist für Verrückte. Genau das Richtige für mich!

Marathon. Das erste Mal

Das erste Mal. zittrige Knie, wie sehe ich aus? Bin ich gut vorbereitet? Alles gelesen, was es darüber zu lesen gab? Wird sie mich mögen? Werde ich es mit ihr aufnehmen können? Werde ich mich lächerlich machen? Das schwarze Shirt oder das weiße? Mütze oder nicht?

Angeschmiert! Kein pickliger Jüngling zittert hier vor dem ersten Date, sondern ein 43-jähriger Mann, der bereits vor über zwanzig Jahren alles, was man irgendwann zum ersten Mal tut, getan hat. Alles? Nun ja fast alles. eine Bank habe ich noch nicht überfallen. Das Matterhorn noch nicht bezwungen. Einen Marathon bin ich auch noch nicht gelaufen.

Also das mit dem Matterhorn schenke ich mir. Ich bekomme schon Höhenangst, wenn der Wetterfrosch ein Hoch ankündigt. Da lauf ich lieber Marathon. Hört sich ja auch irgendwie so ähnlich an wie Matterhorn.

Marathon! Zauberwort! Königin der Langstrecke! (Verzeiht mir bitte, liebe Ultraläufer, aber es gibt ja noch Kaiserinnen).

Mit dieser erlauchten Dame habe ich heute um 9:15 Uhr ein Rendezvous. Die Wetterprognose lautet sonnig und trocken, am Nachmittag vereinzelte Wärmegewitter, Tagestemperaturen zwischen 28 und 32 °C. Mann bin ich blöd!

Ausgewählt habe ich mir den 16. Rhein-Ruhr-Marathon in Duisburg am 30.05.1999. Erstens ist der Lauf groß genug um echte Marathonatmosphäre aufkommen zu lassen, zweitens ist er klein genug um nicht den Überblick zu verlieren. Außerdem wohnt mein Schwager Peter mit seiner Familie nur wenige Kilometer vom Wedau-Stadion entfernt, was mir ein prima Basislager ermöglicht.

Morgens um sechs klingelt der Wecker. Ah! Heute ist Marathontag! Dustin Hoffman fällt mir ein in dem Film "Der Marathonmann" damals hatte ich mit Laufen noch nichts an der Mütze. Dustin rannte und rannte. ganz schön bescheuert so was. Ja das war damals. Jetzt bin ich auch ein Marathonmann. Stop! Lüge!! Vielleicht bin ich heute Mittag einer. Aber zurzeit bin ich nur ein müder, wassergefüllter Frühaufsteher, der ganz dringend aufs Klo muss.

Nicht vergessen, die Zehennägel schneiden, ermahne ich mich. Ja, jaa, nachher.

Einsames Frühstück auf der Terrasse mit WAZ und dem Streckenplan des Marathons. Das Frühstück diktiert auch der Trainingsplan, deshalb erspart es mir bitte das Elend zu beschreiben. Die Startnummer habe ich mir bereits am Vortage geholt. Ich mache mich daran die 1385 auf mein Laufhemd zu fummeln. Gute Nummer, denke ich. Die 13 hat mir noch nie was getan, manches Mal sogar Glück gebracht. Bloß für die 85 fällt mir nichts ein. Mein Schwager meinte, ich hätte eventuell Pokalchancen in der Klasse M85. Der versteht es gut, einen aufzubauen.

Kurz nach Sieben mache ich mich auf die Socken (spezielle Laufsocken halb Seide, halb Wolle) Meine Ausrüstung ist hervorragend auf mich abgestimmt: stabile Dämpfungsschuhe für schwere Überpronierer, Tights und Shirt aus Spezialfasern, Mütze aus Coolmesh. Perfekt!

Dummerweise hat man dann aber nichts mehr, womit man Ausreden begründen kann. Doch! Eine habe ich noch: "Das Zielband hat zu stark die Sonne reflektiert" (!)

Noch 90 Minuten bis zum Start. Ich betrete die nach Franzbranntwein und Käsefüßen riechenden Umkleideräume, werfe meine Tasche auf eine der Bänke und tue es den anderen zahlreichen Läufern gleich: Sprüche klopfen, über das Wetter meckern und Zielzeiten schätzen. Dann wird es ernst. Ich schmiere ein halbes Pfund Hirschtalg (mittlerweile habe ich mit Vaseline bessere Erfahrungen gemacht) unter meine Arme, lege den Herzfrequenzmesser an und klebe mir die Brustwarzen ab. (Abkleben ist Mist! Besser ist dick mit Vaseline einschmieren. Die gibt es zur Not auch unterwegs bei den Sanis!) Mist, Schweiß und Hirschtalg sind kein guter Untergrund, das Heftpflaster weigert sich seine Pflicht zu tun. Ein Sportsfreund, der sich gerade die Füße bandagiert, reicht mir sein Tape-Band. Na also, das pappt. Vor dem Abreißen nach dem Rennen wird mir jetzt schon schlecht. Egal, das Singlet übergestreift, die Mütze auf und die Schuhe geschnürt. Den Chip habe ich bereits am Vorabend mit eingeschnürt. Ich habe nur 30 Minuten dafür gebraucht! So, jetzt ist aus dem gemütlichen Typ endlich ein aggressives Rennpferd geworden. Mit federnden Schritten verlasse ich die Kabine. Stürze aber gleich wieder zurück um meine Gürteltasche Marke Ballermann zu holen, die noch in der Reisetasche schlummert. Der Inhalt ist überlebenswichtig! Fünf Mark Trinkgeld für den Sani, falls ich schlapp mache und zwei Packungen Gel (Kohlenhydratgel Marke Power-Bar, aber irgendein No-Name Müsliriegel tut's auch oder aber die gute alte Banane) für Km 21 und 35. Noch schnell ein Schluck aus der Wasserpulle. Dann geht's aber los. Vor dem Start werde ich ein bisschen über die Marathonmesse bummeln und kurz vorher noch ein wenig traben zum Aufwärmen. (Aufwärmen ist Blödsinn! Das sollten nur Eliteläufer machen! Das langsame Traben zu Beginn jedes großen Marathons ist Warm-up genug!) Meine Innereien haben allerdings andere Pläne mit mir und so verbrachte ich die nächste halbe Stunde in "Dufter" Atmosphäre vor verschlossenen Toilettentüren um anschließend eine exakt 37,5°C warme Klobrille zu besetzen. Das ist Marathon. Mecker nicht rum Krämer, du brauchst das! Endlich wieder frische Luft, die Verkaufsstände schenke ich mir, die Zeit wird knapp. Locker laufe ich im Slalom um Polizeimotorräder, Getränkelaster und das bunte Läufervolk. Eine Footballmannschaft in voller Panzerung, alle mit Startnummern, kommt mir entgegen. Die Jungs in Helm und Polster sehen Spitze aus und schwitzen wie die Schweine. Es ist kurz vor Neun und bereits 26°C warm. Kein Windhauch bringt Linderung.

Lautsprecher quäken, Musikkapellen schmettern. Der Startbereich füllt sich mit all den Verrückten, die heute durch elf Duisburger Stadtteile rennen wollen.

Ah, da sind ja die Zug- und Bremsläufer! Schilder werden hochgehalten: 3:00 (um Gotteswillen!); 3:30 (welch Wahnsinn!); 4:00 (schon besser, für diese Zeit habe ich trainiert); 4:15 (wenn die 4er nicht klappt, nehme ich diese Gruppe); und dann die 4:30er (ich nenne sie die Gruppe der Vernunft) (da wäre ich besser aufgehoben gewesen!)

Dann endlich der letzte Aufruf an die Läuferinnen und Läufer. Das Gedränge wird enger, schwitziger und aggressiver. Jedoch ist es eine positive Art von Aggression, die hier spürbar wird. Alle sind heiß auf den Start, scharren mit den Füßen, hüpfen auf der Stelle oder stehen einfach nur still da und schließen die Augen. Ich sehe mich um, erwidere manch verkrampftes Lächeln, taxiere die anderen. Seltsamerweise sehe ich in den anderen keine Gegner oder Wettbewerber. Die Spitzengruppe einmal ausgenommen, läuft hier jeder für sich selbst. Die 42,195 sind der Gegner. Die Strecke und ich selbst.

Ach ja die Zehennägel zu schneiden habe ich vergessen. typisch. (Iss aber wichtig!!)

Ich rufe mir den Streckenplan ins Gedächtnis: die Altstadt, der Hafen, die Rheinbrücken. alles kriegen wir heute auf dem silbernen Tablett serviert.

Der Hirschtalg rinnt zusammen mit meinem Schweiß in Richtung Hose. Zum Glück halten die Tape-Pflaster noch.

Dann geht ein Raunen durch die Menge, den Startschuss habe ich fast überhört. Weit vorne steigt eine bunte Wolke Luftballons in den Duisburger Himmel. Mein Herzschlag ist bereits jetzt über dem Trainingsmittel. Dann geht es voran. Schritt für Schritt, wie beim Rockkonzert. Stocken, Stillstand, drängeln von hinten.

Drei Reihen vor mir beginnen die ersten in einen trippelnden Laufschritt zu fallen. Dann endlich! Niemand spricht mehr. Das Trappeln tausender Laufschuhe übertönt beinahe den unermüdlich quäkenden Lautsprecher. Die Rufe und Schreie der Zuschauer, das Trompeten, Trommeln, Klatschen und Pfeifen dringt wie durch Watte an meine Ohren. Marathon!

Da, die Startmatte! Bei jedem Läufer ein Piepston summiert zu einem schrillen Zirpen. Der Kampfschrei der Strecke. Sie ist bereit zum Angriff. Sie will es diesem Marathönnchen zeigen, das es gewagt hat, sich mit ihr anzulegen!

Die Offiziellen hinter ihren Monitoren auf der LKW-Pritsche huschen vorbei. Herzschlag 144, viel zu hoch. Ich erhasche einen Blick auf das Gelbe Trikot meines Zugläufers. Immer noch hält er das "4:00"-Schild in die Höhe. Will er das die ganze Strecke über machen?

Ich blicke nach unten: Da liefen sie, meine Beine, meine schiefen Überpronationsfüße, der gelbe Chip auf dem rechten Schuh. Hoffentlich funktioniert der auch. Meine ersten Schritte in einem Marathon. Euphorie kommt hoch. Jetzt gibt es kein zurück mehr. Ich bin kein Sprücheklopfer mehr.

Ich mach das. Ich mach das!! Ich versuche mir die Distanz vorzustellen: 42,195km und jeder einzelne ganz allein für mich! In diesem Moment hätte ich vor Freude schreien können. Stop Alter, ermahne ich mich, heb´ dir das für km 30 auf, dann kannst du es garantiert besser gebrauchen.

Nach dreihundert Metern links ab. Eine Bahnunterführung. Kühlender Schatten, abgelöst von der stickigen Schwüle der breiten Ausfallstraße. Dann der erste Kilometer: Zeit: 5:40. Korrektes Tempo um in vier Stunden im Ziel zu sein. Korrektes Tempo um mich kaputtzumachen.

Die Altstadt schwebt vorbei. Leute winken, klatschen. Kinder lachen, strecken ihre Hände aus: "Give me five!". Bei Kilometer drei kommt uns einer entgegen. "Watt lous?", fragt der Zugläufer. "Kein Bock." kommt die Antwort zurück. Da gehört ja auch eine Art Mut dazu.

In der Fußgängerzone kommt die erste Verpflegungsstation. Ein Meer rotweißer Becher bedeckt bereits den Boden. Ich denke an meinen eisernen Vorsatz, falle in einen gleitenden Walking-Schritt und greife nach zwei Bechern. Langsam und sorgfältig flöße ich mir das erfrischende Nass ein. Die Mütze in der Wassertonne geschwenkt und samt Inhalt wieder auf die Rübe. Ein kalter Schwall läuft über den Rücken. Herrlich! Ich werfe die Becher weg. Ich bin ja vielleicht nicht der schnellste, aber niemand schmeißt so gekonnt und schwungvoll leere Wasserbecher weg wie ich. Das ist doch auch was oder? Ich nehme mein Tempo wieder auf. Erreiche nach kurzer Zeit wieder die Gruppe um den Zugläufer.

Das Gehen beim Wassertrinken hat mich noch keine zehn Sekunden gekostet. Dann geht es über die Ruhr in den Hafen. Duisburg Ruhrort erstreckt sich links von uns. Flirrend wabert die Luft über den Becken, Kräne recken sich bizarr in den weißen Himmel. Die Sonne ist klein, weiß und heiß. Die Strecke geht entlang des Hafenkanals über den Pontwert. Eine endlos lange Gerade. Die Luft flirrt, die Gespräche versiegen. Nur noch Trappeln und Atemgeräusche um mich herum. Jeder hat sein eigenes Rezept für diese Art von Durststrecken. Weit voraus eine Brücke. Wie eine Fata Morgana bewegen sich bunte Punkte darüber. Noch ist das Feld eine einzige lange Schlange. Am Straßenrand parken einige weißrussische LKW, werfen Schatten. Wir wechseln auf den buckligen, grasnarbigen Gehweg. Schatten, Schatten! Neben einem der Laster sitzen die Fahrer vor der Proviantkiste, kochen Fertiggerichte, trinken Bier und winken den Paradiesvögeln freundlich zu, die an ihnen vorüberhecheln.

Kilometer 10. Zeit: genau eine Stunde. Herzfrequenz: 150. Längst habe ich das Tempo zurückgenommen, lasse mich langsam zurückfallen um die 4:15er-Gruppe abzupassen. Heute wird das nix mit Vier-Null. Nach der zweiten Wasserstation haben sie mich eingeholt. Der erste Zugläufer, ein bulliger Typ der mir sofort sympathisch ist, heißt mich willkommen.

Der zweite Zugläufer läuft hinter der Gruppe wie ein guter Hütehund: "Aufschließen Loide, nich auseinanderbrechen jetzt!" mahnt er freundlich.

Dann endlich haben wir die glühend heiße Hafenstrecke hinter uns. Im Ortsteil Meiderich gibt es wieder Publikum. Schilder muntern auf: "Super Chrissie!", "Willi, denk an deine Zeiten!" und ähnliches ist zu lesen. Ein kleiner Junge läuft aufgeregt neben uns her, dann hat er gefunden, was er suchte: "Papa, Papa! Da vorne ist die Mama! Lauf links, sie will ein Foto machen!" alle Läufer auf der linken Seite lächeln von einem Ohr zum anderen und rufen "Hallo Mama, hier bin ich!"

Ich laufe jetzt neben dem Zugläufer her, beginne eine kurze Unterhaltung. Meine "Laufmaschine" ist bei Kilometer 11 endlich angesprungen. Ich habe den Rhythmus, die HF bleibt stabil, der Atem geht ruhig und gleichmäßig. Das Training zahlt sich aus. Der Zugläufer ist ein Ultra. Vor zwei Wochen den Rennsteig gelaufen. Ein Profi, genau der richtige für solch einen Job.

Dann kommt die Erste von zwei Rheinbrücken. Da der Duisburger Hafen auch von Seeschiffen angefahren wird, sind die Brücken kühn und hoch geschwungene Bauwerke. Die Friedrich-Ebert-Brücke mit ihren Schrägkabeln ist eines der Wahrzeichen von Duisburg. Sie ist für uns halbseitig gesperrt. Der Asphalt ist heiß wie Giannis Pizzablech. Die Luft stickig und staubig. Am Horizont bläst ein Stahlwerk hennarote Wolken in die Atmosphäre. Aussterbende Ruhrpottkulissen.

Unmittelbar nach der Brücke geht es nach links durch schattige Vorortstraßen. "Alt-Homberg grüßt euch!" empfängt uns ein großes Transparent. Wieder stehen viele Menschen am Straßenrand. Erstaunlich wie einen das aufbaut. Der nächste Verpflegungsstand wird vom Homberger TV betreut. Eine Band spielt auf. Zuschauer formieren sich zur "La-Ola". Die Duisburger sind Super drauf: der MSV hat am Vortag gegen Wolfsburg gewonnen. Auf diesem geadelten Rasen dürfen wir Marathonis nach dem Lauf unsere Dehnübungen zelebrieren oder uns einfach hinschmeißen. Ich glaube ich werde heute zu den "Hinschmeißern" gehören. Wenn ich es denn überhaupt schaffe.

Die ständige Präsenz von Martinshörnern, Sanitätern und Rot-Kreuz-Stationen, in denen erschöpfte Teilnehmer betreut werden, ist schon einigermaßen einschüchternd. Klamme Ängste greifen nach mir. Wird mein Körper mitmachen? Knochen, Luft, Muskulatur sind erprobt. 50 bis 60 Laufkilometer in den vergangenen 12 Wochen wurden ohne Probleme bewältigt. Aber die Hitze und vor allem die hohe Luftfeuchtigkeit machen mir schon zu schaffen. Trinken, trinken, trinken! Ermahne ich mich, greife bei der nächsten Verpflegungsstation nach zwei Bechern Wasser und einem ISO-Getränk, nehme dankbar von den Bananenstücken. Das erste Tütchen Gel habe ich mir kurz vor der Wasserstelle "reingeföhnt". Ob es hilft werde ich heute wohl nicht erfahren. Dazu fehlt mir der Vergleich. Womöglich würde ich diesen Lauf auch ohne Zusatzmittel schaffen aber schaden tun die gebündelten Kohlehydrate sicher nicht.

Kurz hinter einer schattenspendenden Autobahnbrücke kommt der Kilometer 20. Danach verlassen wir das Stadtgebiet, laufen auf einem Deich durch vom Hochwasser getränkte Felder. Rechts von uns brütet ein Schwan, äugt neugierig zu den ungewohnten Störenfrieden herüber. Mücken sirren durch die dampfende Luft. Es riecht nach Dschungel. Kein Windhauch bringt Linderung. Ich nenne diesen Abschnitt "Amazonasbecken" es fehlen eigentlich nur noch Kolibris und Schlangen.

"Vier Fuffzehn?", fragt mich eine Stimme. Ich schrecke aus meinen Gedanken, der zweite Zugläufer ist zu mir aufgeschlossen. Ich nicke. "Aufschließen, nicht zurückfallen. Wir müssen zusammenbleiben". Ich erhöhe das Tempo. Die HF geht auf über 160. Unsere Gruppe ist merklich kleiner geworden. Der Zugläufer scheucht noch ein paar weitere Nachzügler auf.

Sein Kollege an der Spitze versucht uns zu motivieren: "Immer daran denken Leute: Wir sind die Besten! Hört ihr? Die Besten!" Schwaches Grinsen und vereinzelt gemurmelte Zustimmung antworten ihm.

Mittlerweile hat sich das Feld zerstreut. Wir "Vier-Fuffzehner" bestehen nur noch aus etwa zwei Dutzend Menschen. Aber die Gruppe hilft über den zermürbenden "Dschungel-Abschnitt" hinweg. Mitten in diesem Treibhaus kommt der

Halbmarathonpunkt. Wieder zirpen die Matten bei jedem Fußtritt. Die Zeitnehmer fächeln sich Kühlung zu, rufen uns aufmunternde Sprüche hinterher. "Die, bei denen es hier piept, sind alle nicht registriert!", witzelt einer. Alle lachen mehr oder weniger herzhaft. Meine dunklen Befürchtungen gegenüber der Funktionstüchtigkeit dieses gelben High-Tech-Dings an meinem Schuh melden sich wieder.

Endlich wieder Stadt! Ein Streckensprecher begrüßt uns mit Namen: "Mit der 1385: Manfred Krämer von den Ried-Runners!" Beifall und La-Ola für alle. Wir winken, pressen manchmal ein kurzes "Danke" hervor. Laufen weiter, weiter, weiter. Marathon.

Die Hälfte haben wir jetzt hinter uns. Ist das Glas jetzt halb leer oder halb voll? Dann ein Höhepunkt der Strecke: In Rheinhausen ist Stadtteilfest. Mitten durch die Fußgänger-zone, vorbei an Buden, Biertränken, Karussells und dröhnenden Musikgruppen laufen wir entlang einer begeisterten Menge. "Fast wie in Köln!", eine Läuferin begeistert. Die Atmosphäre puscht uns hoch. Wir laufen schneller. "Langsam Leute!" mahnen die Zug- und Bremsläufer. Wir berühren lachend ausgestreckte Kinderhände, winken und klopfen Sprüche. Einige reichen uns spontan Getränke. Lautsprecherdurchsagen stellen unsere Gruppe vor. Applaus und Begeisterung von allen Seiten. Marathon! Dafür laufen wir. Das ist es wofür wir trainiert haben. Ich liebe Marathon! Dann kommt die zweite Rheinbrücke.

Die Rampe scheint in den Himmel zu führen. Die Sonne knallt auf die kochende Fahrbahn. Ich ringe nach Luft, werde immer langsamer. Bleigewichte kleben an meinen Schuhen. Neben mir beginnen sie zu schlurfen wie ein Zug Gefangener. Ich kämpfe mich weiter, schaffe es nicht. Hechelnd wie ein Schäferhund schlurfe ich ebenfalls. Der Schweiß rinnt in Strömen, die Oberschenkel brennen wie Feuer. Ich hasse Marathon!

Auf der Brückenmitte schiebt sich langsam ein Stadtbus an uns vorbei. Nanu? Ich denke die Strecke ist gesperrt? Die Türen stehen weit offen, der Fahrer schaut uns auffordernd an. In den Sitzen hängen Läuferinnen und Läufer mit stumpfem, resignierten Blick. Dann begreife ich: Es ist einer von den ständig über die Strecke patrouillierenden Sammelbussen für erschöpfte Teilnehmer. Ich erschrecke. So will ich nicht enden! Ich winke heftig ab, beginne wieder einen leichten Trab. Die Schwerkraft hilft mir, es geht wieder bergab. Die kleine Gehpause hat gut getan. (Geplante Gehpausen verhindern solche Totaleinbrüche! Am besten bei allen Verpflegungsstationen 5 Minuten gehen) Hau bloß ab mit deinem Bus, denke ich und fühle mich an kreisende Geier erinnert, als auch noch ein Notarztwagen mit offenstehender Schiebetür an uns vorbeituckert.

Nach der Brücke geht es rechts ab. Ein Wegweiser zeigt in Richtung Wedau-Stadion: Von hier aus sind es nur wenige hundert Meter zum Ziel. Ganz schön hart. Wir können die Musik und die Lautsprecher hören. Aber wir müssen erst noch eine große Schleife durch den Duisburger Süden machen. Marathon. Ganz schön heftig.

Eine Sportnahrungsfirma verteilt kostenlos Gel-Tütchen an alle. Ich habe noch eines in meiner Gürteltasche, greife trotzdem zu. Sicher ist sicher. Ein Läufer beäugt das glänzende Ding misstrauisch, reißt es auf und probiert. "Kennst du das Zeug?", frage ich ihn. Er schüttelt den Kopf. "Viel Wasser, Kollege. Du musst mit viel Wasser nachspülen sonst wirkt es nicht". Die Gel-Panscher wissen das natürlich, haben sich strategisch günstig vor der nächsten Tränke platziert. 14 Verpflegungsstände gibt es entlang der Strecke. Wir nähern uns der Nummer neun. Kurz vorher steht am Straßenrand eine jener großen Kilometertafeln: "30" prangt darauf. 30! Die magische Zahl.

"Ein Marathon beginnt nicht am Start, ein Marathon beginnt bei Kilometer 30".

Diese Worte eines Freundes fallen mir jetzt ein. Wie recht er hat. Drei Stunden habe ich gebraucht, um diese Tafel zu sehen. Drei Stunden, die ich eigentlich ganz gut absolviert habe. Nur noch zwölf Kilometer und 195 Meter. Doch diese letzte Etappe wird zeigen, ob ich das kann. Körperkraft lässt sich trainieren. Ausdauer ist erlernbar. Doch 42,195km werden nur zum Teil mit dem Körper gelaufen. Entscheidend ist die Psyche. "Laufen mit dem Kopf" ist kein leeres Schlagwort. Wer sich bei km 30 fragt, warum er das überhaupt macht, ist auf der falschen Party.

Das Zauberwort heißt Visualisierung. Stelle es dir bildlich vor, wie es ist, wenn du ins Stadion einläufst. Wenn dein Name verkündet wird, wenn du deine Medaille erhältst und wenn dich Familie und Freunde empfangen. Sei ruhig ein wenig eitel. Du hast etwas getan, was nicht jeder kann. Die Eigenmotivation ist beim Langstreckenlauf das allerwichtigste. Ein begeistertes Publikum "trägt" dich über die Strecke. Aber auf den sonnendurchglühten Brücken suchst du es vergebens. In Industriegebieten, in Wald- und Wiesenabschnitten steht kaum jemand um dich aufzubauen, wenn es hart wird. Dann brauchst du das Kino im Kopf. Drück auf den Knopf und schau dir deinen Film an. Auch das kann man üben.

An der Verpflegungsstelle neun stehen Leute mit Gartenschläuchen und Duschen. Ich stecke kurz den Kopf unter einen Wasserstrahl, achte darauf, dass die Schuhe nicht nass werden. Blasen! Ich tauche meine Mütze in eine der mit Wasser gefüllten Mülltonnen. Kinder reichen Schwämme, die sie auf der Straße aufgelesen haben, wo sie andere Läufer weggeworfen haben. Wie viele haben sich damit schon den Schweiß abgewischt? Egal, Hauptsache Mund zu. Ich nehme wieder zwei Becher Wasser und einen ISO. Bananen dazu. Gleich wieder weiter laufen. Oh, was ist denn das? He Beine! Was soll das heißen "Feierabend"? Los weiter geht's! Schlapp, schlapp, schlurf, schlurf. Also gut, ich gebe euch ein paar Minuten. Aber dann wird wieder gearbeitet!

Ich gehe durch eine sonntäglich stille Vorstadtstraße im Tempo eines zwei Zentner schweren Touristen. Vor mir sieht es aus wie beim Volkswandertag: Bis zur nächsten Biegung habe ich etwa zwanzig, dreißig Läuferinnen und Läufer im Blick, die alle gehen. Über allem das ständige Geheul der Notarztwagen.

Wieder beginne ich zu traben. Vorhin war meine HF kurzzeitig auf 175. Gefährlich hoch bei einer Max-Frequenz von knappen 180. Ich beschließe, nicht mehr über 160 zu gehen: Laufen bis 160, gehen ab 160. So pendele ich mich in einen Rhythmus ein, der mir ein Ankommen ermöglichen sollte. Von den übriggebliebenen 4:15ern habe ich mich verabschiedet. Ich laufe jetzt nur noch auf Ankommen. Egal ob in 4:20 oder 4:50 Hauptsache ankommen. Während der Gehpausen, die jetzt nicht mehr von der Erschöpfung, sondern vom Herzfrequenzmesser diktiert werden, bewege ich mich in zügigem Walking-Schritt, was zwar neckisch aussieht, aber kaum die Geschwindigkeit reduziert.

"Das ist bestimmt ein Soldat!", ruft eine Zuschauerin, als ich mit schwingenden Armen und weitausholendem Schritt an ihr vorbeiziehe. "Ungedienter Zivilunke!" korrigiere ich sie, schaue auf den HF-Meter und beginne wieder zu laufen. Kilometer 35! So langsam kriecht so etwas wie Hoffnung in mir hoch: Ich kann das schaffen. Jetzt nicht übermütig werden, ich kann das schaffen. Ich stelle mir vor wie meine Frau und meine Kinder im Stadion auf mich warten, jeden schwarzgekleideten mit weißer Mütze fixieren.

Angstvoll in Richtung Sanitätszelte schielen. Ich habe einen Kloß im Hals. Wenn ich das schaffe! Mensch, wenn ich das schaffe! Am Straßenrand setzt einer der Sammelbusse den Blinker, ich kurve kurz vor ihm ein, gebe dem Fahrer ein Handzeichen, dass er mich überholen kann.

Der versteht das falsch, bremst neben mir und winkt mir zu. "Hau bloß ab!", rufe ich und entschärfe den Satz mit einem schiefen Grinsen. Der innere Schweinehund ist bloß noch ein Yorkshire. Zu nahe ist das Ziel. Zu groß die Euphorie. Hallo ihr lieben Endorphine! Auf euch habe ich schon so lange gewartet.

"Du hast nur noch zwei Ecken Junge!" brüllt einer, der mindestens zwanzig Jahre jünger ist als ich. "Danke Papa!" brülle ich zurück. Gelächter. Ich könnte heulen. Vor Freude. Da vorne kommt Kilometer 40! Gerade laden sie einen in den Krankenwagen, der arme Kerl hängt schon am Tropf. So weit gelaufen und dann das Ende. Ein älterer Läufer zieht an mir vorbei. Grauer Haarkranz, Bauchansatz, Krampfadern. Doch der Mann lässt mich glatt stehen und strebt dem Ziel entgegen. Diese alten Burschen haben´s drauf. Die fallen auch nicht um wie die Fliegen. Wahrscheinlich läuft der Mann schon über zwanzig Jahre Marathon. So einer kennt seine Grenzen. Der kann schon mal einen Brikett auflegen, wenn die jungen Zeitenjäger vor die Wand laufen. Diese alten Hunde (durchaus positiv gemeint) sind meine Vorbilder. Hoppla, die HF geht hoch! Also wieder walken. Hart bleiben, nicht verausgaben. Ich will gut aussehen im Ziel.

Rechts um die Ecke. Diese Straße gehört schon zum Sportpark Wedau. Ich rufe mir die Streckenkarte ins Gedächtnis: noch einmal links ab und dann ins Stadion! Ich schaff das! ICH SCHAFF DAS!!!

Der letzte Kilometer! Mittlerweile ist es 14:22 Uhr. Die HF liegt bei 148, als ich wieder zu laufen beginne. Jetzt erst bin ich mir sicher. Jetzt werde ich es packen. Ich laufe wie befreit. Der HF-Messer beginnt zu piepen. Egal, jetzt hält mich keiner mehr. Vor mir sind auch noch ein paar Leute. Auch sie "riechen den Stall", geben noch einmal alles. Die Zuschauer drängeln sich an den Absperrgittern. Johlen und klatschen, recken die Daumen nach oben und halten Transparente mit Namen in die Höhe. Helfer winken uns durch das sogenannte Marathontor ins Stadion. Blumen und bunte Fähnchen weisen den Weg auf die Aschenbahn. Eine halbe Runde, vorbei an den Tribünen. Nichts tut mehr weh: Der Mittelfußknochen, der sich auf den letzten zehn Kilometern durch dumpfen Druckschmerz bemerkbar gemacht hatte, hält sein Maul. Mein seit Monaten dezent zwickender linker hinterer Oberschenkelmuskel hat resigniert die Segel gestrichen. Nur der Herzfrequenzmesser piept und piept.

Rechts ein heller Schrei: "Papa!" meine Tochter hüpft begeistert hinter dem Schutzgitter. Die blonde Mähne meiner Frau leuchtet herüber, mein Sohn winkt mir freudig zu. Schwager Peter strahlt. Was habe ich auf diesen Augenblick gewartet. Geschafft! Hier sind sie nun, die letzten 195 Meter! Ich fixiere die Digitaluhr über dem Zielkanal. 14:28:33, bei 14:28:48 piept die Zielmatte meine Zeit in den Computer. "Netto?" schreie ich zu den Zeitnehmern hinüber, "Netto?" "4:26!!" brüllt mir einer nach. Ich bin zufrieden. Zufrieden? Die Untertreibung des Jahres. Ich habe es geschafft. Die 42,195 zum ersten Mal gelaufen. Selbst mit einer Zeit von über 5:30 wäre ich heute glücklich gewesen. Ein Mädchen hängt mir eine Medaille um den Hals. Eine Medaille! Für mich, der vor 18 Monaten noch 96 kg auf die Waage gebracht hatte. Der bei seinem ersten Waldlauf sagenhafte 400 Meter ohne Pause geschafft hatte.

Jeder Finisher bekommt in Duisburg solch ein buntes Andenken sowie ein T-Shirt. Das T-Shirt gibt es ein Stück weiter in einem Zelt. "M bitte", verlange ich und die junge Frau schüttelt den Kopf, "Es gibt nur noch XL, tut mir leid". Ich akzeptiere. Selbst schuld, vor einer Stunde gab es sicher noch "M". Ich hänge mir das T-Shirt über die Schulter, betrete den Bundesligarasen und beginne langsam in Richtung Tribüne zu traben. Auf den letzten Kilometern hat mich die Gardena-Fraktion doch noch erwischt: Meine Schuhe sind quietsche-quatsche nass. An meinem rechten Fuß zwickt eine kleine Blase. Die Entspannung ist da. Fröhlich meldet sich der Mittelfußschmerz zurück und auch der hintere Oberschenkel sagt wieder hallo.

Ich gehe zu meiner Familie, hänge meinem Sohn Medaille und T-Shirt um, fabriziere ein langschnutiges Eisengitterküsschen für meine Frau und trolle mich wieder in Richtung Massagebänke. Ich laufe wie ein Seemann bei Windstärke 8. Als ich mich in die geduldig wartende Schlange einreihe, will ich meine Schuhe ausziehen, verliere fast das Gleichgewicht und gehe schließlich nach Großvaterart ächzend und wackelig in die Hocke. Ein Sanitäter kommt, fragt ob er eine der Liegen haben kann, für einen Kollaps. Die Masseurinnen nicken, keiner meckert. Wie leicht hätte einer von uns diese Bank gebrauchen können. Ein Läufer in gelbem T-Shirt haut mir auf die Schulter, "und, wie ist es gelaufen?" Ich erkenne den bulligen Zugläufer der 4:15-Gruppe. "4:26", antworte ich und er nickt, "wäre ich auch gerne gelaufen. Ich habe mich heute ganz schön quälen müssen um die 4:15 zu packen". Soll ich ihm das nun glauben, oder will er mich nur aufmuntern? Da bin ich auch schon an der Reihe. Zwei Frauen mit dieser typischen herzerfrischenden Fröhlichkeit, die viele Menschen im Ruhrgebiet auszeichnet, machen sich über meine Beine her. Leute, lasst euch bloß nicht die Massage entgehen. Das ist das Tüpfelchen auf dem i! Anschließend wackele ich zum nächsten Absperrgitter, mache einige vorsichtige Dehnübungen und muss mich sehr beherrschen, um nicht laut singend auf dem Rasen zu tanzen. Meine Familie ist schon vorausgefahren. Mein Auto steht ne ganze Ecke weit weg. Ich nutze den Weg zu gemütlichem Auslaufen. Die Euphorie macht einer herrlich passiven und ausgeglichenen Stimmung Platz. Ich könnte jeden Knutschen. Den anderen geht es ähnlich. Fast jedes Finisher-Shirt, das mir entgegenkommt, flattert um jemand der meinen Gruß fröhlich lachend erwidert. Marathon macht friedlich. Schade dass nicht alle Politiker dieser Welt Marathonläufer sind.

Marathon: Faszination für jeden. Marathon: Wut und Freude, Frust und Lust. Marathon: Entdecken, wie es an der Grenze aussieht.

"Wenn du laufen willst, lauf eine Meile. Wenn du ein neues Leben kennen lernen willst, dann lauf einen Marathon." Emil Zatopek, Olympiasieger.

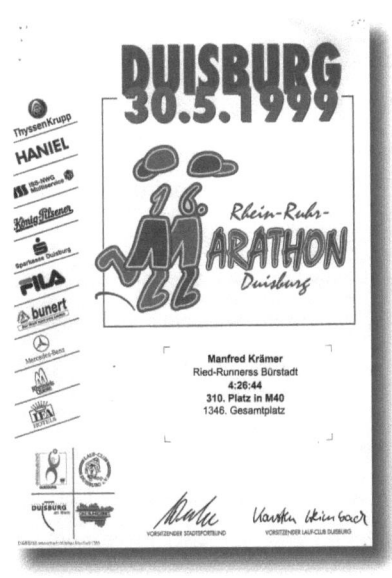

Der lange Weg nach Hamburg

Irgendwann wird's langweilig: Al Bundys Sprüche, Söhnchens Playstation, der große TV-Roman und das Laufen.

Das Laufen? Das Laufen!

Das Gewicht hat sich eingependelt, die richtigen Laufschuhe hat man nach zahlreichen Fehlkäufen auch schon lange an den Füßen und im Wald kennst du jeden Borkenkäfer mit Namen. Jeder kennt deine Bestzeiten, alle Entgegenkommenden grüßen dich locker mit „Jou", „Tach", oder „Hallo" und selbst der mürrische Fahrradrentner ringt sich mittlerweile ein knappes Nicken ab. Hunde, egal ob Kampf-, Schoß-, oder Jagdhund ignorieren dich mit egoschädigender Gelassenheit und die walkende Adipositas-Selbsthilfegruppe giggelt dir auch nicht mehr hinterher. Wie langweilig.

Runner´s World empfiehlt bei drohendem Frust: Lauf doch deine Hausstrecke einfach einmal andersrum. Nun habe ich sogar acht Hausstrecken, aber alle schon bis zum Abwinken andersrum gelaufen. Was tun? Vielleicht sollte ich auf den Händen laufen? Oder auf einem Bein hüpfen, oder wie oder was?

Dann kam Heft 2/2001. Darin ein Trainingsplan punktgenau für den Hamburg-Marathon. Der Trainingsplan sah keine bahnbrechenden Neuerungen vor. Warum auch? Gelaufen wird immer noch mit beiden Beinen auf der Erde und die Vorbereitung auf einen Marathon besteht nun einmal hauptsächlich aus Laufen. Neu in meinem Falle war die eiserne Entschlossenheit, sich diesmal auch wirklich an die Vorgaben zu halten. (Ich höre die Laufkumpels schon laut lachen) Dann sprang mir die Aktion „Race your Pace" ins Auge mitsamt persönlich auf mich zugeschnittener Trainingsoptimierung und dem Sahnehäubchen eines Zug- und Brems-Services. Der daran gekoppelte gute Zweck, zugunsten der Aktion Phönikks, gab schließlich den Ausschlag. Ab mit der Post und kribbeliges Warten auf die Unterlagen. Bis dahin vertiefe ich mich in das Heft und versuche mich für den Sonntäglichen Long-Jog auf sattsam eingelatschten Wegen zu motivieren. Auf Seite 42 bleibe ich an dem Foto zweier Läufer hängen, die auf der Aschenbahn eines Stadions laufen. „Tempo trainieren" verkündet die Kapitelüberschrift. Ja das täte mir ganz gut. Bin ich doch die letzten zwei Monate kaum jemals über den LaDL hinausgekommen. Ein paar halbherzige Sprints, einmal ein „Berglauf" (zehnmal eine Brücke rauf und runter), das war's schon. Aber rennen auf der Aschenbahn? Immer um den Nudeltopf herum? Das ist ja wohl der Mount Everest der Langweiligkeit. Nö, das mach ich nicht. Ich werde die sogenannte „Rund-um´s-Dorf-Runde" traben. Da trifft man wenigstens ein paar Leute. Am Montag geht's dann los mit dem Hamburg-Training, da kann ich am Sonntag ruhig noch mal eine ruhige Kugel schieben.

Meine Schwester (ein richtig knuddeliges Marathönnchen, das gerade seine ersten Erfahrungen mit dem Laufsport macht), hat dieses Vorhaben dann doch noch gestoppt. Es war bei dem samstäglichen, von mir stets als schwere Prüfung empfundenen, Nachmittagskaffee meiner Mutter. Zwischen zwei Bissen hausgemachter Käsesahnetorte berichtete das Schwesterherz begeistert von ihren ersten Trainingseinheiten auf der Laufbahn des örtlichen Fußballplatzes. Sie drehe dort auch am Sonntag ihre fünf Runden und sie lud mich zu gemeinsamem Schweißvergießen ein.

Prompt erschienen vor meinem geistigen Auge die beiden Tempobolzer aus RW 2/2001. Das war eine gute Gelegenheit, der Schwester einmal die brüderliche stählerne Kondition vorzuführen, ohne in einer Staubwolke am Horizont zu verschwinden!

So stand ich denn am nächsten Morgen in meinem feinsten Laufdress am Rande der roten Bahn. Als die Schwester eintraf, war ich gerade mit dem Dehnen fertig und machte noch einige Strecksprünge. (Mache ich sonst nie, aber sonst guckt ja auch keiner.)

„Was hast du denn heute für ein Programm?", fragt sie neugierig und ich erklärte ihr in dürren, sachlichen Worten, was heute anlag: „Intervall, Mädel! Das Bob Williams Olympia Programm aus den USA. Schnelle Runde, langsame Runde, das ganze zehnmal bis die Bahn brennt!"

Ehrfürchtiges Einatmen auf schwesterlicher Seite. Was hat die doch für einen Eisenfresser zum Bruder!

Aber zuerst einmal zehn Minuten langsam warmlaufen. Dabei erkenne ich, dass sich so eine Stadionrunde ganz schön ziehen kann. Egal, bloß nichts anmerken lassen. Dann endlich (oder vielmehr leider), waren die zehn Minuten vorbei. Ich merkte mir einen kleinen Laubhaufen an der Bahnbegrenzung und machte ihn zu meinem Start/Finish-Haufen. Noch drei Schritte, noch zwei, noch einer! Piep-Piep sagt die Stoppuhr und ich schwinge die gelben Diadora Hufe. Ah, das flutscht! Keine Angst vor Wurzeln, Pfützen, Gehwegplatten. Ich laufe wie Forrest Gump, mit wild wedelnden Armen. Action, Energy, Power! Der rote Dreck spritzt, das Herz rast, der Atem pfeift, die Beine wirbeln und noch nicht einmal die Hälfte!! Das wird hart. Ich überhole meine gemächlich im 8:00Min/km trabende Schwester. Sie ruft mir etwas zu, lacht, winkt. Ich sehe nur Schatten, höre nur Laute. Ich lege mich in die letzte Kurve, die Oberschenkel heiß und schwer, es pfeift und rasselt in meiner Brust. Da vorne steht die tobende Menge, glänzt das Zielband in der Morgensonne, macht auch noch der letzte Kenianer schlapp. Aber es ist nur der Laubhaufen, der mir zeigt, das es vorbei ist. „Piep" sagt die Stoppuhr 01:29 Minuten bei einer durchschnittlichen HF von 174 (HF max: 180). Ich werfe die Arme hoch wie Rocky, tänzele erleichtert in die Erholungsrunde. Noch neun Mal. Grauenhafte Vorstellung! Bei der dritten Schnellrunde hat meine Schwester ihr Soll erfüllt, lehnt gemütlich am Geländer und reckt die Daumen hoch. Um nicht einseitig zu werden wechsele ich bei jeder Tempo-Runde die Richtung. Die Zeiten gehen nach unten in Richtung 01:45Min. Runde

Sechs ist noch einmal eine schnelle (01:39), weil ich beschlossen habe hier abzubrechen. Das ist ja die reinste Folter! Die anschließende Erholungsrunde nutze ich um meine Jacke von der Tribüne zu holen. Feierabend. Weit hinten steht die Schwester und lacht und winkt. Der Laubhaufen grinst mich verächtlich an. „Flasche leere." zischt er mir zu. Die Jacke fliegt ins Gras, die Stoppuhr piept und ich wetze wieder los: dummes, dickes Krämer auf dem Weg in die Grube.

Bleibt zu erwähnen, dass ich auch die zehnte Runde noch durchgestanden habe und das Gefühl beim anschließenden Auslaufen war dem nach einem gelungenen Marathon verdammt ähnlich. Als ich meine Schwester fragte, warum sie denn die ganze Zeit dageblieben sei, zückte sie ihr Handy und sagte grinsend, sie hätte fest damit gerechnet, heute noch einen Rettungswagen anfordern zu müssen. Nachdem sie mir glaubhaft versichert hat, dass ich der verrückteste und unzurechnungsfähigste Bruder der Welt sei, machten wir uns auf den Heimweg. Eines nehme ich euch Jungs und Mädels von Runner´s World aber schwer übel: Dass dieses heiße Training im selben Heft steht wie der Plan für den Hamburg-Marathon. Warum? Weil dieses Programm mich gleich am nächsten Tag auf einen 60-minütigen LoDl schickte. Mit Pudding in den Knien und Kater in den Muskeln. Aber da ist der Krämer wohl mal wieder selber schuld, glaube ich. Ach noch etwas bliebe anzumerken: wer hat eigentlich behauptet Bahnläufe seien langweilig?

Als Freund des langen Langsamen (womit keineswegs irgendeine mir nahestehende Person gemeint ist), konnte ich das nächste Wochenende kaum erwarten. Endlich wieder Kilometer fressen. Endlich wieder ein Ziel: Hamburg, ich komme!

Das Ziel ist noch weit und jetzt haben wir erst einmal Mitte Februar.   Der Samstag lockte mit strahlendem Sonnenschein und angenehmen Temperaturen. Doch laut Trainingsplan ist heute Ruhetag. Der Sonntag war der Jahreszeit dann schon eher angemessen: Schneeschauer, ekliger Wind und um halb acht war es noch stockfinster.

Begeistert spähte ich aus dem Fenster. Laufen kann man bei jedem Wetter. Alles nur eine Frage der richtigen Kleidung. Zwar besitze ich mittlerweile recht zweckmäßige Funktionsklamotten, aber die Aussicht auf fast drei Stunden LaDl unter solch widrigen Bedingungen ließ mich dann doch den aus einem Anzeigenblättchen herausgerissenen kleinen dreieckigen Zettel, wieder hervorkramen: „Trainieren Sie sechs Wochen zum Nulltarif!" lockte die Werbeaktion eines örtlichen Fitnesscenters.

Bingo! Anstatt frostiger Bächlein vom Genick zum ihr-wisst-schon-wo, heiße Musik und nette Leute, anstatt schlammverbatzte Schuhe, aggressiv gelbleuchtende Wettkampftreter. Singlet statt Goretex, Minishorts statt Alaska-Tights! Auf ins Fitnesscenter! Tasche gepackt, Flasche gefüllt, und ab dafür!

Im Muskeltempel angekommen gab ich den Gutschein ab, spähte sofort in Richtung der sogenannten „Kardioabteilung": Die Laufbänder warteten in süßer Unberührtheit auf mich. Als ich kurz darauf in meiner „Sommeruniform" aus der Umkleide trat, schneite es draußen Hunde und Katzen. Ätsch!

Nachdem ich mich eine halbe Stunde mit der englischen Bedienungsanleitung herumgeschlagen habe, (den Trainer habe ich mit lässigem „kenn mich aus" weggeschickt) drücke ich endlich die richtigen Knöpfe. Das Band setzt sich in Bewegung, die Tempoanzeige stelle ich auf 6:00 Minuten/km. Bumm, bumm, bumm hallt es durch den Raum. Der Trainer kommt vorbei, guckt die Flasche an und fragt nach der Länge des Trainings. „25" meine professionell knappe Antwort. Der Trainer nickt ebenso professionell und trollt sich. Wenig später erscheint ein junger Mann und belegt das Band neben mir. „Läufst'n du heute?" „25" „Ich auch" „Hamburg?" „Hamburg!" Na sowas! Es stellt sich heraus, dass der junge Mann nach dem gleichen Plan trainiert wie ich. Wir verabreden uns gleich für den nächsten Sonntag zum simulierten 10-km Wettkampf.

Nach zweieinhalb Stunden sind die 25 km geschafft, das Band musste ich allerdings nach jeder Stunde neu starten, weil diese Warmduschermaschinen nicht länger als 60 Minuten programmierbar sind. Fazit: Vorteile des Laufbandtrainings bestehen vor allem in der gleichmäßigen Geschwindigkeit, was sehr gut ist, um ein Tempogefühl zu entwickeln, in der Wetterunabhängigkeit, was aber zweischneidig ist, weil die miefige Muckibudenluft viel zu wenig Sauerstoff enthält und man gewissermaßen im eigenen Saft schmort, und in der für Ego-Freaks wichtigen Eigenpräsentation vor Zuschauern. Außerdem kommt man bereits frisch geduscht nach Hause und kann Zusatzangebote wie Sauna oder Dampfbäder, Massagen usw. nutzen. Die Nachteile sind für mich die ständige Präsentation vor Zuschauern, (kein herrlich befreiendes Schneuzen und Spucken) die bereits erwähnte schlechte Luft und die Pilz- und Infektionsgefahr in den Sanitärräumen. Trotzdem, bei Schneeregen und böigem Wind in luftiger Sommerkleidung zu trainieren hat schon das gewisse Etwas.

Ich war in der folgenden Woche noch einmal auf dem Band, zog es aber dann doch lieber vor, bei leidlich gutem Wetter die größte Trainingshalle der Welt, Mutter Natur, zu benutzen.

Dann kam der Sonntag. auf dem Programm stand ein 10-km-Wettkampf. Da der Volkslaufkalender für dieses Datum keinen solchen Lauf in der Nähe meines Heimatortes zu bieten hatte, musste eben simuliert werden. Uwe, meine Laufbandbekanntschaft hatte sich mit mir um halb neun am Lauftreffparkplatz verabredet. Die ganze Woche graust es mir schon vor diesem Lauf: ich hasse 10 km Wettkämpfe. Die Bolzerei geht mir unheimlich auf den Keks. Lieber 30 lange langsame, als diese Hetzerei. Aber egal, was der Trainingsplan sagt, wird gemacht!

Meine Abneigung gegen schnelle Laufeinheiten manifestierte sich in einer Stunde verschlafen. Unpünktlich um halb zehn erschien ich im Wald. Am Infobrett lagen Heftchen aus, die für einen Laufcup warben. Ich steckte mir eines ein. Das Wetter war kalt, aber sonnig. Ich lief mich ein paar Minuten warm, dehnte kurz die müden Muskeln, drückte schweren Herzens die Stoppuhr ab und schwenkte auf die Laufstrecke ein. Bei Kilometer Eins sah ich vor mir einen Glatzkopf in kurzen Hosen. Uwe! Der war bestimmt gerade beim Abwärmen. Ich holte ihn ein. „Na, wie ist es gelaufen?" „Keine Ahnung, ich fange gerade erst an, hab' verschlafen" so ein Zufall. „Was läufst du für eine Zielzeit?" frage ich vorsichtig. „So um die 45 Minuten." meint Uwe. Au weia, denke ich, meine Bestzeit liegt bei etwas über 48 Minuten. Da wird der mir wohl bald davonziehen. „Ich versuch mal, an dir dranzubleiben, mal sehen wie lange ich das schaffe" sage ich optimistisch. Immerhin ist der Bursche zwanzig Jahre jünger als ich, praktizierender Fußballer und 15 Kilo leichter.

Wir brettern los. Kilometer für Kilometer unter fünf Minuten. Ein Höllentempo für die Marathonne. Merkwürdigerweise ist unser bisher schnellster Kilometer der sechste mit 4:24 Min. Ich schöpfe Hoffnung: Neue Bestzeit? Schaun mir mal. Kilometer sieben: Uwe legt noch einen Brikett auf. Ich rassle immer noch nebenher. Kilometer acht: ich verabschiede mich mit pfeifenden Lungen, lass den Jüngling entschwinden und schalte von HF 178 auf lebensverlängernde 168 herunter. Mit 45 Jahren muss man sich doch nichts mehr beweisen oder? Vor mir joggen ein paar gemütlich vor sich hin. Denen zeig' ich's! Wieder rasselt die Lunge, piepst der HF-Messer, brennen die Muskeln. Die letzte Kurve! Von weitem kann ich schon mein Auto sehen. Uwe trabt locker im Kreis herum, lässt die Arme baumeln, tänzelt wie ein Rennpferd. Ich stampfe um die Ecke, reiß die Arme hoch, mach den Rocky. Geschafft! Bestzeit! Ich schaue ungläubig auf meine Stoppuhr: 46:50 Minuten! So schnell bin ich noch nie in meinem Leben gerannt. Ist schon was dran, am Runner's World Trainingsplan. Die Freude über die Bestzeit und die Freude über die überstandene Trainingseinheit summieren sich. Morgen ist Ruhetag! Herrlich!

Zuhause angekommen, berichte ich meiner Familie stolz von der vollbrachten Tat. Ach ja, in der Laufjacke steckt ja noch das Heftchen vom Laufcup. Ich lege es auf die Arbeitsplatte in der Küche worauf meine Frau (die eine noch bessere Ehefrau ist, als die von Ephraim Kishon), einen Quietscher losläßt und auf die Eckbank flüchtet. „Mach's weg, mach's weg!" kreischt sie und ich wundere mich. Meine Moni läuft zwar nicht, aber ein derartiges Entsetzen über ein Laufheftchen hatte sie noch niemals gezeigt. Dann erkenne ich den Grund der Hysterie: *Forficula auriculares* beschnuppert gerade neugierig einen Kekskrümel. Das Insekt, welches in unseren Breiten als Ohrlaus, oder Ohrwurm bezeichnet wird, hatte sich zwischen den Seiten des

Heftes verborgen und in der Tasche meiner Laufjacke die zehn Kilometer in 46:50 Min zurückgelegt. Gerade wollte ich diese wohl bedeutendste sportliche Leistung einer Ohrlaus mit einer blumigen Laudatio würdigen, als meine 18-jährige Tochter den Raum betritt: „Iiiiih! Wie eklig!"

Okay, zwei schreiende Frauen ertrag ich nicht. Tut mir leid, schnellste Ohrlaus der Welt. Ein Klatsch, ein Küchentuch, vorbei ist dieser Monsterfluch. Olli Ohrlaus verschwand im Biomülleimer und ich musste mich vom Töchterlein als herzloser Mörder beschimpfen lassen. Nein, Frauen kann man gar nicht verstehen. Niemand kann das. Niemand!!

So nahm das Training seinen Lauf und ich war guter Dinge. Bis die fünfte Woche kam.

Sie fing ganz gemütlich mit einem Ruhetag an, gefolgt von einem lockeren 10 km Läufchen bei schönstem Wetter. Am Donnerstag stand dann ein Intervalltraining an. Der Kontinuität zuliebe musste es mal wieder das Laufband sein. Das Programm: drei Minuten schnell, eine Minute langsam. Das ganze mal zehn. Also die Schuhe entsandet und ab aufs Hamsterrad. Wie definiert Runner's World „schnell"? Ich hab's vergessen. (85-90% der maximalen HF, reuevoll nachgeschlagen) aber schnell ist ja wohl das Gegenteil von langsam. Kaum waren die zehn Minuten Warm-up um, ging das große Keulen los: Der Antrieb der Laufmaschine begann zu pfeifen wie eine betagte Boeing 727, was mir etliche bewundernde Blicke aus der Adipositas-Ecke eintrug. 5:30 Min/km; 5:00; 4:30; 4:00. Hei, das macht Spaß, die

Beine fliegen, die Schuhe knallen im Stakkato auf die Matte, die Arme arbeiten wie Hydraulikzylinder. Die Meter spulen sich ab, die Minuten rinnen langsam dahin. Mensch, drei Minuten können aber lang sein. Egal, welch ein Run! Dann die Pause, runter mit dem Tempo, locker bleiben, gaaaanz laaaaaangsaaaam auslaufen. Kaum hat sich der Atem beruhigt, geht's wieder los, haut den Lukas! Volle Kanne! Ganz tief drinnen im rechten hinteren Oberschenkel ziept etwas. Altes Kriegsleiden? Ignoriere das Soldat! Jawoll! Stampf, stampf, stampf. Die drei Minuten sind um, die HF puscht hoch auf 174 um dann langsam wieder abzufallen. Auf 140 sinkt sie in der einen Minute. Guter Wert, denke ich. Der Oberschenkel ziept jetzt auch beim langsamen Laufen. (?) Die nächste Sprintsequenz gehe ich etwas langsamer an. Man ist ja vernünftig, oder? Tempo: 4:30 Min/km, das Ziepen ist hartnäckig, arbeitet sich langsam an die Oberfläche. Mist, das habe ich ja noch nie gehabt. Während der Erholungsminute nimmt der Schmerz nicht ab. Zweifel kommen auf. Abbrechen? Liegt es an den Schuhen? An den ausgelatschten Einlagen? Gehen wir es langsamer an. 4:45 Min/km. Nach einer Minute ist aus dem Ziepen ein dumpfer bohrender Schmerz geworden. Kurz darauf das Aus: ein kurzes stechendes Flammen, ein Hieb auf die Stop-Taste, abstützen am Geländer, vorsichtiges Probe-Belasten des rechten Beines. Der Trainer hat mich beobachtet. Kommt an und fragt was los sei. „Verletzung" keuche ich. Wut und Enttäuschung machen sich breit. Ich berichte dem Trainer von meinen Symptomen, er faselt was von drohendem Muskelriß und empfiehlt ausgiebiges aber vorsichtiges Dehnen und vor allem Laufpause. Laufpause! Ich will nach Hamburg Mann! Ich bin mitten im Training. Das erste Mal unter vier Stunden und da kommt dieser Heinz daher und erzählt mir was von Laufpause! Also Leute, ich war wirklich ein bisserl panisch. Sah mich schon mit dem Gehgestell zum Rentnertreff wackeln. Noch so ein Idiot, der sich kaputtgerannt hat, höre ich meine nichtlaufenden Freunde höhnen.

Auf jeden Fall war heute Schluss mit lustig. Trainingsabbruch! Das erste Mal, seit meiner kurzen Laufkarriere. Ein Trost, bis Hamburg sind's noch sieben Wochen. In meiner Kneipe greine ich dem Wirt, der selber erfahrener Läufer ist, mein Leid. Geschieht dir ganz recht, keift der und zeiht mich einen verweichlichten Warmduscher und Schattenparker, weil ich unter Dach und Fach das Laufband trat. „Un nu?" „Pause", lacht der Wirt und spendiert mir ein Pils. „Aber der Lange am Sonntag?" „Nix da, schon gar keinen Langen! Dafür nen Termin beim Doc, aber schnell"

Das mit dem Doc hab' ich bleiben lassen, den Langen aber auch und mit schlechtem Gewissen vier Tage auf der faulen Haut gelegen. Dann in der sechsten Woche den lockeren Dienstagslauf in einen langsamen verwandelt. Vorsichtig bin ich wieder losgetigert, die guten Dämpfungsschuhe an den Füßen. Der Schmerz war da, aber er blieb im Käfig. Ich stellte mir ihn als kleine Wattekugel vor, die ich zusammenknüllen und verstecken konnte. Das funktionierte ganz gut, so dass ich bei Kilometer Vier etwas an Tempo zulegen konnte. Als ich nach acht Kilometern wieder zuhause war, schöpfte ich wieder Hoffnung. Wer acht läuft, kann auch zehn laufen und zwanzig, und dreißig und (flüsternd): zweiundvierzigkommaeinsneunfünf.

Die nächsten beiden Tage verbrachte ich wieder als Nichtsportler, um schließlich am Freitag wieder die erste volle Trainingseinheit zu absolvieren. Die Wattekugel war immer noch da, aber sie war bedeutend kleiner geworden. Die zehn Kilometer lief ich in 55:00 und in meinem Kopf brannte ein beruhigendes Feuer: Ich war wieder dabei! Am Sonntag lief ich bei strömendem Regen in T-Shirt und Shorts dreißig Kilometer durch den triefenden, vogelzwitschernden Lampertheimer Wald, aß selbstgebackene Energie-Riegel, trank Apfelschorle und grüßte die paar sich an die Stirn tippenden Regenschirmrentner fröhlich lachend. Nach 3:15 h erreichte ich wieder den Parkplatz, machte meine Dehnübungen und stellte fest, das etwas fehlte. die Wattekugel! Der kleine, gemeine Schmerz! Er war weg, fortgespült vom Märzregen, herausgefallen aus dem Muskel und unter die gelben Diadoras geraten. Leute ich sage euch: das ist ein verdammt gutes Gefühl!

Auf der Reeperbahn morgens um Neun

Die Sonne kündigt sich verwaschen rot zwischen aufsteigendem Nebel an. Raureif überzieht die Wiese, deren Rand
sich im Nebel verliert. Fern, seltsam erstickt vom Morgendunst, wiehert ein Pferd. Es ist Samstag. Es ist sieben Uhr
früh und ich jogge durch einen unbekannten Märchenwald
im Alstertal. Entspannt, schweigend, einsam.
Die Runde um die Wiese ist ca. 1500m lang. Nach jeder
Runde klopft ein Specht in einer mächtigen Buche die Zeit.
Morgen wird ein elektronischer „Specht" meine Zeit messen. Morgen wird nicht gemütlich gejoggt. Morgen wird
Marathon gelaufen: aufgeregt, laut, und überhaupt nicht
einsam.

Doch lasst mich nicht vorgreifen. Erlaubt mir, das Erlebnis
„Großer City-Marathon" von Anfang an zu beschreiben:
Dieses Wochenende steht, wegen eines geschäftlichen Termins am Montagvormittag, ganz im Zeichen einer von mir
eingeführten neuen Trendsportart namens „Daihatsu-Man":
Dabei gilt es, innerhalb von 15 Stunden die Distanz von
602,195 km zurückzulegen. Die Strecke wird gegliedert in
einen Marathon über die klassischen 42,195 km und über
eine 560 km lange Strecke, welche in einem japanischen
Kleinwagen zurückzulegen ist. Als Debütant auf diesem
Ultra-Klassiker der Zukunft, ging ich mit der vernünftigen
Zeitvorgabe „Ankommen" ins Rennen.

Wir starteten am Freitagmorgen um neun Uhr zu der langen Fahrt ins Land von Otto und Werner Wernersen. Wir, das sind mein Vater, der mit seinen siebzig Jahren immer noch ein ausdauernder Läufer ist; meine achtzehnjährige Tochter Jessica, die in wenigen Wochen ihre Prüfung als Arzthelferin ablegt und ich, die „Marathonne", welche mittlerweile ihr Zufriedenheitsgewicht von 77 kg erreicht hat.

Auf der Hinfahrt steuerten wir direkt das Messegelände an, um die Startunterlagen abzuholen. Der Ansturm hielt sich innerhalb normaler Kleckersdorfer Volkslaufgrenzen und wir fanden sogar einen nur mäßig illegalen Parkplatz auf dem Gehweg vor dem Fernsehturm. Die Frage, „wo müssen wir nun hin?" war einfach zu beantworten, denn im Umkreis von drei Kilometern bewegten sich zwei Ströme von Lemmingen: die einen trugen Laufschuhe und Laufjacken, die anderen Laufschuhe, Laufjacken und Plastiktüten mit der Aufschrift „Hansaplast-Marathon". Wir gesellten uns zu den „nackten" Lemmingen ohne Tüten und erreichten so rasch die Halle 9, „Ausgabe der Startunterlagen". Hier herrschte vor der langen Reihe von Ausgabe-Ständen gepflegte hanseatische Langeweile. Der Lemmingstrom verteilte sich auf die mit Startnummerbereichen versehenen Stellen und ohne jede Wartezeit überreichte mir eine freundliche junge Dame den Kleiderbeutel mit den Startunterlagen; Schwert und Zepter jeden Marathonläufers. Solchermaßen geadelt mischten wir uns unter das bunte Volk der Gleichgesinnten und bummelten über die Marathonmesse in Halle 10. Von meiner Frau (der besten, die ich je hatte) zu Sparsamkeit verdonnert, erstand ich eine Ultraquietschgelbe, halblange Tight aus der Krabbelkiste für 5 (fünf!) Mark. Schnäppchen-Krämer, der Meister vom Ramschplaneten hat wieder zugeschlagen. Zu diesem hochfunktionellen Teil gesellte sich dann noch eine blaue Garnitur aus Singlet und Flatterhöslein für zusammen dreißig Mark. Teure Gattin, schau was ich für ein guter Ehemann bin! Vater, selbst ein Pfennigfuchser der Masterklasse, nickte anerkennend und meine Tochter runzelte nur leicht das Stirnlein, erkannte jedoch sofort den Vorteil solchermaßen signalfarbenen Gewandes bei fast 20.000 Teilnehmern. Der Hinweis bei meinem letzten Marathon, auf meine weiße Mütze zu achten, war wenig hilfreich, da gemeinerweise achtzig Prozent aller Läufer an diesem Tag beschlossen hatten, weiße Mützen zu tragen. Hier sind wieder einmal die Hersteller gefordert: neue Farben braucht das Land! Vater zeigte, ob der Menge und des vielfachen Lautsprechereinsatzes in der Halle, erste Erschöpfungsanzeichen. So trollten wir uns wieder in Richtung unseres Autos. Die toleranten Hamburger Ordnungskräfte trugen heute alle schwarze Augenbinden und unser Scheibenwischer war nackt und billig anzusehen.

Wenig später bezogen wir unser Quartier im Hamburger Norden, ein schmuckes Siedlungshäuschen direkt am Rande des obengenannten Märchenwaldes im Hamburger Stadtteil Poppenbüttel. Bushaltestelle vor der Tür, S-Bahn in 3 km Entfernung, komplette Küche, großes Bad mit Badewanne für das präfinale Entspannungsbad. Das Ganze zu sehr vernünftigem Preis incl. Marathonbegeistertem Vermieter.

Marathonne, was willst du mehr?

Nach dem anfangs beschriebenen kurzen Lauf, weckte ich meine „Mannschaft", bereitete uns mein beliebtes „Greatscottish-breakfast" und wühlte mich neugierig durch den Inhalt der Kleiderbeutel-Wundertüte: offizielle Informationen, Streckenplan, die Marathonzeitung mit der Starterliste, wichtige Hinweise (Schnäuzen und spucken Sie nicht ihrem Nachbarn ins Gesicht), ein Duschgel, vier Sicherheitsnadeln ein Kohlehydratgetränk, die Gutscheine für die Nudelparty und die Startnummer! „6814" fast meine alte Postleitzahl vor der Fünf-Finger-Reform. Glücklicherweise kein tischtuchgroßer Lappen, sondern ein vernünftiges Mittelmaß. Der Wetterbericht sagt für den nächsten Tag bedeckten Himmel, Nord-Ost-Wind und Schauer bei Temperaturen um maximal 9 °C voraus. (Fröstel). Da muss das Hinterbackenblitzende Flatterhöslein in der Tasche bleiben. Einsatz für die Ultraquietschgelbe-Billigtight! Das Teil ist neu und aus der Grabschkiste, also lieber erst mal im Waschbecken reinigen. Es ist mir ein Rätsel, warum eine solch schöne Hose für fünf Mark verschleudert wird. Das Rätsel wurde jedoch bald gelöst: beim Waschen bemerkte ich, dass ich meine Hände durch den Stoff gut erkennen konnte. Bei der folgenden Nass-Anprobe in der Duschwanne konnte ich auch noch andere Körperteile klar und deutlich durch den Stoff begutachten. Die ideale Bekleidung für Table-Dance, sehr gut geeignet auch als Kälteschutz für Exhibitionisten. Für Marathonläufer nur einsetzbar, wenn Wert auf Veröffentlichung in den St.-Pauli-Nachrichten oder ähnlich einschlägiger Presse gelegt wird. Eine echte „Reeperbahn-Tight" eben. Weg damit und die abgewetzte schwarze RONO hervorgekramt. Ehrenvoll speckig und angegraut sieht sie ihrem dritten Geburtstag entgegen. Aber sie ist schwarz und undurchsichtig. Auch bei Regen.

Der Samstag wird zur Generalprobe für die Marathonanreise genutzt. Dies empfehle ich dringendst jedem, der in einer unbekannten Stadt mit öffentlichen Verkehrsmitteln zum Start gelangen will. Fahrpläne sind oft unübersichtlich oder mit fast unsichtbaren Zeichen gespickt, die manchmal „Sonntags nie" oder „Nur für Kampfhundebesitzer" bedeuten können. Außerdem kann man sich mit Berechnungen auf Stadt- und Fahrplanbasis gewaltig verschätzen. (Passiert mir, als erfahrenem Berufskraftfahrer, zum Teil heute noch!)

Eine Probeanreise beruhigt und sorgt für einen weitgehend stressfreien Marathonmorgen. Ein bisschen Stress unmittelbar vor dem Start ist gar nicht schlecht, aber die persönliche Logistik muss wohldurchdacht sein und wie am Schnürchen laufen. Eine große Hilfe waren für mich meine beiden Begleiter, die mir all die lästigen Kleinigkeiten erleichterten, die auf einen Marathoni im Startfieber zukommen.

Den Vormittag verbringen wir mit einem kurzen Rundgang an den Landungsbrücken (keine glykogenfressenden Shoppingmärsche, Museumsrundgänge und Treppenbergläufe!) und einer U-Bahn-Fahrt in die City. Immer dabei: die 1,5 Liter Wasserbombe. Leider nicht dabei: das persönliche WC. Da ich ein Gegner der Wildpinklerbewegung bin, besichtige ich die verschiedensten Hamburger Örtchen. Auch etwas, über das ein geschäftstüchtiger Mensch sicher bald einen „Guide" veröffentlichen wird. Am Nachmittag nehmen wir am Treffen der „Race-your-pace" Aktion teil. Im Obergeschoss der Halle 11, genau in jener heiligen Halle, in der auch die Siegerehrung stattfinden wird, nehmen wir Platz. Viele, die an der Laufen, Spenden, Helfen Aktion der Stiftung Phönikks teilnehmen sind schon da. Ich treffe eine „Landsfrau" aus meiner Heimatstadt, der mein T-Shirt mit dem „LONDON-PUB-ROADRUNNERS" Aufdruck aufgefallen war, und halte ein Schwätzchen mit den Leuten von Runner's World. Dieter Baumann ist auch da, unterhält sich mit Fans und Kritikern und genießt sichtlich die lockere Atmosphäre abseits der Mikrophone und der Hektik auf der Marathonmesse.

Martin Grüning, Fernkurs-Trainer aller Runner's World Leser, stellt die „Pacer" vor: Männer und Frauen mit einem gerüttelten Maß an Erfahrung und beeindruckenden Bestzeiten. Wir erhalten alle unsere Race-your-pace T-Shirts, den Laufen-Spenden-Helfen Anstecker und viele nützliche Ratschläge.

Mittlerweile ist es 15:00 Uhr geworden und in der Halle 7 lockt die Pasta-Party. Wieder ein Tipp von einem, der aus Bauchweh klug geworden ist: bloß nicht am Vorabend mit Nudeln vollstopfen bis Oberkante Unterkiefer! Was bis jetzt nicht in den Muckis ist, bringt auch nix mehr. Ich habe diesmal bereits kurz nach 15:00 Uhr meinen Teller Nudeln verspeist und am Abend lediglich noch ein paar Kekse und ein Toastbrot mit Nuss-Nougat-Creme zu mir genommen. Das Ergebnis: Zum ersten Mal habe ich in der Nacht vor einem Marathon gut geschlafen. Etwas ganz spezielles ist auch das Frühstück vor dem Start. Hier kann ich keine allgemeingültigen Ratschläge erteilen, da jeder Mensch einen anderen Stoffwechsel hat und andere Vorlieben pflegt. Ich kann nur weitergeben, was ich tat und was es mir gebracht hat:

Weckerklingeln um fünf Uhr früh. Vor dem Waschen gleich zwei Gläschen Babynahrung gelöffelt (Ideal: Banane in Apfel, sehr hoher Kohlehydratgehalt) und mit einem halben Liter Wasser eine Magnesiumtablette und ein Mineral-Vitaminpräparat heruntergespült. Eine Banane noch und man ist satt und voller Energie. Ein Blick aus dem Fenster zeigte klaren Himmel und einen Eispanzer auf meinem Auto. Nach der Morgentoilette verteilte ich ein halbes Glas Vaseline in Achselhöhlen, Schritt und auf den Brustwarzen. (Besser als Pflaster, die nach wenigen Kilometern durchweicht sind und abfallen), dann stieg ich in die kurzen Tights (die schwarzen!!), befestigte den Sender des HF-

Messers und streifte das Singlet über. Darüber kam noch ein Funktionsrolli mit langen Ärmeln. Später würde ich dann noch die ärmellose winddichte Laufweste darüberziehen. Für die Fahrt und die Zeit bis zum Start zog ich noch die lange Wintertight und die Winterlaufjacke darüber. Für alle, die ohne Begleiter reisen und auf der Strecke keine Kleidung übergeben können: ideal ist bei morgendlicher Kälte, Wind und/oder Regen eine Kombination aus einem alten Sweatshirt, das man kurz vor dem Start oder auf der Strecke einfach wegwirft und einem Müllsack. Den Müllsack versieht man mit einem Loch für den Kopf und läuft sich als Werbeträger für den grünen Punkt oder die Hühnerhausener Abfallverwertung warm. Den Müllsack und den Pulli aber bitte nicht mitten auf die Strecke schleudern. Es ist schon zu Stürzen gekommen, weil im Gedränge eines Massenstarts ein Ärmel sich wie ein Fangarm um eine Läuferwade wickelte. Auf meinen Kopf kommt später noch eine leichte Mütze aus Meshgewebe mit umlaufendem Frotteeband. So läuft mir kein Schweiß in die Augen und ich kann auf den beliebten „Tunke-Schwamm" verzichten. Den Kleiderbeutel habe ich schon am Vorabend mit allem bestückt, was ich zum Umziehen und zum Duschen benötige. Außerdem eine Flasche Wasser für den Heimweg. In einer einfachen Gürteltasche Marke Boah-Mallorca führe ich vier Beutel Energie-Gel, eine Packung Blasenpflaster und eine Tüte Kohlehydrat-Snacks mit. Für meine Begleiter habe ich einen Rucksack gepackt, der neben Wasserflaschen, Regenzeug, Fotoapparat, Strecken- und Stadtplan auch ein Handy enthält, dessen Nummer auf der Rückseite der Startnummer vermerkt ist. So können, bei eventuellem Ausfall des Läufers, die Helfer am schnellsten die Angehörigen erreichen. All diese Vorbereitungen sollte man unbedingt am Vortage abschließen. Der Tag X sollte nur dem Marathon gewidmet sein. Wer vor dem Start noch seine Vermieterin erreichen muss um seine Zeche zu zahlen oder seinen Chip unter Teppichen und in vier Reisetaschen sucht, der ruiniert seine Tagesform.

Als ich aus dem Badezimmer kam, weckte ich meine Begleiter und bereitete wehmütig ein herrlich unsportliches Frühstück mit Butter, Sahneyoghurt, Marmelade und Nougat-Creme. Ich trank dann doch noch einen Pott Kaffee, zugunsten einer zuverlässigen Verdauung und aß noch ein Butterloses Marmeladenbrot. Solchermaßen gerüstet machten wir uns auf den Weg zum Start.

Beim 16. Hansaplast-Marathon in Hamburg habe ich mir die „Schallmauer" von vier Stunden vorgenommen. Eine Zielzeit von 3:59:59 soll sie knacken. Hilfreich und beruhigend für das Nervenkostüm: der persönliche Trainingsplan von Runner's World (wieder ein dickes „Danke Maddin!") und die Möglichkeit sich an einen „Pacer" genannten Zug- und Bremsläufer anhängen zu können.

Auf den Pacer werde ich allerdings verzichten, nachdem ich am Vortage erfahren habe, dass dieser die Distanz in einer gleichmäßig gelaufenen Zeit von 5:40 min/km zurücklegen wird. Ich werde wieder das gleiche Marschsystem einsetzen wie voriges Jahr in Duisburg: die Strecke wird in drei Etappen geteilt: die ersten 15 Kilometer laufe ich in 6:00 min/km, die zweiten 15 Kilometer in 5:40 min/km und die letzten 12,195 in 5:30 min/km, wobei ab km 35 „Open race" angesagt ist. Immer vorausgesetzt, die Kondition und der Geist spielen mit. Mit diesem System sollte es mir möglich sein, knapp unter vier Stunden zu bleiben. Wir werden sehen.

Der Count-down läuft: ich kratze das Eis von der Autoscheibe, wir fahren zum S-Bahnhof Poppenbüttel, stellen den Wagen auf dem P+R Parkplatz ab und springen locker die Treppen zum Bahnsteig hinauf. Ich stelle mir vor, wie ich nach dem Marathon wieder herunter wackeln werde. Auf dem Bahnsteig stehen schon ein paar Läuferinnen und Läufer mit den obligatorischen Kleiderbeuteln. Man grüßt sich. Freundlich, respektvoll. Wie Soldaten auf dem Weg an die Front. Es ist sieben Uhr morgens. Hamburg schläft oder duftet nach Kaffee und Croissants. In den Straßen ungewohnt viel Bewegung: überall klappen Gartentüren, schlendern Marathonis und ihre Begleiter in Richtung Haltestellen und Bahnhöfe. Ein Bild wie von einem Exodus: während der Fahrt mit der S-Bahn sieht man sie überall. Invasion aus der Plastikbeutelgalaxie. Die S1 Poppenbüttel-Wedel bleibt erstaunlich leer. Einige Läufer verlassen den Zug bereits in Ohlsdorf, steigen hier auf die U2 um. Wir wollen durchfahren bis zum Jungfernstieg, dann die letzten zwei Stationen mit der U-Bahn fahren. Die Ohlsdorf-Jungs haben gewusst, was sie tun! Wir steigen bei der Station Jungfernstieg aus, folgen den Wegweisern zur U-Bahn und erstarren: der Bahnsteig ist ein einziges Gewoge von Köpfen, Kleiderbeuteln und Mützen. Die Rolltreppen schaufeln unermüdlich neue Massen in den Schacht. Wir stecken schnell mittendrin, rudern und strampeln uns in Richtung Bahnsteig durch. Die Bahn kommt. Mehr als ein sinniger Werbeslogan. Sie kommt wirklich: plattgedrückte Nasen und Wangen an den Fenstern verzweifeltes Augenrollen wie hinter den Luken eines Viehtransporters. Metallisch plärrt eine Lautsprecherstimme: „dieser Zug ist überfüllt! Bitte nicht einsteigen. Der nächste Zug folgt in wenigen Minuten!" Murren und wütende Bemerkungen über das Schild „Kurzzug" an den Wagen. Der Sardinenexpress rollt davon. Ich muss mal. die elektronische Anzeige kündigt die nächste Abfahrt in sechs Minuten an. Die sechs Minuten verstreichen. Ich muss mal! Die Zeitanzeige schaltet bei einer Minute um auf acht Minuten. Ich muss mal!!! Endlich kommt die nächste Bahn. Ein langer Zug, die vorderen Waggons fast leer. Das Volk drängt und schiebt nach vorne. Endlich steht die Bahn. Die hinteren Waggons sind gestopft wie eine Gänseleber. Wir hetzen an der Bahn entlang. Der Lautsprecher schnarrt: „Zuuurückbleiben!" die Warntöne piepen, ich schmeiße mich zwischen die dichtgedrängten Leiber, wurschtel mich hinein in die Wolke aus Schweiß, Sportlavit und Franzbranntwein. Meine Tochter ist noch draußen, „Papa! Papa!!" Mein Vater schnappt sie am Arm, zieht sie mit nach vorne. Szenen wie im Film. Die Türen schließen sich, gehen wieder auf, weil ein Fuß oder ein Rucksack die Lichtschranke blockiert; schließen sich endgültig. Der Zug fährt ab. Auf dem Bahnsteig ist niemand mehr. Entweder hocken meine Begleiter auf dem Dach oder sie haben es tatsächlich noch geschafft.

Station Messehallen: Die längste Rolltreppe Hamburgs baggert Läuferinnen und Läufer vom Mittelpunkt der Erde ans Tageslicht. Oben verläuft sich die Masse dank hervorragender Beschilderung und der Einteilung in drei verschiedene Startzonen. Ich finde einen Toilettenwagen ohne Menschenschlange. Ich muss mal!!!!! Mein Nachfolger tut mir leid, die Babys, die täglich mein Frühstück essen müssen auch. Deren Eltern auch. Wieder Mensch geworden, erläutere ich meinen Begleitern noch einmal unseren Schlachtplan: auf dem Streckenplan habe ich meine Zeiten eingetragen: Reeperbahn 9:10 Uhr. Landungsbrücken 10:15 Uhr. Ziel 13:10 Uhr (?)

Sie kommen noch mit zu meinem Startbereich: B, brauner Block. Glücklicherweise nicht politisch gemeint. Hier stehen die Vier-Stunden-Leute. Nebenan der Untersuchungsknast. An seinen Mauern stehen wie die Zinnsoldaten die Wildpinkler. Ich gestehe, ich bin heute auch einer. Was da plätschert, ist sowieso nur noch destilliertes Wasser. Seit zwei Tagen bechere ich fast ununterbrochen stilles Mineralwasser. Es ist kalt, die Atemluft bildet Wolken. Läuferinnen und Läufer dehnen sich, laufen sich warm. Skater flitzen umher, Lautsprecher plärren, Hubschrauber knattern, Martinshörner blöken und Musik dröhnt. Eine irre Stimmung. Alles scheint sich zu kennen, Ermunterung überall, gute Wünsche, Umarmungen.

Die Pacer führen gasgefüllte Luftballons mit aufgemalter Zielzeit mit sich. Es ist halb neun. Punkt 09:00 Uhr startet der A-Block. Die Elite. Vorher gehen die Walker und die Rollifahrer mit den mächtigen Armmuskeln auf die Strecke, gefolgt von den Skatern, deren Fahrstil und Geschwindigkeit manch einem den Atem raubt. Unser Block wird um 09:05 Uhr gestartet, um 09:10 Uhr der C-Block vom Gorch-Fock-Wall aus. Das ganze Volk vereinigt sich kurz vor der Reeperbahn zum größten Sportereignis Hamburgs und windet sich dann als ununterbrochener Lindwurm über fünf Stunden lang durch die Stadt.

Ich ziehe die warme Überbekleidung aus, nestle mit zittrigen Fingern die Startnummer an meine Jacke. (Sie zittern immer, ich glaube, das wird beim hundertsten Marathon genauso sein). Dann gebe ich meinen Kleiderbeutel an einem der Sattelzüge ab, die in einer Querstraße parken. Ob ich ihn jemals wiedersehe? Es wäre eine logistische Meisterleistung. Ich schicke meine Mannschaft in Richtung Reeperbahn, damit sie die Spitzengruppe auch zu sehen bekommen. Küsschen von der Tochter, herzliches Schulterklopfen vom Papa, dann bin ich allein. Allein? Es sind ca. 20.000 Leute um mich herum, die alle dasselbe wollen wie ich: in möglichst guter Zeit ankommen. Trotzdem bin ich alleine und das ist genau das, was mir am Marathon so gut gefällt: ich laufe gegen niemand, nur gegen mich selbst. Ein Sport ohne Verlierer. Niemand kämpft gegen mich, ich kämpfe gegen niemand. Viele sind langsamer, viele sind schneller. Viele haben blondes Haar, viele braunes oder schwarzes. Es spielt einfach keine Rolle. Ich glaube, hier ist der Sinn wahren Sports zu suchen: gemeinsam Spaß haben, sich selbst etwas abfordern. Ein Marathon, 20.000 Sieger. Solch euphorische Gedanken gehen wohl jedem hier durch den Kopf. Alle sind aufgekratzt, scherzen, klopfen derbe Sprüche. Das Hufescharren der Stiere vor der Arena. Ich verlasse das Gedrängel des Startblocks und entdecke hinter dem eigentlichen Startgelände die verwaiste Zufahrt zu den Tiefgaragen des Congress-Centrums. Die Sonne wärmt bereits, ich trabe die leicht abschüssige Strecke hinauf und hinunter, futtere meine Kohlehydratsnacks und trinke die Flasche leer. Ich fühle mich großartig. Der Wetterbericht hat gelogen: keine Wolke am Himmel, die Temperatur steigt langsam aber ständig. Wie ein 99-jähriger Greis erhebt sich der Frühling endlich langsam und tatterig aus seinem Bett. Hamburg, ich komme! 20.000 Rockys hören in ihren Herzen die Siegfanfaren. Endorphine überschwemmen den Körper. Ein Blick zur Uhr: kurz vor neun. Ich stelle mich zu den anderen in den Block. Die Pacer stehen weiter vorn. Dann neun Uhr! The Race is on! Vom Startschuss hören wir Hinterbänkler nichts, aber von ganz vorne brandet Beifall auf, als der A-Block vorbeidonnert. Kurz darauf geht es auch bei uns los. Die Menge verdichtet sich, schiebt und drängelt. Müllsäcke, Handschuhe, alte Pullover fliegen durch die Luft wie die Hüte bei amerikanischen Studenten. Die Zuschauer filmen und knipsen wie wildgewordene Japaner. Dann endlich geht es los im Zuckeltrab. Die Startmatte schrillt und zirpt, ich drücke die Stoppuhr und die Zahlen beginnen ihre unerbittliche Arbeit. Die Organisation ist perfekt. Note eins für diesen tollen Start! Bereits nach vier Minuten läuft das letzte Drittel des B-Blocks über die Startmatte. Über die Glacischaussee geht es hinunter in Richtung Elbe. Eine scharfe Kurve. Der erste Kilometer liegt hinter mir: 5:56 min. Genau in der Zeit! Die Herzfrequenz liegt mit 138 noch im nervösen Startbereich. Kilometer zwei, die Reeperbahn! Die Herzfrequenz sinkt auf trainingsübliche 135 und wird auch nicht durch die beiden Grazien in Lack und Leder erhöht, die ihre enormen Massen hüpfen und wallen lassen. Sie schwenken Fähnchen und werfen uns Küsschen zu. Auf der Reeperbahn morgens um neun. gedenke ich dem seligen Hans Albers, der immer so aussah wie mein Opa. Heute ist hier am frühen Morgen bedeutend mehr los, als nachts um halb eins lieber Hans, aber er hätte bestimmt auch seine Freude an diesem bunten, verrückten Volk. Hinter mir läuft ein Kerl, den man in Süddeutschland ehrfürchtig ein g'standenes Mannsbild nennen würde: ca. 120 kg, Arme wie Baumstämme, mächtige Bierplautze und weißgrauer Prophetenbart. Ein malerischer Typ, der hier in der Vierstunden-Gruppe munter mitstampft. Ich konzentriere mich darauf, meine Angehörigen zu entdecken, gar keine leichte Aufgabe. Aber wir haben verabredet, dass ich versuchen werde, auf der rechten Seite zu laufen. Rechts sind auch die meisten Verpflegungsstellen. Das Publikum steht in drei Reihen hinter der Absperrung und johlt, trötet, hupt und singt. Von wegen kühle Hanseaten. Ihr seid fantastisch, ihr Hamburger! Da entdecke ich eine erfrischend süddeutsche Gestalt: die Mütze meines Vaters, spätestens seit Heinz Becker bundesweit bekannt, sticht die „Batschkapp" hier im Norden zwischen all den zeitgeistigen Schirmmützen und Elbseglern wohltuend hervor. Davor hüpft der Pferdeschwanz meines kleinen Mädchens aufgeregt auf und nieder. „Papa, Papa!" die Kamera klickt, Vater klatscht und brüllt und strahlt. Das ist einfach herrlich, wenn man seinen eigenen Fanclub dabeihat. Diesen Kilometer lief ich mit 5:38 min viel zu schnell. Euphorie lässt sich schwer ausbremsen. Ich reduziere, denke an mein Ziel. Was ich jetzt verfeuere, gibt mir keiner zurück. Es geht weiter über die Bernadottestrasse, kurz vor der Wende bei Kilometer fünf steht ein Feuerwehrauto. Auf dem Dach eine Traube von Feuerwehrmännern und Buben. Alle paar Sekunden dröhnt die Pressluftfanfare los. Meine Ohren klingeln, eine topfdeckelschlagende Oma gibt mir den Rest, ein Mädchenchor um die Ecke lässt eine 12000 Hz kreische los. Ich taumle benommen Richtung Elbe, kriege gerade noch die Kurve zur Elbchaussee und schnaufe an vorneh-

men Villen vorbei. Da drin sitzen jetzt sicher die Pfeffersä-
cke beim Champagnerfrühstück denke ich. Von wegen! Auf
einer Trittleiter steht ein ungeheuer vornehm aussehender
Mann im Genscher-Pullunder mit spiegelnden Salonschlei-
chern an den Füßen, schwenkt ein Fähnchen und brüllt aus
vollem Hals, wie gut wir sind. Auch das ist Hamburg, danke! Die Ohren beruhigen sich. Rechts ein großartiger Blick
auf die Elbe und die Hafenanlagen dahinter. „Toll, schau dir
das an, herrlich!" sagt eine Läuferin neben mir zu ihrem
Begleiter. Schön, wenn man beim Marathon noch Augen
für diese Dinge hat. Das ist die richtige Einstellung. „Sind
wir beide zu warm angezogen?" reißt mich eine Stimme aus
meinen Gedanken. Neben mir läuft ein Mann mit einer dicken Jacke und langen Hosen. Ich nicke, auch bei mir rinnt
bereits der Schweiß ins Hemd. Ich fummele die Startnummer ab, schnalle die Bauchtasche ab und beginne mich aus-
zuziehen. Alles während des Laufes. Ein Läufer bietet sich
an, mir etwas abzunehmen. Danke Kamerad, ein feiner
Zug. Ich häute mich wie eine Klapperschlange, fummele
die Startnummer an den Gurt der Bauchtasche und knülle
Jacke und Rolli zu einem nassen Päckchen zusammen. Singlet und Kurz-Tight passen besser zur strahlenden Morgensonne. Kilometer neun, ich reiße eines der Gel-Päckchen
auf und drücke mir den schleimig-süßen Inhalt in den Hals.
Gleich kommt die Wasserstelle, dann gibt's zwei Becher
hinterher, damit der Motor weiter läuft. Nach der Wasserstelle (übrigens bis auf die erste, bei der das Wasser alle

war, sämtlich bestens organisiert) geht es hinunter zum Fischmarkt. Hier tanzt der Bär! Die Menschenmenge skandiert Lieder, klatscht uns La-Olas, trommelt und pfeift was das Zeug hält. Mittendrin wieder Heinz Becker wie er leibt und lebt, meine Tochter knipst sich die Finger wund und mein Vater fängt geschickt mein Kleiderbündel auf. „Tschüss bis heut' Mittag im Ziel!" schreie ich ihnen zu und wetze davon. Wieder viel zu schnell.

Immer noch säumen Tausende die Straßen, im Radio reden sie von 400.000 Zuschauern. Ich glaube nicht, dass dies eine Übertreibung ist. Dann verschluckt uns der Wallring-Tunnel. Drinnen fangen alle an zu klatschen und zu brüllen. Ich halte mich zurück: Save Energy! Am anderen Ende des Tunnels hören die Zuschauer eine Geräuschkulisse wie aus den tiefsten Tiefen der Hölle. Kilometer 15, Jungfernstieg. Wir traben an der Binnenalster entlang. Herrliche Aussicht. Die Fontäne steigt in den Morgenhimmel, das ehrwürdige Alsterhaus grüßt herüber und überall trommelt, pfeift, lacht und singt es. Ich erhöhe das Tempo um 20 Sekunden auf den Kilometer, die Herzfrequenz pendelt sich so um die 150 ein. Ich beginne das „Feld" von hinten aufzurollen. Ständig überhole ich Läuferinnen und Läufer. Der Nachteil: Man muss öfter Zickzack laufen, vergeudet einige Meter Strecke. Der Vorteil: man ist nicht mehr Hase, man ist der Jäger! In meiner Nähe befindet sich ein Sammeltrupp der Stiftung Phönikks. Einer hat ein Lastenfahrrad mit Lautsprecheranlage und einem Fass für die Spenden. Der Lautsprecher fordert das Publikum auf für die krebskranken Kinder zu spenden und viele zücken ihre Börsen. Läuferinnen und Läufer mit Eimern sammeln die Gaben ein.

Eine tolle Idee und eine große sportliche Leistung mit einem Eimer voller Geld in den Händen einen Marathon zu laufen. Die Milka-Kuh überholt mich. ich überprüfe misstrauisch mein Gel-Päckchen auf Alkoholika in der Liste der Inhaltsstoffe. Die Milka-Kuh wackelt freundlich mit dem Kopf und galoppiert munter vorbei. Der Mensch darunter muss ein ganz harter Brocken sein: das Kostüm ist zur Gänze aus Plüsch, der Kopf eine Voll-Maske aus Gummi. Wenig später steht der Wiederkäuer an einem Sani-Fahrzeug und lässt sich etwas am Bein fummeln. Wahrscheinlich haben sie ihm nur die Hufe nachgeschliffen, denn kurz darauf war er wieder dabei. Vorbei am feinen Hotel Atlantic, immer an der Außenalster entlang, geht es in Richtung Halbzeit. Im Gegensatz zu kleineren Veranstaltungen verläuft sich hier das Feld nicht. Man läuft nie allein, ständig ist man von Menschen umgeben. Eine Hand legt sich auf meine Schulter, eine Stimme in vertrautem Dialekt fragt: „TV-London-Pub- Roadrunners? Wer bist'n du?" Ich wende den Kopf, erblicke einen kurzgeschorenen Kerl, der mich fröhlich angrinst. „Dich kenn ich doch aus dem Wald" sage ich und kann es kaum glauben, dass wir uns hier unter 20.000 Menschen über den Weg laufen. Es handelt sich um Jörg Zimmermann und wir laufen gerade durch die Zimmerstraße. Wer jetzt noch an Zufälle glaubt, der ist selber schuld. Jörg lädt mich noch auf ein Bier in sein Hotel ein und ich muss dankend ablehnen, weil ich doch heute den „Daihatsu-Man" absolvieren muss. „Vom Ziel ins Auto und nach Hause? Du bist ja nicht ganz dicht", meint er entrüstet. Ich nicke. Mehr als das. aber meine Frau liebt mich deswegen. Die 21,1 erreichte ich in zwei Stunden und zwei Minuten. An dieser Stelle begrub ich auch gleich die Hoffnung auf das Knacken der Vierstunden-Schwelle. Ich traute mir zwar immer noch zu, die zweite Hälfte schneller als die erste zu laufen, aber über zwei Minuten herauszuholen, wäre schon etwas unrealistisch. Ein Schild erschien: „Nach hundert Metern werden Sie verpflegt von MiniMal und Coca-Cola"

Cola? So früh schon? Wer will sich das antun? Viele wollten sich das antun und viele verschlabberten die braune Brühe. Das monotone „Trapp-Trapp-Trapp" zahlreicher Laufsohlen ging in ein klebriges „grrrz-grrrz-grrrz" über. „Bloß nicht stehenbleiben!" warnte einer, „ihr kommt dann nicht mehr vom Fleck!" Das Gelächter hielt sich in Grenzen, viele zeigten bereits deutliche Anzeichen von Erschöpfung. Ich fühlte mich noch ganz OK, meine Oberschenkelzerrung, (siehe Artikel „Der Weg nach Hamburg" RW 5/2001) hatte sich auch noch nicht gemeldet. Über den Überseering ging es an der City-Nord vorbei. Hier war das Zuschauerfeld recht dünn. Hier hätten viele jetzt die dröhnende Menge von den Landungsbrücken nötig gehabt. Immer mehr hörten auf zu laufen, schlurften müde vor sich hin. Die Sanitäter standen nicht mehr klatschend an der Strecke. Sie bekamen Arbeit. Einige ließen sich die Beine massieren, andere lehnten mit leerem Blick an der Wand. Mir wurde etwas mulmig bei diesem Anblick. Würde ich es schaffen? Was hält mein Körper für Überraschungen bereit? Eine Überraschung war, dass mir bei Kilometer 31, anstatt des gefürchteten Hammermanns mein schnellster Kilometer begegnete: exakt 5:25 min zeigte die Stoppuhr an. Die HF lag allerdings bereits über 160, was ich doch vermeiden wollte. Ich fühlte mich aber gut und so ließ ich es rollen. Der idyllische Straßenname Maienweg täuscht etwas, geht es doch hier am, als Santa-Fu bekannten Gefängnis von Fuhlsbüttel vorbei. Jenseits der 30 spulten sich die Kilometer erstaunlich schnell und locker ab. Erst ab Kilometer 35 wurde es einigermaßen heftig: die Herzfrequenz sank plötzlich ab. Trotz vermehrter Anstrengung ging es nicht mehr über die 160. Ich reduzierte das Tempo etwas. Jetzt schmerzten auch die Oberschenkel und kleinere Steigungen wirkten sich sehr belastend aus. Immer öfter riefen uns die Zuschauer aufmunternde Worte zu: „Ihr schafft das!" „Nur noch ein paar Kilometer!" „Ihr seht gut aus!" Hausfrauen präsentierten Waschkörbe voller selbstgebackener Kekse, schnitten Kuchen, reichten Bananen. Längst hatte ich meinen letzten Gel-Beutel im wahrsten Sinne des Wortes „verdrückt". Dankbar griff ich nach der dargebotenen „Affenwurst", grabschte mir an jeder Wasserstelle die Becher. Bei den Wasserstellen verfiel ich übrigens von Anfang an in einen flotten Walkingschritt, der schlabberfreies Trinken ermöglicht. Der Zeitverlust ist vernachlässigbar, der Vorteil ausreichender Hydrierung wiegt weitaus schwerer. Ganz ehrlich, liebe Freunde, ich habe gut trainiert, mich gut ernährt und eine gute Tagesform erwischt. Aber die letzten drei Kilometer waren eine richtige Quälerei. Die Oberschenkel brannten, die Füße stachen und die vielen Geher verführten mich fast dazu, es ihnen gleichzutun. Ich wusste aber aus früherer Erfahrung, dass, wenn ich erst einmal mit dem Schlurfen anfing, ich niemals mehr in die Gänge kommen würde. Ich heiterte mich mit einem Zitat aus einem Rocky-Film auf: Der Champ wurde gefragt, was er von dem morgigen Kampf erwarte. Seine Antwort: „Schmäääärz!!" Es funktionierte, ich grinste blöde vor mich hin und wackelte weiter. Vom Straßenrand rief ein Chor: „Manfred, Manfred, Manfred!" ich blickte verdutzt auf und die schauten tatsächlich mich an und brüllten meinen Namen. Der Trick: eine hatte die Starterliste, pickte sich eine Nummer heraus und suchte den Namen dazu in der Liste heraus. Noch einmal: ihr Hamburger, ihr seid Weltklasse!

Bei Kilometer 41 fuhr neben mir ein Smart in Polizeiausführung mit Blaulicht auf dem Dach. Drinnen saßen zwei ausgewachsene Ordnungshüter und winkten uns freundlich zu. Das sah so witzig aus, das trieb mich wieder an. Der letzte Kilometer. die Schmerzen verschwanden auf geheimnisvolle Art, die Beine strafften sich, das Becken richtete sich auf. Alter Angeber! Egal, gut aussehen im Ziel! Da, die Batschkapp! Mein Vater! Jessica blickte angestrengt an mir vorbei. Erst ein Brüller ließ sie herumfahren. Der Pferdeschwanz fiel fast ab, vor lauter Hüpfen. Da Kilometer 42! Geschafft! Jubel! Arme hoch, Stoppuhr abgedrückt, aber halt! Was soll das denn? Das Ziel ist ja noch ein Stück weit weg? Ach Krämer, du wirst alt, hast doch tatsächlich die 195 Meter vergessen. Noch einmal, Brust raus, Bauch rein, auf dem Boden hockt der Zielfotograf. Ich grinse, lache laut reiße die Arme hoch. Nicht wegen der guten Zeit nein, weil es endlich vorbei ist! Die Matte piept meine Chip-Nummer in den Computer, meine Stoppuhr zeigt 04:03:30, ich watschele die paar Meter zur Medaillenumhängstation, lasse mir von einer hübschen Maus das Beweiseisen um den Hals hängen und versuche locker zu traben. Nix geht mehr! Also wenigstens ein bisserl dehnen. Ein Kerl kommt hinter mir hergeschnauft. Ich Fass es nicht: der Dicke mit der Mallorca-Plautze. Der ist kurz hinter mir hereingekommen! Hut ab vor dieser Leistung. Der war auch noch unverschämt gut drauf. Erzählt mir lachend, dass er von Anbeginn an den Hamburg-Marathon läuft. Seit 16 Jahren. die Frage, die mir auf der Zunge brennt, verkneife ich mir. Er beantwortet sie selbst, indem er sich mit den Worten verabschiedet: „ich geh ma rüber zu Holsten, ich brauch das jetzt!" Ich brauche jetzt meine Klamotten. Müde eiere ich zur Halle 5. Ein malerischer Anblick: überall hocken Läuferinnen und Läufer auf dem Boden, wechseln Schuhe und

Hemden, liegen einfach flach, oder trinken mit Genuss einen Becher nach dem anderen leer. Die Beutelausgabe funktioniert wie ein Uhrwerk, innerhalb von drei Minuten hatte ich meine Klamotten. Respekt! Der 16. Hansaplast-Marathon hat keine Trostpflaster nötig. Note 1+!

Ganz am Rande habe ich noch mitbekommen, dass der Streckenrekord gefallen ist und der Spanier Julio Rey in 02:07: gequetschte den „Hamburger" in die Weltklasse gelaufen hat. Sonja Oberem-Krolik hat eine tolle 02:26er Zeit geliefert und all die anderen haben diesen Marathon erst zu dem gemacht, was er ist: ein Mega-Event für alle und jeden, ob Läufer oder Zuschauer. Ach ja, ich bin ja noch gar nicht am Ziel! Der „Daihatsu-Man" ist ja noch lange nicht zu Ende! Am Treffpunkt traf ich überraschend schnell meine beiden wackeren Schildknappen. Mit allen Tricks kämpften wir uns durch wogende Massen in Richtung U-Bahn. Umgingen den Engpass bei der Zieltribüne, indem wir uns unten durch das Gestänge falteten und erreichten endlich wieder Hamburgs Tube. In der Unterkunft angekommen, warf ich mich in die Badewanne, ließ meine Begleiter die Koffer packen und schwang mich um 16:00 Uhr in unser kleines Auto. Jede Stunde mussten wir einen kurzen Halt zum Lüften der Beinmuskulatur einlegen. Um 19:00 Uhr steuerte ich einen Autohof an, den die Fernfahrer bevorzugen. Dort bestellten wir uns alle zusammen Schweinisches, Fettiges, Deftiges und absolut Unsportliches aber um so köstlicheres „Ahmbrot". Ich beneidete meinen Vater um sein Bier, aber für die Teilnehmer am „Daihatsu-Man" gilt null Promille! Um Punkt 23:30 Uhr rollten wir vor unserem Haus ins Ziel: 602,195 Kilometer in 14:30:22 Stunden!

Wenn Marathonläufer Fahrrad fahren

Eine heitere Verirrung in Shimanos Reich.

Endlich habe ich mein Ziel erreicht. Den Hamburg Marathon habe ich in vier Stunden und drei Minuten gepackt, mein Körpergewicht in drei Jahren von fast zwei Zentnern auf akzeptable 75 Kilo gedrückt und nun freue ich mich auf zwei Wochen süßes Nichtstun. Nach sieben Tagen kribbelten bereits wieder die Füße.

Gemütliche lange Läufe im Rentnertempo sollten nun für die nächsten Wochen bis zum Urlaub meine Fitness aufrechterhalten. Tempotraining verboten, Bergläufe auch, Krafttraining im Studio verhasst. Langeweile ist somit angesagt. Wenn eine gute Ehe langweilig wird, besteht die Gefahr des Fremdgehens.

Fremdgegangen bin ich dann ab der zweiten Woche.

Mit Billigung der besten Ehefrau von allen wohlgemerkt, denn meine Kurtisane ist eine alte, etwas vernachlässigte Italienerin mit dem schönen Familiennamen Benotto. Die Dame ist aus Stahl, war vor 12 Jahren einmal ein richtig sauteures Mountainbike und unter der dicken Staubschicht noch richtig jugendlich anzusehen. Laufklamotten eignen sich zur Not auch als Biker-Outfit, ein Helm sprengt auch nicht gerade mein Budget und die Gnadenbrot-Schlappen vom Duisburg-Marathon 2000 kriegen jetzt die Pedalzähne zu spüren. Dazu noch einmal, und diesmal intensiv, die neueste Ausgabe von „aktiv Radfahren" studiert und schon gings los: zur Arbeit ins 17 km entfernte Mannheim.

Damit mein Tagesablauf nicht durch unbotmäßig frühes Aufstehen aus dem Takt gebracht wird, ist etwas Logistik angesagt:

Normalerweise erhebe ich mich um fünf Uhr früh vom Lager, verbringe 15 Minuten im Bad, frühstücke 45 Minuten und starte die Kawasaki um sechs Uhr zum zwanzigminütigen Ritt in Richtung Hafen Mannheim. Getreu dem Motto von John Bon Jovi: „I' m a Cowboy, on a Steelhorse i ride." Die Kawa rennt auf freier Strecke 130 km/h, die Benotto-Ragazza höchstens 40 km/h. Dafür darf die Signorina durch den Wald abkürzen und manch Ampelrot missachten (nicht petzen!)

Zu Fuß im Joggingschritt habe ich meinen Arbeitsplatz schon in 1:50:00 geschafft. Ich siedle das Radl in der Mitte an und disponiere: 45 Minuten Gestrampel für die Tour. Das Frühstück wird von opulenten 45 Minuten auf immer noch einigermaßen stressfreie 30 gekürzt. Der Wecker darf 15 Minuten früher losblöken und schon hab' ich das auf der Reihe. Zeitgewinn gegenüber dem Motorrad zeigt sich bereits beim Ankleiden: anstatt Stiefel, Pulli, Jeans, Regenhosen, Nierengurt, Schal, Handschuhe, Sturmhaube und Helm liegt nur eine kurze Tight, Socken und ein Funktionsshirt im Bad. Schuhe und eine leichte Windjacke warten im Fahrradschuppen. Zur Maienzeit ist es um 5:30 Uhr noch recht dämmerig, habe deshalb noch in einen Aufsteckscheinwerfer und ein gemein blitzendes Diodenrücklicht investiert. Ein zweites, größeres Exemplar ziert den Rucksack. Als Auto und Motorradfahrer weiß ich um die Auffälligkeit, sprich Sicherheit einer solchen Christbaumbeleuchtung. Aus reinem Interesse trage ich meinen Herzfrequenzmesser. Mal sehen ob das Radeln es mit dem Lauftraining aufnehmen kann. Den Rucksack (neudeutsch „Daypack") festgezurrt und es kann losgehen. Raus auf die Straße. Augenblicklich beginnt eine merkwürdige Metamorphose: obwohl ich selbst Berufskraftfahrer bin, mutieren augenblicklich sämtliche motorisierten Verkehrsteilnehmer zu blutdürstigen Feinden. Spaß macht es, wenn ich in der Tempo 30 Zone im großen Gang auf die allseits bekannte Radarfalle zustrampele und ca 500 PS, verteilt auf vier Fahrzeuge, brav hinter mir herzockeln. Die Formel „Läuferwadel = schnelles Radel" bewahrheitet sich. Die 500 PS röhren, säuseln und klappern kurz nach dem Starenkasten an mir vorbei. Ich will gerade das Tempo zurücknehmen, als aus einer Seitenstraße ein Motorroller einbiegt. Dessen Auspuff entströmt eine sattblaue Zweitaktwolke, gepaart mit dem Lärmen eines Formelrennwagens in einer Weißblechdose. Leider erreicht das Gefährt nicht annähernd Schumi-Tempo. Es trötet und stinkt mit exakt 28 km/h vor mir her. Dazu weht der für Fahrradtouren typische, sogenannte „Bike-Scirocco", welcher immer direkt von vorne bläst. Also wechsle ich das vordere Kettenblatt, erhebe mich in den „Wiegetritt" und keuche an den Stinker heran.

Der HF-Messer beginnt das Piepen. Aha, 160 überschritten. Die Lungen saugen gierig das pestige Zweitaktabgas ein, die Oberschenkel zittern, der Hals wird trocken. Endlich vorbei. Der Mensch auf dem Roller grüßt grinsend und ich werde vom Jäger zum Hasen. Nach drei Kilometern beginnt endlich der Wald. Eine Schranke und ein Sperrschild retten mich vor dem Rasenmäherpiloten. Erleichtert lasse ich die Benotto ausrollen, wage es, endlich nach der Trinkflasche zu angeln und nehme einen tiefen Zug. Ah! Herrliche Luft, Sauerstoff, Vogelgezwitscher und. Wurzeln! Das Radel springt wie ein Fohlen, rammt mir den Sattel in den verlängerten Rücken, die Buddel fliegt in hohem Bogen ins Gebüsch und ich kann mich nur mit knapper Not vor einem Sturz retten. Nachdem ich meine Flasche aus dem biblischen Dornbusch gefischt hatte, beschließe ich nur noch bei stehenden Rädern zu trinken. Nach weiteren vier Kilometern erreiche ich die Außenbezirke Mannheims. Durch ein stilles Wohnviertel geht es mit singenden Reifen in Richtung eines großen Verkehrsknotenpunktes. Mit dem Motorrad musste ich mich hier bisher dem Diktat von einem halben Dutzend Ampeln beugen. Die Mannheimer Verkehrsplaner hatten wohl ein Herz für Radler und versahen das Gewirr aus Brücken, Schleifen, Bahnüber- und Unterführungen mit einem labyrinthischen Radwegenetz. Profis wissen genau, dass die Beschilderung „Zentrum" überallhin außer ins Zentrum führt, dass die ausdrücklich mit dem Schild „Radfahrer absteigen" verzierte Rampe die Übersetzung vorne Mitte, hinten vier benötigt um an deren oberem Ende wie eine Rakete herauszuschießen und dass am Bahnhofskiosk-Waldhof um diese Zeit reger Querverkehr durch Kampftrinker besteht. Nach drei Versuchen komme ich tatsächlich auf der richtigen, aus Autofahrersicht natürlich falschen, Straßenseite heraus, genieße das langgezogene Gefälle in Richtung Bahnhof und fetze mit knapp 40 km/h direkt auf einen in schickes Feinripp gehüllten, mächtigen Bierbauch zu. Quälend langsam reagiert der Besitzer der Kugel auf mein verzweifeltes Klingeln, verhält endlich wabbelnd, zeternd und fäusteschüttelnd, was mir einen weltcupverdächtigen Slalom um Körperfett, Ampelmast und Verteilerkasten erlaubt. Herzlich willkommen im Club der Fahrrad-Rowdies. In Zukunft werde ich wohl der Verführung des Gefälles widerstehen müssen. So wie alle Autofahrer zu radlerfressenden Monstern werden, so wird man als Radfahrer sehr leicht zu einem gemeinen und niederträchtigen Berufsverkehrsblockierer: möglich macht dies eine sogenannte Bedarfsampel, welche auf ansonsten schnurgerader Strecke die Grüne-Welle-Planung der Pendler zerstört. Ein Hieb auf die gelbe Taste und schon tuckern Stadtbus, Moped und des deutschen liebstes Blechle im Leerlauf. Ich vermeide tunlichst Blickkontakt, trete kernig in die Pedale und erreiche die nächste (reguläre) Ampel gemeinsam mit meinen Opfern. Auch das Fahrradsymbol leuchtet mir rot entgegen. Ein älterer Herr mit passendem Tiefeinstiegs-Alurad wartet gesetzestreu auf Grün. Ich sichere kurz nach links und rechts und ignoriere fahrradkuriermäßig das Rotlicht. Das Ganze noch zweimal und schon habe ich einen deutlichen Vorsprung auf die Autofahrer heraus gefahren. Vor mir strampelt einer mit knalligem Trikot, rasantem Helm und Waden, auf denen man ruhigen Gewissens ein Radlermaß abstellen könnte. Ich klemme mich dahinter, verratze ihn bei der nächsten Steigung, ignoriere das Piepen des HF-Messers und rausche Jan-Ulrichmäßig die Brückenrampe hinunter. Ha, wir Marathonis haben auch Dampf in den Beinen! Dann kommt die letzte Steigung. Ich erlasse ein Streckengesetz: hier wird nicht zurückgeschaltet! Wiegetritt, das Rad publikumswirksam hin- und hergeschwenkt, erklimme ich meinen morgendlichen Col de Turini. Noch zwei Kilometer bis zur Stechuhr, jetzt aber langsam, die Kollegen sollen schließlich einen entspannten Athleten begrüßen und kein ausgepumptes, rasselndes Wrack. Doch was ist das? Radla-Morgana oder was? Weit vor mir fährt die Knödelwade mit dem knalligen Trikot! Welch geheimnisvolle Abkürzung hat der bloß genommen? Ein lauschiger Pfad mitten durch die Schrebergartensiedlung „Fidele Scholle" ist des Rätsels Lösung. Zu sehr klebe ich als Einsteiger wohl noch an autotauglicher Streckenführung. Ich resigniere, lasse diese Sonderprüfung die Knödelwade gewinnen und wage es wieder während der Fahrt nach der Trinkflasche zu greifen. Solchermaßen erfrischt, überquere ich die Ziellinie, fahre mitten durch die Lagerhalle bis direkt vor die Umkleideräume und ernte erstaunte, belustigte und anerkennende Blicke der Kollegen. Den Spruch mit dem Radfahrer der zum Chef will gibt's gratis dazu. Bleibt zu erwähnen, dass ich die Strecke in knapp 40 Minuten geschafft habe. Mit dem Motorrad bin ich gerade mal doppelt so schnell. Die morgendliche Unlust und Müdigkeit hat sich irgendwo im Wald verkrümelt und ich freue mich schon wieder auf die Heimfahrt nach Feierabend. Natürlich schön langsam, entspannt und ampelfürchtig. Wer's glaubt, ist selber schuld.

Nach der dritten Fahrt hatte ich endlich den Bogen raus: Verpasste nicht mehr die richtige Abzweigung im Wald, hatte endlich keine Angst mehr vor der Vorderradbremse und Sattel und Lenker dank „aktiv Radfahren" endlich in der richtigen Position. Von nun an wird dreimal in der Woche Biken als ideales Alternativ- und Zusatztraining mein Laufprogramm auffrischen. Fünf Jahre muss die gute alte Benotto noch durchhalten, dann werde ich fünfzig und die Verwandtschaft darf zusammenlegen und mir das bis dahin aktuellste Super-Dooper-Bike schenken. Ein Virus hat sich eingenistet, er hat Zähne, eine Kette und immer Gegenwind.

Der Rennsteig ruft!

Das sagen nicht nur die meisten Lauffreunde, sondern neuerdings auch Familienmitglieder und Kollegen. Was ist der Grund? Für manch einen ist ein Mensch, der nach getaner Arbeit Laufschuhe anzieht, um durch Wald und Flur zu rennen, doch Spinner genug. Noch dazu einer, der sich für das Ziel „Marathon" gar einer zwölfwöchigen Vorbereitung unterwirft. Der Grund für das neuerliche, nunmehr endgültige Zweifeln am Verstand des Manfred K. aus L. ist die, zugegebenermaßen unvorsichtige Bekanntgabe neuer sportlicher Ziele: Der Rennsteig muss es jetzt sein. Der lange Kanten von 76 km soll meine Sonne sein, welche hinter den Schnee und Graupelschauern des Winterhalbjahres für mich lacht. Damit ich nicht so viel schleppen muss, gedenke ich bis zum 25. Mai 2002 noch mindestens 10kg abzuspecken.

Wie kommt einer auf solche Ideen?

Mein vierter Marathonlauf (siehe RW 5 und 6/2001) brachte mich endlich in die Nähe meines Traumzieles: in 3:63 verfehlte ich die Vierstunden-Schallmauer nur knapp und erkannte, dass schnelle Zeiten nix für Marathonnen sind. Außerdem geht mir der Satz von Werner Sonntag nicht mehr aus dem Sinn, der da einst sprach: „Es ist einfacher 100km zu laufen, als einen Marathon in 4 Stunden zu schaffen." Da ist er, der Stachel im Läuferfleisch. Einer der immer wieder genüsslich daran herumdreht ist ein alter

Freund von mir: Richard Wehe, Biel-Veteran, Rennsteigler aus Passion und Schwäbische-Alb-Marathoni in einer Person. Er war es, der mich zum ersten Mal mitgenommen hat in die Berge des nahen Odenwaldes. Mit ihm an der Seite schnaufte und rasselte ich den Melibokus hinauf und hinunter. (Wohlgemerkt mehrmals an einem Tag) dieser Richard nun, wird nicht müde darin mir zu versichern, dass das Ultralaufen kein Hexenwerk ist und mit einem vernünftigen Training jedermann und jedefrau, der/die über mindestens zweijährige regelmäßige Lauferfahrung verfügt, solches Betreiben kann. Mittlerweile bin ich geneigt, ihm das zu glauben. So bin ich nun fest entschlossen, 2002 den Rennsteig platt zu treten. Startgewicht: 68kg. Wobei die 68kg die weitaus größere Herausforderung für einen Schoko-Junkie wie mich darstellt. Meine Frau winkt hierbei nur müde ab: „Niemals." lautet ihr hochmotivierendes Urteil über meine Abspeckpläne.

Der Status quo:

Größe: 173cm; Gewicht: 78kg; Körperfettgehalt: 19%

Wöchentliche Kilometerleistung: 40-50

Training: Dienstag, Mittwoch, 10km langsam.

Freitag 10km flott, bzw. Fahrtspiel

Sonntag 10-15km langsam, oder belastender Berglauf über 2-3 Stunden.

Ernährung:	Gesunde Ernährung bis ungefähr 16:30 Uhr, danach diverse Heißhungerattacken, Schokoexzesse und Gummibärchenorgien. Das Gewicht bleibt daher konstant auf 78kg.
Tagesablauf:	3:45 Uhr: Wecken; 4:45 Uhr: Büroarbeit; 6:30Uhr: 8-10 Stunden Arbeit als LKW-Fahrer im Stückgutverkehr (körperliche Arbeit, Be- und Entladen) Ab 17:00 Uhr: Lauftraining. Abends entspannendes Schreiben diverser Runner's World-Artikel. 21:00 Uhr: ab ins Bett.

Ach ja, Familie habe ich auch noch. (Die machen das sogar mit!!!)

Wie will so einer abnehmen? Geplant ist die rigorose Einschränkung der Zufuhr ungesunder Nahrungsmittel. Apfel statt Gummibär, Vollkornbrot statt Croissant, Kefir statt Limonade. Seufz! Zusammen mit dem Rennsteigtraining, welches am 1. Dezember beginnt, soll dieses Programm eisern durchgezogen werden. Sonderprüfung: Adventszeit, Nikolausis, Weihnachtsfeiertage. Ich gebe es zu, ich bin einer dieser Rabenväter, die ihren Kindern die Nikoläuse und Osterhasen wegfressen! Außerdem bin ich mit einer Ehefrau gesegnet, die in der Lage ist, eine richtig deftige Hausmannskost auf den Tisch zu bringen (Sie ist eine grazile 50 kg Person, die trotz Spätzle, Jägerschnitzel und Sahnetorte niemals auch nur ein Gramm zunimmt!) Meine Kinder sind ebenfalls Vertreter für Dürrfleisch. Das Leben ist schon ungerecht. Unser dicker Dackel, einziger Leidensgefährte, ist leider schon lange tot und so bin ich der einzige, der eine biologische Schwimmhilfe trägt und schwarze Kleidung bevorzugt, weil diese angeblich schlank macht.

Richard Wehe, mein Laufkumpel und Coach, ist trotz Ultralaufkarriere (100km Biel in 11 Stunden) auch nicht gerade als ausgemergelt zu bezeichnen. Eher schon die schnelle Anni, deren Wespentaille und ästhetischer Laufstil der landläufigen Vorstellung von Laufcracks schon näher kommt. Anni läuft ab und zu mit uns „Graubären" mit, das sind dann die wirklich giftig harten Extremeinheiten. Zitat nach 25km Berglauf (inklusive herrrrrlich rrrollendem Carolin-Reiber-R): „Jetzt können wir aber mal ein wenig anziehen."

Wer mit Richard läuft, der lernt auch gleich Martha kennen: Ehefrau und ständiger „Schatten", begleitet sie ihren Mann bei jedem Wetter und bei jedem Lauf mit dem Fahrrad. In meiner Heimatstadt ist das Gespann weithin bekannt. Doch Vorsicht, der Komfort des Getränketransports und der genauen Kilometeransage hat seinen Preis: Marthas zuweilen etwas bissige Kommentare zu Laufstil, Streckenauswahl und Länge sind nichts für sensible Gemüter. Die Antworten von Richard schon gar nicht. Wer dies Pärchen nicht gut kennt, glaubt sich mitten in einem Rosenkrieg von apokalyptischen Ausmaßen. Doch wer weiß wie alles gemeint ist, merkt schnell, dass die beiden ein perfekt aufeinander eingestimmtes Team darstellen. Martha ist übrigens der einzige Mensch auf diesem Planeten, der es mit dem Mundwerk der Marathonne aufnehmen kann.

Da soll es also wirklich losgehen. Am 1. Dezember beginnt das Training für meinen ersten Ultralauf. In meiner bekannten Großmäuligkeit habe ich das auch schon überall herumposaunt. Martin Grünings Kommentar zu meinem Rennsteigprojekt: „Ach du liebe Zeit!" Ich muss das aber tun. So setze ich mich selber unter Zugzwang. Sonst mach ich das nicht. Dezember und Januar wird fünfmal in der Woche Grundlagentraining gemacht, danach gibt es diverse Intervall- und Bergläufe.

Neue Schuhe habe ich mir auch geleistet: Trailschuhe, richtige Matschplatscher mit Goretex und Grobmotoriker-Profil. Zu Weihnachten erlaubt mir die beste aller Ehefrauen noch einmal ein Paar Treter, so dass ich dann mit vier verschiedenen Laufschuhpaaren ausreichend gerüstet bin für das, was da so alles kommen mag.

Für all jene, die mit der Ultralauferei nix am Hut, bzw. am Fuß haben, werden meine Berichte dennoch nicht uninteressant sein, dürfen sie doch an meinem Kampf gegen die Pfunde und an den Widrigkeiten, die das Winterhalbjahr für uns Laufmenschen so mit sich bringt, teilhaben. Seid versichert, dass es auch wieder richtig exotische Marathonnentipps geben wird. Auch das Thema Funktionskleidung kommt logischerweise nicht zu kurz. Da ich als Lastwagenfahrer nicht über Reichtümer verfüge, jedoch durchaus die Vorzüge hochfunktioneller Laufbekleidung schätze, habe ich so manche Tricks auf Lager, wie man/frau möglichst kostengünstig über die (Lauf)runden kommt. Hilfreich für viele auch meine Variationen für dunkle Winterabende: „Laternenläufe" rund ums Dorf, Vor- und Nachteile von Stirnlampen (ich werde immer besoffen davon) sowie passive Sicherheit in Form von reflektierenden Klamotten, Blinklämpchen und anderer Hilfsmittel. Doch auch ein Lauf abseits der Straßen und ohne jede Lichtquelle kann zum einmaligen Erlebnis werden, denn so richtig finster ist es selten. Bedeckt sogar Neuschnee die Felder, so sollte jeder einmal das überirdisch schöne Gefühl eines Sternlichtlaufs genossen haben. Logisch gibt es auch Tage, an denen man den Hund zu Hause lässt, um keine Anzeige des Deutschen Tierschutzbundes zu riskieren. Doch die Marathonne muss raus! Selber schuld, wer sich solch ehrgeizige Ziele setzt. Jetzt gilt es, wer den Rennsteig laufen will, der muss sich ernsthaft darauf vorbereiten. Deshalb habe ich mich bereits angemeldet. Wer mitmachen will, kann gegen einen geringen Unkostenbeitrag den kompletten Trainingsplan bei mir anfordern. Auf persönliche Feinheiten wird dann natürlich Rücksicht genommen.

Rennsteig, ich komme! Besonders freue ich mich auf den Schluck Schwarzbier kurz vor Kilometer 70 und auf den berühmten Rennsteig-Haferschleim! Ihr habt alle recht. Die Marathonne spinnt.

2000 km bis nach Schmiedefeld

Ruckedigu, Blut ist im Schuh. Marathonnes (Alb) Traum-
schuh

Start: 04. Dezember! Ein lausig nasskalter Dienstag/
Schwienstag. Ein historisches Datum. Der erste Lauf auf
dem Weg nach Schmiedefeld. Eine Dorfrunde. (Die Stadt-
väter mögen mir das Dorf verzeihen) an meinen Füßen nie-
gelnagelneue Blau-gelbe Außenministerschuhe aus italieni-
scher Laufschuhschmiede. Mein Kumpel Richard beäugt
misstrauisch die zierlichen Schuhchen: „Taucht dat watt?"
Naja, wenn man das Wetter in Betracht zieht, tauchen die
Treter wirklich. Spaß beiseite: die Latschen sind Supa! Ich
schwebe wie auf Wolken. Federleichtes Equipment! Dabei
noch nicht mal teuer, schlappe 149 Makk habe ich dafür
hingeblättert. Extra ins 50 km entfernte Wiesloch gefahren.
Dort gibt es einen ausgesprochenen Marathon-Shop mit
selbstlaufendem Besitzer. Überhaupt, wenn die Marathonne
Schuhe kauft, dann ist das schon ein Event für sich: Gemeinsam mit Richard schneie ich kurz vor 18 Uhr herein.
Offizieller Ladenschluss ist zwar schon um 18:30 Uhr, aber
es wird dann doch fast halb acht, bis die erschöpfte Verkäu-
ferin hinter uns abschließen kann. Wir hinterlassen neben
820 Mark für vier Paar Laufschuhe, einen Berg von anpro-
bierten Latschen, geleerten Schuhkartons und Einwickelpa-
pier, eine einigermaßen beunruhigte Bevölkerung, nachdem

etwa alle fünf Minuten einer von uns in ansonsten normaler Straßenkleidung einen Testlauf durch die Fußgängerzone des badischen Städtchens absolvierte. Richard hat sich mit drei neuen Fußschonern ausgerüstet, ich habe die vorher schon besungenen Italiener im Gepäck. Doch back to the run: die neuen Treter haben ihren ersten 12 km Test bestanden. Ein bisserl Zwicken tut's auf dem linken Zehenrücken gegen Ende der Veranstaltung, doch das sind wohl nur Anpassungssymptome. Vier Tage später müssen die Neuen wieder ran. Turnusmäßig wäre jetzt zwar der Trabuco-Trailer dran, aber der muss schmollend in der Ecke bleiben. Muss doch kucken, ob die neuen watt tauchen! Diesmal laufe ich alleine. Ein früher Feierabend verführt mich zu einem der in dieser Jahreszeit äußerst kostbaren Tageslichtläufe. Endlich wieder Wald! Die 12 km Runde wird um zwei Kilometer erweitert. Das linke Füßlein zwickt und zwackt ab km 10. Bestimmt zu fest geschnürt. Schnürung gelockert, weiter geht's. Schließlich komme ich mit rotgescheuertem Zehenrücken zuhause an. Die Ursache des Übels: Die Abschlusslasche auf dem Fußrücken wird innen durch ein weiches Vlies gepolstert. Dieses rollt sich jedoch nach hinten und die Naht der Lasche gräbt sich bei jedem Schritt in die Zeige- und Mittelzehe. Ich klage meinem Coach mein Leid. Der empfiehlt mir gleich die Treter zurückzubringen. Doch ich greine den Blaugelben nach, zu sehr schätze ich den ansonsten sockenartigen Tragekomfort. Richard rät mir, die Dinger mit einer Blumenspritze zu durchfeuchten und massiv mit Zeitungspapier auszustopfen. Dann mindestens vier Tage ziehen lassen und „mal kucken." Das Ende vom Lied: 7 von 15 Kilometern mit komplett eingerollten Zehen gelaufen, daraus resultierende Hüftschmerzen und Wadenkater links. Also ab nach Wiesloch. Der Laufschuhspezialist hört sich meine Geschichte an, befummelt den Schuh und verspricht, ihn den Italienern an den Kopf zu werfen. Ich ziehe erleichtert von dannen, ein Paar schneeweiße Brooks Addiction4 unter dem Arm. Die beißen nicht und haben es mittlerweile auch schon bewiesen. Ja Freunde, so habe ich meine Rennsteigausrüstung schließlich doch noch komplettiert. Vier Laufeinheiten die Woche, vier Latschen. Watt mutt, datt mutt! Ein kurzer Überblick sei hier erlaubt: Der Star und Lieblingsschuh ist zweifellos der Asics Gel-Trabuco, ein richtiger Matschplatscher in Eklig-Beige und Schlachtschiff-Grau. Dann kommt mein geliebter, in Ehren ergrauter Saucony-Veteran, gefolgt von besagten Brooks und irgendeinem Cell von PUMA, der allerdings nur für die leichteren Einheiten benutzt wird. Ich laufe die Treter immer der Reihe nach, so dass jeder Schuh nur einmal in der Woche raus muss. Die Schuhgewerkschaft wird es mir danken. Haben die treuen Gefährten ausgedient, dürfen sie noch ein paar Monate Fahrradfahren, oder zum Einkaufen oder in die Kneipe mitkommen. Haben sie mich schon durch ein Marathonziel getragen, werden sie beschriftet und an die Wand meines Arbeitszimmers gehängt. Lacht Ihr nur.

Die ersten Wochen:

Wenn ich diese Zeilen schreibe, dann bin ich bereits seit über drei Wochen im Grundlagentraining. Dies bedeutet vier Mal die Woche ein langsamer Dauerlauf von 12 bis 16 km Länge. Lest und staunt: es ist mir tatsächlich gelungen! Nur ab und zu wurde ein Lauftag verschoben. Aber bei drei Ruhetagen in der Woche ist das locker möglich. Ausgefallen ist kein einziger. Da Richards langsame Läufe etwas schneller als meine sind, (6:00min/km) musste ich zu Beginn etwas an mir arbeiten. Richard bot mir zwar an, langsamer zu laufen, aber ich will dorthin, wo er ist. So schnell ist ein 6er Schnitt nun auch wieder nicht. Nach zwei Wochen hatte sich meine durchschnittliche Herzfrequenz von keuchenden 156 auf angenehme 144 eingependelt. Der Erholungswert betrug wieder mindestens 40. (Dieser Wert entsteht, wenn man misst, um wie viel Schläge der Puls sich nach Ende eines Trainingslaufes verringert. In meinem Fall messe ich über einen Zeitraum von 100 Sekunden.) Den Herzfrequenzmesser trage ich zur Zeit eher selten, er würde sich bei stets gleichen Läufen auch nur langweilen. Anscheinend bin ich in den Wochen und Monaten vor dem Entschluss, Rennsteig zu laufen doch nicht so regelmäßig gelaufen, wie ich das geglaubt habe. Das Fehlen eines konkreten Zieles lässt das Laufen doch sehr rasch zu einer variablen und vor allem zu einer verschiebbaren Größe im Terminplan verkommen. Denn schon nach der ersten Woche bemerkte ich an den Reaktionen meines Körpers, dass sich durch regelmäßiges Training doch etwas tat: der täglich gemessene Körperfettgehalt hielt sich mittlerweile von der bösen 19 fern und schwankt nur noch zwischen 17,4 und 18,6%, das Gewicht tastet sich langsam in Richtung 76 kg (mit allerdings größeren Schwankungen) und das Allgemeinbefinden ist deutlich besser geworden. Pünktlich zum Beginn der ersten Trainingswoche hat sich glücklicherweise eine hartnäckige Erkältung mit Halsentzündung, Husten und Triefnase endgültig verabschiedet, die mir für fast zwei Wochen das Laufen vermieste. Vielleicht war wegen dieser Laufpause auch der Einstieg etwas hart? Wir laufen bis Ende Januar nur reine Flachetappen, ab und an mit kleinen Sahnehäubchen in Form von Eisenbahnbrücken und Straßenüberführungen geschmückt. Der Berg ruft. Der Melibokus, unser Hausberg, schaut bei klarem Wetter grinsend über den Riedforst herüber. Er muss warten. Ab Februar werden wir ihn wieder Flachtreten. Dann beginnt das eigentliche Rennsteigtraining mitsamt Intervalleinheiten, Bergläufen, Tempotests und Schwellenläufen. (Halb so wild, wir Ultraläufer gehen alles etwas gediegener an, als die Zehn-Kilometer-Brenner) habt Ihr das gelesen? „Wir" Ultraläufer hat der geschrieben!!

Time-Management

So ein Grundlagenlauf über 12-16 Kilometer dauert 75 bis 100 Minuten. Mit Umziehen, Kumpelwarten, abschließendem Dehnen und Duschen gehen da schon mal über zwei Stunden ins Land. Na klar, höre ich da schon einige sagen, der Krämer hat ja auch Zeit. Ganzen Tag joggen und abends mal ein paar Zeilen in den Rechenknecht hacken. Ganz falsch! Der Krämer hat noch einen sogenannten „anständigen" Beruf. (Die Lichthuper mögen mir das „anständig" verzeihen) der Krämer fährt Lastwagen im Stückgutverkehr von 6:30 bis 16:00 Uhr, zwei- bis dreimal in der Woche spiele ich von 4:30 Uhr bis 6:30 Uhr Sesselpupser im Dispositionsbüro. Darüber hinaus schreibe ich Kinder- und Jugendbücher, tingele als Vorleseonkel durch Buchläden und Schulen, trage Gedichte vor und arbeite zurzeit an einem neuen Heinz-Erhardt-Programm. Neuerdings habe ich meine alte Liebe zur Fotografie wiederentdeckt, arbeite an einer Ausstellung und habe mit Gitarrenunterricht angefangen. Okay, okay, das Bücherschreiben hat im Moment Pause, aber immerhin ist da noch eine Familie, bestehend aus der besten Ehefrau von allen (Verzeihung Herr Kishon), der besten Tochter und dem besten Sohn von allen. Die Drei darf ich auf keinen Fall vernachlässigen!

Wann läufst du dann? Nachts um drei? Mitnichten. Da meine Familie mobil ist, ist sie natürlicherweise fast niemals zuhause, wenn ich von der Arbeit komme.

„Schaffdasch" (Mundartlich für Arbeitstasche) in die Ecke, Latzhose mit der Tight getauscht und ab in die Botanik. Wenn ich dann zurückkomme, bleibt mir gerade noch Zeit zum Duschen, bevor das Ahmbrot auf dem Tisch steht. Geschrieben, Gitarrisiert und Gedichtet wird dann am Abend, wenn die Gattin ergriffen „Flammende Herzen", „Den großen TV-Roman" oder irgendwas mit Richard Gere verfolgt. Will mich tatsächlich einmal etwas vom Laufen abhalten, dann greife ich zu meiner Geheimwaffe: alte Gnadenbrot-Kayanos, verschlissene Laufklamotten und ein Handtuch lagern ständig griffbereit unter dem Beifahrersitz meines Lasters. Der Job eines Stückgutfahrers erlaubt fast täglich das Abzwacken von einer oder zwei Stunden für sportliche Zwecke. (Nein, mein Chef ist kein RW-Abonnent) genug davon, über das Thema „Fremdlaufen" ist ein eigener Artikel geplant. Also Leutinnen und Leute, Ihr seht, es ist überall noch ein Plätzchen frei für eine schnuckelige Laufeinheit. Soviel zum Thema Zeit.

Nikolausi und der Drill-Sergeant

Als ich etwas weiter oben Richard Gere erwähnte, da fiel er mir wieder ein, der knochenharte Drill-Sergeant aus dem Film „Ein Offizier und Gentleman", den Louis Gossett Jr. so brillant verkörperte. Was der mit der Marathonne zu tun hat? Sehr viel! Er wohnt in meinem Wohnzimmerschrank! Er sorgt dafür, dass ich mich nicht an den Nikolausis, Nougatkugeln und allen möglichen Lila Versuchungen meiner Kinder vergehe. Motivation ist alles. Die geplante Teilnahme am Rennsteiglauf ist eine großartige Motivation. Aber noch großartiger ist der Geschmack von langsam auf der Zunge zergehender Schokolade. hmmmmmmm! Aber das ist Gift für mich! Deshalb habe ich den Drill-Sergeant eingestellt. Bisher führte mich mein Schritt fast automatisch gleich nach dem morgendlichen Aufstehen ins Wohnzimmer. Dort, hinter der mittleren Tür der 72er Erfurter Stollenschrankwand, lagern all die süßen Versuchungen, all die leckeren Dinge, die blasierte Menschen in weißen Anzügen auf tropischen Inseln naschen, Thomas Gottschalks beste Freunde, quadratisch praktisch fette Verführer und die längsten Cholesterinbomben der Welt. Zur Weihnachtszeit aufs beste ergänzt durch Nikolausis in allen Farben und Geschlechtern. Schon diese sinnliche Beschreibung enttarnt mich: Ich bin ein Schokojunkie! Einmal angebrochen wird jede Tafel, egal ob 100 oder 400gr gnadenlos alle gemacht, kotze es, was es wolle! Bis zu jenem denkwürdigen Tag, als der Drill-Sergeant kam.

Wie an jedem Morgen, so öffnete ich auch diesmal besagte Schranktür. Gemeinerweise lässt gerade diese (und nur diese!) Tür ein markantes Knacken hören, welches meine Frau sogar im Tiefschlaf registriert. Frauen können das; alle Ehemänner werden mir zustimmen! Ich öffnete also diese Tür und blickte in ein markantes, dunkelhäutiges, äußerst wütendes Gesicht. Es gehörte einem Kerl, der einen idiotischen Hut mit flacher Krempe trug und augenblicklich mit der Stimme eines Gigantosaurus zu brüllen begann: „Krämer!!!!!!!!!!!!!!!!! Glauben sie wirklich, dass Sie das nötig haben!!!!!!!!!!!!!!!!!" Ich brüllte zurück: „Sör, Nein Sör, natürlich nicht Sör!!!!"

Das Wunder geschah: ich schloss die Tür, atmete tief durch und holte mir eine Apfelsine aus dem Obstkorb in der Küche(!) „Das erste Mal, das erste Mal im Leben." sang Peter Maffay im Radio und ich gab ihm recht. Das erste Mal im Leben, dass ich zur Arbeit fuhr ohne mindestens 1200 Kalorien an Süßigkeiten im Magen zu haben. So einer ist ja neurotisch werdet Ihr denken. Aber das macht nichts. Wir Läuferinnen und Läufer werden oft genug als irgendwie nicht ganz dicht hingestellt. Darum lasst mir doch meinen schwarzen Freund, den Drill-Sergeant und meinen Kindern ihre Nikolausis.

Das Fet(s)tessen

Ich habe mir vorgenommen über Weihnachten und Neujahr mein Gewicht unter die magische 75er Marke zu senken. Heute ist bereits der 26. 12. und es fehlen mir immer noch 2000 gr. Naja, in einer Woche kommt der €uro, dann sind es nur noch 1000. Habe ich da was falsch verstanden? Doch wer meine Verwandtschaft kennt, wird alleine das Halten des Gewichtes als gewaltige Leistung honorieren. Ich darf vorstellen:

Meine Frau: acht Jahre jünger als ich, Mitglied der Disco-Stayin-Alive-Generation und trotzdem eine begnadete Köchin. Deftige Hausmannskost, Bratkartoffeln wie bei Oma, Nudelsalat vom feinsten und Kuchen und Torten aus dem Schlaraffenland. Dummerweise (glücklicherweise) ist sie gertenschlank und eine von diesen Frauen, die einfach alles essen können, ohne zuzunehmen. (Seufz!!!!!!!)

Meine Eltern:

Fanatisierte Anhänger von Schwartenmagen, Blutwurst, Metzelsuppe, Käsesahnetorte, Eisbein, Schweinsbraten und sämtlicher Saucen aus Maggis Kochstudio.

Meine Schwiegereltern:

Der Stiefschwiegervater ist gelernter Metzger. Die Größe seiner Fleischportionen entnimmt er dem Fachbuch „Kochen mit Obelix". Die Schwiegermama ist der reinkarnierte Engel der Hungernden. Sie übt massive physische und psychische Gewalt gegenüber allen Gästen aus, die es wagen, wegen Übersättigung, Magendurchbruch oder anderer Lappalien, eine angebotene Speise abzulehnen. Wobei auch hier die Kochkunst hervorragend und das Essen fantastisch ist.

Bis vor kurzem kredenzte auch noch eine wundervolle Bilderbuch-Oma ihren herrlich verbatzten Rührkuchen. Das Backen hat sie leider aus Altersgründen sein lassen, aber ihre Rezepte beflügeln nach wie vor Tochter und Enkelin.

Ihr seht, zurückhaltende, gesunde Ernährung ist in dieser Familie ein Kampf gegen Windmühlenflügel.

Trotzdem ist es mir gelungen, an den alljährlichen Fettessen und Weihnachtskaffeetafeln teilzunehmen und nicht zuzunehmen! Das Geheimnis: Time-Mänätschment! An Feiertagen gibt es vor dem Lauf ein karges Marathonfrühstück: Zwei Scheiben Toastbrot mit Marmelade, ein Apfel oder eine Banane, eine Tasse schwarzen Kaffee und ein halber Liter Apfelsaftschorle. Der Lauf endet zur Mittagessenszeit. Das Mittagessen fällt aus, dafür darf ich dann bei Schwiegermama auch Kuchen mampfen! Ist Feiertag kein Lauftag, dann wird einfach so lange gepennt, bis es Zeit ist zum Nachmittagskaffee. Ist man zu opulentem Mittagsmahl eingeladen, so wird das Mittagsfettessen mit einem Nüchternlauf vor- und einem Obst und Gemüseabendbrot nachbereitet. Keiner ist beleidigt und meine sehr pummelige Verwandtschaft neidisch auf meine Figur.

Zwischen den Jahren

Ich habe ihn so richtig lieb gewonnen, diesen herrlich unlo-
gischen und doch so trefflichen Ausdruck für die paar Tage
zwischen Weihnachten und Neujahr. Mein erster Lauf in
dieser merkwürdigen Zeit fand am Freitag, dem 28.12.2001
statt: Feierabend schon kurz nach 14 Uhr, Temperatur satte
tropische 8°C. Her mit den weihnachtsgeschenkten 7/8
Tights! Fort mit Handschuhen, Mützen und Stirnbändern,
raus in den Vorfrühling! Die Krämers wohnen am Stadt-
rand. Zehn Schritte bis zum freien Feld. Aber was heißt
denn da freies Feld? Einer Karawane gleich ziehen sie hintereinander her: Hundehalter- und innen, die alles tun, bloß
nicht ihre Hunde halten. Man könnte fast glauben, es sei
gesetzlich verboten, ohne Hund aus dem Haus zu gehen.
Pinscher und Terrier, Kläffer und Knurrer, Kampfhamster
und Ponygroße Monstrositäten geben sich hier ein Stell-
dichein. Nix wie ab in den Wald. Da sind die Minenleger
uns Läufer- und innen wenigstens gewohnt. Zum vielbe-
kläfften Thema Hund muss ich allerdings vorausschicken,
dass ich während meiner jetzt fast vierjährigen Laufzeit
noch nie Probleme mit den Stinkern hatte. (Verzeihung,
aber die lieben Vierbeiner riechen nun mal nicht nach Cha-
nel Nr. 5) bis heute. Bis der Massenmörder kam. Ich nenne
ihn einfach mal so, weil Wesensart, Gesichtsausdruck und
andere Ausdrücke mich einfach dazu verleiteten. Doch
bleiben wir wertfrei (!) besagter Mitmensch begegnete mir

auf der ausgelatschten Laufstrecke meines Heimatwaldes: die Hände (blutbeschmiert?) tief in den Jackentaschen vergraben, das Kinn fast auf dem Boden schleifend, die Augen verschlagen hinter zusammengekniffenen Lidern lauernd, die breiten Schultern (sicher langgeübt) gefährlich rollend, behände umsprungen von einem verspielten Welpen, der irgendwann einmal etwas gefährlich Großes sein würde. Immerhin war das Jungtier schon jetzt etwa settergroß. Ich schenkte dem Monster, äh Mitmenschen, ein strahlendes Hundeversteherlächeln. Wort- gruß- und ausdruckslos schlurfte der Golem an mir vorüber. Der Tänzelwelpe tänzelte hinterher und von dannen. Dachte ich. Zehn Laufschritte später: hastiges Pfotengetrappel hinter mir, röchelndes Knurren und Fletschen in Richtung meiner rechten Wade. Ich habe keine Angst vor Hunden, ich mag sie nur nicht besonders, aber noch weniger mag ich, wenn breitschultrige Frankensteine seelenruhig weiterschlurfen, während ihr Schnuckiputz Läufer zerfleischt. Ich fuhr erschrocken herum, brülle den halbstarken Möchtegernbeißer an und sehe nur noch panisch flüchtende Hinterläufe. Das Herrchen reagiert besonnen und erwartungsgemäß, brüllt wüste Beschimpfungen, droht mir Prügel und schlimmeres an und nähert sich drohend und mit schwingenden Fäusten. (Sie sind gar nicht blutbeschmiert) ich prolete zuerst launig zurück, entschließe mich dann jedoch meinen Lauf fortzusetzen. Der LadL wird zum verbissenen „Wenn-dann-hätte-ich-dem-aber-Lauf" bis mich bei Kilometer 10 eine ältere

Dame im feinen Pelz wieder zum toleranten Hundeleben-lasser bekehrt: an der modischen 400m Leine läuft ein Hausmacher Schwartenmagen mit vier Beinen und einem Strickleibchen um die Pelle. Ich ringe all die schwarzen Gedanken nieder, die mich seit meiner jüngsten Hundebe-gegnung im Griff hatten, und grüße die Frau übertrieben freundlich. Sie grüßt herzlich und fröhlich zurück, der Schwartenmagen würdigt mich keines Blickes, passt sein Lauftempo jedoch augenblicklich dem meinigen an. Ich fass es nicht: ich sprech die Wurst an: „He Alter komm, lauf mit mir, dann bist du schneller zu Hause" die Frau lacht, fällt tatsächlich in jene merkwürdige Lauftechnik, bei der nur die Unterschenkel bewegt werden, und erklärt mir jap-send, dass der Schwartenmagen chronische Bronchitis, wunde Pfoten und ein schwaches Herz habe, und dass sie gerne öfter mit ihm joggen würde, aber die Hüfte. Ich neh-me das Gas weg, mache eine Gehpause (ist ja jetzt eh im Kommen) und unterhalte mich ein paar Minuten mit der alten Dame. Ich kann nicht anders, ich fand sie einfach sympathisch. Kultiviert, geistreich, einfach nett. Sogar das Strickwams für den Schwartenmagen habe ich ihr verzie-hen. Der Abschied war herzlich, der Wursthund schenkte mir ein sabberndes Lächeln und aus dem Hundehasser wur-de wunderbarerweise wieder eine ganz normale
Marathonne.
Fazit: Es gibt Hunderte von Hunderassen (deshalb heißen sie auch Hunde), aber nur zwei Arten von Hundehaltern:

Pappnasen und nette Leute. Meine Erfahrung zeigt mir, dass die Pappnasen wohl doch eher eine Minderheit darstellen. Ich kann sie immer noch nicht ganz leiden, die ollen Schwanzwedler, aber ein Schwartenmagen im Strickkleidchen und eine liebenswerte ältere Dame haben mir diesen Lauf gerettet. So ziehe ich denn meine Bahn in Richtung Heimat, weiche geschickt den zahllosen Häufchen aus (gut für die Koordination) und überhole die würdevolle Hundskarawane, die von Horizont zu Horizont zieht. Wuff.

Das Frohlocken der Läufer über das warme Wetter wurde erhört: am Samstag fiel die Temperatur in den Keller, es schneite den ganzen Tag und am Sonntagmorgen musste man endlich nicht auf die zahllosen Hundehaufen achten. Sie befanden sich nämlich unter einer 25cm dicken Schnee- und Eisdecke. Die Sonne schien und verzauberte die oberrheinische Tiefebene in einen Allgäuer Wintertraum. Rein in die Trailschuhe und raus in die knackig frische Luft. Die 800m bis zum Treffpunkt ließen bereits die Waden glühen. Jetzt weiß ich endlich, was ein Kniehebelauf ist. Knartz, Knartz, Stapf, Stapf, so ging es in Richtung Wald. Bereits nach zehn Minuten verringerten Richard und ich in seltener Einmütigkeit das Tagespensum. Anstatt der geplanten 20 sollten es nur 14 km sein. Es wurde ein optisch wunderschöner blau-weiß schimmernder Tiefschneelauf. Jedoch die Wadeln und überhaupt die gesamte Beinmuskulatur mussten schuften wie bei einem kapitalen Berglauf. Als die sechs Kilometer Laufstrecke nach rechts abzweigte, beweg-

ten wir uns durch jungfräulichen Pulverschnee. Alles Fußföhner, die hier schon abbiegen. (Bitte nicht ernst
nehmen!!) Ich machte das Kamel. Da ich die größten Latschen anhatte, (11 ½) durfte ich den Schneepflug markie-
ren. Meine schlanken Beine und die extra breit gebauten
Trailtreter, weckten bei meiner Mitläuferin Anni Assozia-
tionen an ein Kamel (man nennt eine Unterart davon auch
Trampeltier) so charmante Freunde findet man nur im
Lampertheimer Wald. Vereinzelt blockierten unter der
Schneelast zusammengebrochene Bäume den Weg, so dass
wir mehrmals vom rechten Pfad weichen mussten. Bei einem Fotostopp musste die fesche Anni unbedingt in Sieger-
pose auf dem Baumstamm posieren was der, der über alles
wacht, auch gleich mit einem Freiflug in den Schnee be-
strafte. Es wurde trotz aller Anstrengung ein lustiger und
lockerer Lauf, der jedoch gewaltig in die „Knochen" ging.
Mir schwant, dass ich bereits vor dem Neujahrsmorgen
einen gewaltigen Kater haben werde: Muskelkater.
Am Montag wird der Trainingsplan nicht eingehalten:
Montag ist Stallone! Sylvester meine ich natürlich. Da gibt
es in meiner Heimatstadt die Tradition des Silvesterlaufes.
Vor dem London Pub, der örtlichen Laufkneipe, fällt der
Startschuss in Form einer Silvesterrakete und ein buntes
Völkchen trottet rund um Lampertheim. Der Kurs ist ca.
neun Kilometer lang und verfügt sogar über eine richtige
Verpflegungsstelle bei Kilometer vier. Dort gibt es alles,
was ausgemergelte, erschöpfte und ausgebrannte Läufer

wieder munter macht: Sekt, Bier, Glühwein, eine gräuliche Spezialität namens „Hängebauchschwein" (Schnaps mit Sardelle am Spieß) und diverse Schnäpse. Derart gestärkt schafft auch noch der letzte Feierabend-Kenianer die zweite Hälfte. Dann ist gemütliches Beisammensein angesagt. Nebenbei ist dies für manch eine oder einen auch ein gutes Training für die kommende Neujahrsfeier.

So! Noch vier Wochen Grundlagentraining, dann geht es richtig los! Dann wird der Marathonne das Lästern schon vergehen. Aber urteilt selbst. Im nächsten Heft berichte ich über mein Januar/Februar-Training.

The Show must go on

Nach meiner einwöchigen Laufpause, gleich zu Beginn des
eigentlichen Rennsteigtrainings, kam die große Ernüchte-
rung: der Schmerz im rechten Unterschenkel war nach wie
vor präsent. Schlimmer noch: es trat auch nicht die kleinste
Besserung ein. Was nun? Sieht so das Ende eines Läuferle-
bens aus? Zurück zu Couch und Pommes weiß-rot? Willkommen im Club der Zwei-Zentner-Männer? Auch einer
von denen, die sich krankgerannt haben??? Wie teuer sind
eigentlich Gehgestelle? Fragen über Fragen. Auf zum Doc!
Da die Praxis meines Vertrauens mehrere Medizinmänner,
bzw. -frauen beschäftigt, schilderte ich meine Probleme
einer hübschen und äußerst kompetenten Internistin, die
früher selbst leidenschaftlich der Leichtathletik gefrönt hatte. "Fahrradfahren" lautete die erste Anweisung. "Wenn der
Schmerz auch beim Radfahren zu spüren ist, dann ist es ein
muskuläres Problem." "Wenn nicht?" meine bange Frage.
"Dann ist es wahrscheinlich eine Entzündung im Sehnen-,
oder Knochenbereich." für diesen Fall verschrieb sie mir
noch Tabletten. Kein Wort von drohender Amputation, Kas-
senzuschüssen zu Gehgestellen oder "Läbbe-geht-weiter"
Trostpflaster. Erleichtert zog ich von dannen, grub mein
Fahrrad aus dem winterlich chaotischen Schuppen aus,
pumpte ordentlich Luft in die Schläuche und schwang mich
in den Sattel. Zwei Kilometer hatte die Doktorin gesagt.

Zwei Kilometer sollten genügen, um zu erkennen, ob das Zwickwadel Ruhe gab oder nicht. Es wurden schließlich vier daraus. Schweißgebadet und (!) absolut schmerzfrei kam ich wieder zuhause an. War das nun ein Grund zur Freude oder ein Grund zum Weinen? Da ich nunmal ein unverbesserlicher Optimist bin, beschloss ich, mich zu freuen: ich hatte immerhin die Möglichkeit Trainingseinheiten zu absolvieren, meine Kondition zu erhalten und die Ausdauer zu trainieren. Dass dies vorerst im Sattel zu geschehen hatte, trübte die Freude zwar etwas, aber besser als noch eine weiter Woche schlechtgewissig herumzuschleichen. Der nächste Tag war ein Dienstag. Dienstag ist LaDl-Tag. 12km langsam sagte der Trainingsplan. Ich telefonierte mit meinem Coach und fragte ihn, wie viel Fahrrad man fahren muss, um annähernd den gleichen Trainingseffekt wie beim 12er LaDl zu erzielen: "Zwei Stunden, die Herzfrequenz ca. 10-12 Schläge unter dem Laufpuls und kurbeln, nicht drücken!" "?" der gute Richard erklärte mir, dass eine hohe Trittfrequenz besser wäre als ständig dicke Gänge zu drücken. Da schaute der Triathlet aus allen Knopflöchern. Der besagte Dienstag war auch noch der heilige Tag der Fastnachter, Jecken und Narrhallesen. Gegen derartig alkoholschwangere, verordnete Fröhlichkeit bin ich seit jeher allergisch, da krieg ich "Placken" von, um es mal so zu sagen. Doch schäme ich mich keineswegs, die Vorteile solcher Feste ungeniert auszunutzen: als da wäre ein freier Nachmittag! Um 13 Uhr Feierabend, um 13:30 saß ich bereits auf dem Radl. Über Feldwege und fastnachtlich ruhige Nebenstraßen ging es in Richtung Jägersburger Wald. Mein Laufrevier war schnell durchquert, nebenbei noch ein paar Kilometer nachgemessen und mit ca 25km/h schnurrten die Stollen meines antiquierten Mountainbikes vor dem Wind. Ein Trecker mit Anhänger kam mir entgegen. Glücklicherweise bog er vor mir ab. Auf dem Hänger dampfte eine gewaltige Fuhre Mist. Ich erreichte ein kleines Dorf, fuhr in eine schmale, für Autos gesperrte Gasse (es lebe das Fahrrad) und erlebte die erste Sonderprüfung meiner Tour: ich hatte wohl den Heimathafen der Mistfuhre entdeckt: in einer Hofeinfahrt stand ein Trecker mit Ladeschaufel und wartete auf die Rückkehr seines Kollegen. Die Burschen mussten schon den ganzen Tag Mist verladen haben, denn die Straße war zum Teil kniehoch mit dem aromatischen Biodünger bedeckt. Ich suchte mir eine der weniger hohen Stellen aus. Augen, Pardon, Nase zu und durch! Der Bauer auf dem Trecker grinste. Wie hätte er wohl gelacht, wenn der stolze Pedalritter hier den Abflug gemacht hätte? Wenigstens wäre ich einigermaßen weich gefallen. Von wegen Bett im Kornfeld und so. Ich verließ den Duftweiler in Richtung Norden und strampelte nun über betonierte Wirtschaftswege, vorbei an Wiesen und Feldern in Richtung Einhausen. Nach der Ortsdurchfahrt ging es in den Jägersburger Wald. Eine Joggerin kam mir entgegen, ganz entgegen der verbreiteten Bikersitte grüßte ich sie freundlich, nicht ohne sie um ihre Lauffähigkeit zu beneiden.

Schon bald feierte ich "Bergfest", eine Stunde war vergangen. Ich schwenkte bei der nächsten Gelegenheit nach rechts und suchte mir einen Weg in Richtung Lorsch. Kurze Rast zum Trinken. Auf den hoppeligen Waldwegen wollte ich mir an meiner Trinkflasche nicht unbedingt die Schneidezähne ausschlagen. Mein Bein machte alles klaglos mit. Sieht so der Beginn einer wunderbaren Freundschaft aus? Mein Radl und ich? Tour de France statt Rennsteig? Mein Hintern sagte nein, mein Kreuz sagte nein und meine Arme sagten nein. "Stell dir mal dein Bike anständig ein, du Sonntagsfahrer!" höre ich die Profis rufen. Gemach, es gibt noch genug andere Dinge, von denen ich keine Ahnung habe, das Radfahren ist da noch lange nicht dran. Fazit: nach zwei Stunden erreichte ich wieder mein heimisches Herdfeuer. Strecke: 42 km. Na bitte: fast ein Marathon! Ab in den Schuppen mit dem Radl und steifbeinig die Treppen hinauf. Ich bin ein Läufer und werde wohl immer einer bleiben. Obwohl. Man kann durchaus zwei Sportarten miteinander kombinieren: Schwimmen und Laufen zum Beispiel. Wie bei jenem 15km Trainingslauf an einem wolkenverhangenen Mittwochnachmittag: als es losging war es noch trocken, frohgemut trabten wir los, um nach kurzer Einlaufphase (ich mag das Wort Einlauf nicht, seit meine Tochter in einer internistischen Praxis arbeitet, ich werde daher stets vom Warmlaufen schreiben) in geplantem 5:30er Tempo locker zu galoppieren. Bei Kilometer drei verdichteten sich die dunklen Wolken und bei Kilometer fünf bildeten die Regentropfen hübsche Blasen in den Pfützen. Nun sind mir Blasen in Pfützen immer noch lieber als Blasen an den Füßen, aber Richard bemerkte, dass, wenn der Regen Blasen bildet, es ein richtig satter, ergiebiger Landregen werden würde. Ich gebe nichts auf Bauernregeln und winkte lächelnd ab. Ihr werdet es schon ahnen: es wurde ein richtig satter, ergiebiger Landregen. Zu meiner eigenen Verwunderung musste sich feststellen, dass dies der erste Lauf seit einem vollen Jahr war, in dem ich so richtig Pitschepatschenass wurde. Ab und zu ein paar Schauer, ein leichtes Nieseln und Wolkenbrüche, immer nur kurz vorm Heimathafen, das war bisher meine ganze Regenerfahrung gewesen. Diesmal erwischte es uns aber richtig: es goss wie aus Eimern, man sah die Hand vor Augen nicht und die Laufklamotten, (wir trugen unsere warmen Winterlaufjacken) wurden immer schwerer. Die Schuhe patschten durch Pfützen und durch Wasserfälle, die in Richtung Gulli rauschten, alles quietschte und quatschte und die Versorgung mit Flüssigkeit erfolgte automatisch bei jedem Luftholen. Unsere Schuhe erstrahlten bald in jungfräulicher Sauberkeit und die Funktionssocken, die eigentlich Feuchtigkeit vom Fuße weg nach außen transportieren sollten, zeigten sich völlig überfordert als das Nass von der anderen Seite massiv hereindrängte. Wir stürmten mit eingezogenem Kopf auf eine Brücke zu, unter der sich zwei Hundebesitzer mitsamt ihrer müffelnden Vierpfoter untergestellt hatten. Verständnisvolle Blicke trafen uns. Motto: „die Buben laufen so schnell, um die rettende Brücke zu erreichen. Patsch, patsch, patsch, patsch trabten wir, freundlich grüßend, an den Hundlern vorbei, wieder hinaus in das vorhanggleiche Gewoge vom Himmel stürzender Wassermassen. Das Kopfschütteln und mentale An-die-Stirn-tippen der Beiden, konnte ich förmlich spüren. Hinaus aus dem Dorf, der Wald ruft. Hier empfing uns zusätzliches Gepladder in Form von dicken Tropfen, die der Wind von den Blättern blies. Trotzdem, wir nahmen es mit Humor, lachten und trappschten mit voller Absicht durch die Pfützen wie kleine Jungs. Zuhause zog ich die Schuhe aus, leerte sie aus und entwrang meinen Socken mindestens einen halben Liter warmes Wasser, auch eine Art von ökologischer Warmwasserbereitung. Am nächsten Tag stand mein „Lieblingstraining" auf dem Plan: Intervall! Ich hasse Intervalltraining, ich hasse Tempoläufe, ich hasse dieses schädelsprengende Gebrettere von ganzem Herzen. Aber angeblich muss so was sein. Geplant waren zwei Kilometer warmlaufen, danach drei Kilometer im Fünf-Minuten-Schnitt, nach fünf Minuten Trabpause, das gleiche noch mal. Das ganze dreimal. Nun ist es so, dass ein Schnitt von fünf Minuten auf den Kilometer für mich so ziemlich das härteste ist, was ich mir zutraue. Drei Kilometer am Stück in diesem Tempo, das ist schon heftig! In solch froher Erwartung trabte ich neben Richard her, klopfenden Herzens auf das Kommando wartend. Es kam auch gleich: „Schnauze halten, auf geht's!" bellte er, ganz wie ein echter Coach. „Piep-Piep" antwortete der Herzfrequenzmesser. Ich holte tief Luft und strampelte los. Liebe Leserinnen und Leser: drei Kilometer sind ganz schön weit! So fern und weit wie ein Marathon-ziel! Rasselnd, pfeifend und stampfend drückte ich mit zittrigem Finger nach exakt 15 Minuten erneut auf den Zwischenzeitenknopf: 160 pochte mein Herz. Ich fiel in die Trabpause, wie ein Akkordarbeiter nach der Schicht ins Bett. Herrliches Traben! Wundervolles Atmen! Berauschender Sauerstoff! Oh mögen diese fünf Minuten doch nie vergehen! Doch unerbittlich verrann die Zeit. Die Zeit: gemeines, verschlagenes, unehrliches Wesen voller Heimtücke und wechselhaftem Tempo. Während der schnellen Phase zieht sie sich dahin wie Honig, der sich frühmorgens klammheimlich vom Butterbrot stiehlt, in der Erholungsphase hat sie es eilig wie ein ertappter Dieb. Da: Richard bellt das nächste Kommando! Unglaublich! Das sollen fünf Minuten gewesen sein? Ich resigniere, brav spurte ich wieder los. Das etwas verlängerte Warmlaufen bescherte uns nun zu Beginn der zweiten Tempoeinheit auch gleich eine steile Brückenrampe. Batsch, batsch, batsch, bretterte ich hinauf. Den Kopf eingezogen, die Arme verkrampft, mit rollenden Schultern kämpfte ich gegen die Steigung an. „Locker bleiben, gerade laufen, Schultern entspannen." ermahnte der Coach in lockerem Plauderton. Ich konnte nur atemlos nicken. Mein Puls durchbrach die Schallmauer, die Anzeige blinkte hektisch: 175! Ein neuer Max-Puls! Na toll, nächste Woche wird hier ein Gedenkstein stehen: hier starb ein Idiot. Runter von der Brücke, immer weiter, immer weiter. Ich pfeife wie ein Schnellkochtopf, komme aus dem Atemrhythmus, hechle und keuche wie ein Schlachtross beim Pferdemetzger. Nach 1,8 Kilometern krallt sich Richards Hand in meine Jacke, bremst mich runter und meint: „Feierabend jetzt, ich will zum Rennsteig, nicht auf Beerdigung!" Lieber guter Richard! Bester aller Laufkumpel! Mein Lebensretter! Glücklich trotte ich in Richtung Wald. Glücklich, aber auch ein bisschen enttäuscht: ich habe es nicht gebracht. Läppische drei Kilometer. Doch so etwas ist eben einfach nicht mein Ding. Lieber einen langsamen 35er als dieses Rasen mit Kondensstreifen an den Ohren. Überraschenderweise regeneriere ich sehr rasch. Nach wenigen Minuten pocht das Läuferherz bereits wieder mit ortsüblichen 130 Schlägen. „Vorne beim Schild, machen wir wieder ein wenig Tempo bis zum Wasserwerk", schlägt Richard mit fragendem Blick vor. Ich nicke. Das Wasserwerk ist gerade mal einen guten Kilometer entfernt, das packen wir schon. Kurz vor dem Wasserwerk, deutet mein Freund auf den Brunnen: „bis dahin noch, dann ist es vorbei mit dem Tempo" Ich freue mich. Na also, so kurze Intervalle, das kann ich. Alles halb so schlimm! Doch was macht der da? Am Brunnen wetzt Richard davon, dreht lachend den Kopf und ruft: „vorbei mit dem Tempo hab ich gemeint! Jetzt legen wir wieder einen halben Schritt zu, bis zur Schranke!" Die Schranke! Noch einen Kilometer! Ich ziehe mit, man will ja kein Fußföhner sein. Müssen Trainer so sein? Ich glaube schon. Du musst ein Schwein sein in dieser Welt, Schwein sein. fiel mir wieder ein Lied aus dem Radio ein. Heute war Richard dran mit dem Schweinsein. Später, Jahre später, wie es mir schien, unter der Dusche, massierte ich meine gepeinigten Beinmuskeln und freute mich, dass es endlich vorbei war. Freute mich allerdings auch, dass ich den Mist mitgemacht habe. Meinen schmerzenden Beinen nach, war dies heute wohl so etwas wie ein Trainingsreiz oder so ähnlich. Reizend, wirklich sehr reizend. Der nächste Intervalllauf in der folgenden Woche sah vor, dass wir einen Kilometer schnell und fünf Minuten traben sollten. 15 mal. So ein Kilometerchen ist doch gleich abgerannt oder? Gesagt getan. Nach fünfminütigem Wetzen wird die Uhr gedrückt und locker flockig, mit baumelnden Armen die Pause genossen. Doch was war das: Richards Wecker piepste und er ruft „auf geht's!" und raste los! Wie? Was? Ich dachte fünf Minuten? „Eine Junge, eine Minute Pause!" lacht Richard und empfiehlt mir, den Trainingsplan nicht nur an den Kühlschrank zu hängen, sondern ihn ab und zu auch einmal zu lesen! Mich packt das kalte Grauen: 15 Intervalle mit nur einer Minute Pause? Ein Lauf in den sicheren Tod!! Aber das Wunder geschah: ich hielt durch! Zwar wurden aus den 15, kurzerhand 12 Tempoeinheiten gemacht, aber in jeder Pause fiel mein Puls um bis zu 20 Schläge ab. Ich lief die Intervalle im Wechsel zwischen 156-170 Schlägen in den Tempoeinheiten und 134-150 Schlägen in den Erholungsphasen. Auch der für den nächsten Tag erwartete Muskelkater stellte sich nicht ein und die folgenden Läufe (15 Kilometer in 5:30 und 90 Minuten Berglauf) absolvierte ich ohne nennenswerte Probleme. Bis auf das Zwickwadl!! Eigentlich ist es ja nicht die Wade, sondern entweder der Knochen oder eine Sehne. Solange ich die Tabletten nehme, kann ich sogar hart trainieren, sobald ich diese absetze ist er wieder da, dieser dumpfe, merkwürdige Schmerz aus dem inneren Unterschenkel. Mein Doc schrieb mir eine Überweisung zum Orthopäden. Dort habe ich am Montag einen Termin. Mal sehen, was der herausfindet. Doch vorher werde ich das Training mit einer völlig neuartigen Sportart ein wenig aufpeppen: anstatt eines zweieinhalbstündigen Berglaufes habe ich mir für den Samstag eine harte Einheit ganz besonderer Art ausgesucht: Treppenlauf mit Zusatzgewichten als Intervalleinheit, gekoppelt mit Koordinationsübungen für den Oberkörper, die Wirbelsäule und die Knie. Veranstalter ist ein älterer Herr, der auch die Trainingsgeräte stellt, Veranstaltungsort ist eine Mietskaserne in einem Heidelberger Stadtteil mit dem sinnigen Namen Handschuhsheim. Gelüftet sei nun das Geheimnis um diese neue Trendsportart: es handelt sich um einen ganz normalen Umzug vom 1. OG des einen Hauses ins 2. OG des anderen Hauses. Alles ohne Lift und doppelten Boden! Der nette Opa besitzt zahlreiche wunderschöne Schränke, Vitrinen und Sideboards vergangener Epochen, die den Vorteil haben, dass man sie nicht auseinandernehmen muss, weil man es nicht kann. Als Sonderprüfung wäre da noch eine Waschmaschine zu erwähnen. Am Ende dieses Tages kroch ich müde und zerschlagen auf die Couch. Auch dies war mit Sicherheit ein echter Trainingsreiz!

Pünktlich zu Ostern:

Die Auferstehung eines Läufers.

Nachdem mir Lampertheims Laufarzt eine erneute, vorübergehende, Trainingsreduktion aufgebrummt, dreimal das Wadel mit Spritzen für sein Aufmucken bestraft, und mir spezielle Dehnübungen dafür gezeigt hat, ging es wieder bergauf! Das Beste: er verbot mir aufs schärfste, Tempo- und Intervalltraining! Als glücklicher Mensch humpelte ich nach Hause, wo die Spritze alsbald kräftig Wirkung zeigte: der Doc hatte mir anscheinend Osterhasilon gespritzt. Zwei Tage eierte ich mit einem Hühnerei aus massivem Granit in der Wade durch die Gegend. Meine internistische Tochter sagte, dass nur eine Spritze die weh tue, auch wirke. So, jetzt ist Schluss mit dem Greinen und den Onkel-Doktor-Geschichten. Schließlich sind wir hier ein Laufmagazin und kein geriatrisches Wochenblatt. Mein Laufkumpel wirkte zwar etwas enttäuscht, als ich nicht gleich am nächsten Tag einen dreistündigen Berglauf ansetze, aber ich glaube er hat es dann doch ganz gut verdaut. Ich startete in mein wiedergewonnenes Läuferleben mit einem einsamen Zehn-Kilometerlauf durch den Vorfrühling. Ich, berüchtigt wegen meines durchtrainierten Mundwerkes, gefürchtet wegen meiner zuweilen recht bissigen Sprüche und überall verschrien als ewiger Pausenclown, genoss diesen Lauf über wenig benutzte Pfade. Alleine mit mir und meiner Freude über schmerzfreie Schritte trabte ich schweigend vor mich hin. Am Abend fand ich in meiner Mehlbox eine nette Nachricht aus dem Schwabenland: eine Frau mit dem beziehungsreichen Internetnamen LenniUltra äußerte sich positiv über meinen letzten Artikel. Ich bedankte mich auf gleichem Wege über das Lob und erfuhr, dass sie den Rennsteig bereits achtmal gelaufen war, den Bieler Hunderter auch schon etliche Male bewältigt und die gleichen Figurprobleme wie ich hat. Da ich als Ultralauf-Novize noch keinerlei praktische Erfahrung mit den langen Kanten habe, entspann sich daraus ein sehr fruchtbarer Dialog. Unter anderem verdanke ich „meiner" Ultralenni eine völlig neue Philosophie: Nachdem ich ihr mein Leid geklagt hatte, was Tempo- und Intervalltraining betrifft, erntete ich silberhelles Lachen und den Rat, in Zukunft mehr auf meinen Körper und auf Frauen zu hören. Auf Frauen zu hören, habe ich während meiner zwanzigjährigen Ehe aus dem FF gelernt. Aber meinem Körper habe ich eigentlich noch nie so ganz über den Weg getraut. (Der will ja doch bloß Schokolade haben!) „Was Dir nicht passt und was Dir wehtut, kann nicht gut für Dich sein!" lautete der Tenor von der schwäbischen Alb. Solche Sprüche tun mir richtig gut. Wir stehen seitdem in ständiger Verbindung und ich denke, es wird sich wohl eine gute Lauffreundschaft daraus entwickeln. Der Trainingsplan wurde umgekrempelt und aus den Hetzjagden wurden lange, langsame Läufe gemacht. Leonore, (so heißt meine gute Geistin nämlich wirklich) ich danke Dir!

Tribute to Martha:

An dieser Stelle möchte ich einmal so richtig bei den Frauen radfahren: bei meiner eigenen, die von meinem umfangreichen Training zwar überhaupt nicht begeistert ist, es aber trotzdem toleriert und mich unterstützt. Bei Leonore, die mich mit ihrer großen Erfahrung und ihren Ratschlägen wieder auf Kurs gebracht hat und nicht zuletzt bei Martha: Martha ist Richards Frau und eine äußerst leidensfähige dazu. Sie begleitet ihren Richard auf fast allen Läufen mit dem Fahrrad, egal ob im Training oder beim 100er. Sie ist eine radelnde Servicestation. Sie ist unser „Marthameter"

d. h. sie sagt auf Zuruf stets die exakte Streckenlänge an, sie transportiert Riegel, Flaschen, Bananen, Blasenpflaster und Ersatzklamotten und sie gibt uns immer die passende Antwort. Bei Richard ist diese dann nicht immer druckreif! Wie es überhaupt einem uneingeweihten Mitläufer vorkommen mag, als begleite er bei den beiden ein heillos zerstrittenes Paar auf dem Weg zum Scheidungsanwalt. Martha steckt Richards Sprüche locker weg, („Bist du gestürzt? Ist meinem Fahrrad etwas passiert?!") gibt ihm mit gleicher Münze Saures zurück und erduldet Schnee, Regen, Brennnessel (ich kannnn mich einnnfach nnnnicht annn die vielen nnnn gewöhnen!) und Richards „neue Wege", die meistens gar keine mehr sind. Martha beherrscht es meisterhaft, mit dem grobstolligen Vorderrad des Bikes, Richard die Schuhe von den Füßen zu fahren, genauso wie sie uns mit geübtem Schwung die Buddels reicht, wenn wir, wie blinde Vogelkinder im Nest, nach Wasser schreien. Richard und Martha, die Marx-Brothers der Laufszene, Sancho Pansa und Don Quijote des Lampertheimer Waldes, Esmeralda und Quasimodo, wobei die Rollen des Öfteren munter getauscht werden. Jeder, der in unserer Gegend läuft, hat sie schon gesehen.Wenn nicht gesehen, dann wenigstens gehört: „Kilometer?" schreit Richard gerne, wenn einer von der „LAL", der Laufgemeinschaft arroganter Laufsnobs, ohne zu grüßen vorbeidonnert. „Dreißig", kommt es dann betont gelangweilt zurück, in besonders hartnäckigen Fällen auch mal „Vierzig", was den stolzen Hirsch dann doch etwas nachdenklich stimmen mag, der gerade zwei AH-Ligisten mit Bauchansatz überholt hat. Zugegeben, manchmal können die Zwei mit ihren Kippeleien ganz schön abnerven, aber ich glaube ich muss da ganz leise sein, ist mein Mundwerk doch auch nicht jedermanns Geschmack. Egal, ab Kilometer 25 wird auch ein Manfred Krämer erstaunlich still, konzentriert sich auf seinen Laufstil, auf das linke Kleinzehenhühnerauge und auf die Tatsache, dass schon wieder das Salzfass in die Trinkflasche gefallen ist. Martha, ich danke Dir für die treue Begleitung, für die unzähligen Gläser Apfelschorle nach dem Lauf, für den guten Berglaufkuchen und vor allem für das herrlich geflunkerte „Ihr-seht-noch-locker-aus" bei Kilometer 28.

Läufer auf der Autobahn!

Wollten sie schon immer mal die Autobahn als Laufstrecke nutzen? Tun Sie's lieber nicht, auch wenn Sie noch so schnell sind, zumindest der neue Z8 wird Sie ziemlich alt, und wenn Sie Pech haben, auch ziemlich flach, aussehen lassen. Wem die Stille des Waldes aber trotzdem in den Ohren dröhnt, dem sei hiermit eine echte Alternative vorgeschlagen: Der Südhessisch-Nordbadisch-Ostpfälzische-Zweibrücken-Dreiländerlauf nämlich. Dieser führt von Lampertheim, am Rhein entlang in Richtung Mannheim, wo man (ganz legal) im Inneren eines Brückenpfeilers die Autobahnbrücke der A6 über den Rhein erklimmt. Dort läuft man dann auf einem gesicherten Rad- und Fußweg zwischen den Mittelleitplanken, umtost vom Verkehr und halberstickt von den Abgasen zahlreicher miserabel eingestellter US-Army-Trucks, in wenigen Minuten auf die linksrheinische Seite. Dort, in der schönen „Palz", findet man wieder zurück zur Natur, d.h. zuerst muss man noch an einer riesigen Kläranlage vorbei. Dort werden die Abwässer einer Chemiefabrik gesäubert, die den Ludwigshafenern die wichtigsten vier Vitamine näher bringen: B, A, S, F. Hat man dieses geschafft, lockt wieder das Rheinufer und man kann durchaus Wettrennen mit Holländischen Containerschiffen oder Schweizer Tankern starten. (Man wird sie verlieren) nach 21 Kilometern erreicht man die Wormser Rheinbrücke, die eine der ältesten Spannbetonbrücken

Deutschlands ist. Sie bildet eine Sonderprüfung, da die Rampen über mehrere hundert Meter lange, ganz ordentliche Steigungen, verfügen. Ich achte nicht auf Richards Rufe, und mache einen auf Zielbandzerfetzer: euphorisch, im Galopp eile ich die Brücke hinauf, lasse Richard und Martha weit zurück und hüpfe auf dem Scheitelpunkt der Brücke herum, wie Rocky einst in Philadelphia. Richard meckert und erzählt etwas von Fettverbrennung und weggeschmissenem Lauf. Ich höre nicht auf ihn, mir geht es einfach gut. Kein Zipperlein mehr, die Sonne lacht, die Endorphine tanzen Samba und alle Kenianer sind langsamer als ich. Dreißig Kilometer zeigt das „Marthameter" als wir wieder in Lampertheim eintreffen. Wieder ein „Langer", wobei mir Richard gerade erklärt, dass ein Dreißiger für Ultraläufer kein Langer ist. Spielverderber!

Hinter dem Wald grinst der markante Buckel des Melibocus herüber. Warte nur Melli, bald kommen wir und treten dich platt!

Der erste richtige „Lange"

Mit der besten Ehefrau von allen um die Häuser gezogen, gerade mal drei Stunden Schlaf gehabt und den Wecker verpennt! Eine halbe Stunde vor dem Start ins Bad gewankt. Ideale Voraussetzungen für einen 35 km Lauf. Es ist Karfreitag. Ich verwandele mich in eine sechsarmige indische Gottheit, putze mir rasch die Zähne, starte die Kaffeemaschine, mische zwei Wasserflaschen, schmiere gleichzeitig ein Honigbrötchen, fülle ein Weizenbierglas mit Apfelschorle, schäle eine Banane und schlinge alles in 45 Sekunden hinunter. Kaffee hinterhergeschüttet, alles schön weggeräumt, (gibt sonst Mecker!) Riegel und Affenwurst eingepackt, Vaseline an taktischen Stellen verteilt, auf Strümpfen in den Garten gehumpelt, Laufschuhe an, Kappe auf und tschüss! Eine Minute vor dem Termin treffe ich bei Richard ein. Bestzeit! Der Kreislauf kreist, die Laune steigt, die Sonne lacht, die Kirchenglocken läuten Amok. Ich schwöre: dieses Turbofrühstück war garantiert meine letzte Tempoeinheit! Wir traben los, ächzend, schwankend, mit knarrenden Gelenken. Waldorf und Stadler goes Marathon. Nach wenigen Minuten verwandeln wir uns in halbwegs normale Läufer, nach einer Dreiviertelstunde haben wir endlich Tritt gefasst. Dieses lange Anlaufen habe ich schon immer gebraucht. Ich benötige 30 bis 40 Minuten um richtig warm zu werden und endlich ein gleichmäßiges Tempo zu halten. Dann aber macht es „Klick" und die Maschine läuft. Richard macht Witze über meinen Schatten. Die Sonne steht seitlich und zaubert Yogi-Bär neben mich. Ja, ja die Osterhasis. Ich mache mir Gedanken wegen meiner „seriösen" Vorbereitung auf diesen Lauf. Doch im Augenblick läuft es ganz prima. „Fünf", „Zehn", „Fünfzehn" kommen die halbstündigen Ansagen unseres „Marthameters". Wir liefen durch die Rheinauen und über asphaltierte Feldwege in Richtung Mannheim. Dort angekommen, ging es entlang feiertäglich stiller Industriebetriebe und durch grüne Wohnsiedlungen in Richtung Käfertaler Wald. Am Karlstern, einem Fixpunkt für Wanderer, Radfahrer, Jogger und Familien, wandten wir uns in Richtung Viernheim. Ab jetzt führte die Strecke, bis auf die letzten drei Kilometer, stetig durch lichten Kiefernwald. Ab Kilometer 25 trabten wir auf den wohlbekannten Pfaden des Lampertheimer Lauftreffs. Ich aß den zweiten Riegel, stellte fest dass einer genügt hätte und spülte die klebrige Masse mit reichlich Wasser hinunter. Bereits vor einer halben Stunde hatte ich den Pulli ausgezogen und mir um die Taille gebunden. Da das Untershirt nassgeschwitzt war, wärmte der Pulli angenehm die Nierengegend. Nach 3:45h erreichten wir wieder unseren Ausgangspunkt.

30. GutsMuths-Rennsteiglauf

25. Mai 2002

Bald ist es so weit! Diese Zeilen schreibe ich an einem Samstag im Mai. Genauer gesagt am 18. 05. 2002. Noch sieben Tage bis zum Start. Ich schaue auf die Uhr: 11:35 Uhr. In einer Woche wäre ich dann schon Fünf Stunden und 35 Minuten unterwegs. Länger als jemals zuvor in meinem kurzen Läuferleben. Bedenken? Angst vor der eigenen Courage? Zwiespältige Gefühle? All das begleitete mich über lange Zeit meines Trainings. Doch vor sechs Wochen kam der Bruch: es war am Ende eines vierstündigen Berglaufes. Als hätte jemand in meinem Kopf einen Schalter umgelegt, erkannte ich plötzlich: ich würde es schaffen. Ich kann das! Immer öfter überkam mich nun während der nächsten langen Einheiten im Gebirge eine Unruhe, eine mühsam unterdrückte Erwartung: Rennsteig, ich komme! Wenn es nach mir ginge, dann könnte es gleich jetzt losgehen. Die langen Bergläufe im nahen Odenwald, immer auf neuen, läuferisch noch unerforschten Wegen, gespickt mit steilen Rampen, kraftraubenden, kilometerlangen Anstiegen und üblen Gefällstrecken sind eine gute, aber auch eine harte Schule. Die einzige Unbekannte ist die Streckenlänge: 74,3 km sind schon ein ganz schöner Kanten. Das Training hatte einen 50 km Berglauf vorgesehen. Da es am   dafür vorgesehenen

Termin wie aus Eimern goss und auch der Ausweichtermin dem Wettergott geopfert wurde (nicht schlagen! Wir sind keine Fußföhner! Aber wir wollten es den begleitenden Radlern einfach nicht zumuten), liefen wir maximal 4,5 Stunden am Stück. Die Vorstellung, am Ende eines solchen Trainingslaufes die gleiche Runde noch einmal zu absolvieren, verlor jedoch immer mehr ihren Schrecken für mich. Ich bin fit, ich bin bereit! Nur ein Trainingsziel habe ich nicht erreicht: den Rennsteig mit unter 70kg zu laufen. Jetzt, zu Beginn des Carboloadings, wiege ich immer noch 74kg. Durch die vielen Bergläufe registrierte ich einen enormen Muskelzuwachs im Bereich der Oberschenkel, diese "Zusatzgewichte" verhinderten eine weitergehende Gewichtsreduktion. Hätte ich mich aufs Abnehmen konzentriert, so wäre dies auf Kosten der Kraftausdauer gegangen, etwas, das ich vor einem solchen Lauf überhaupt nicht gebrauchen kann. In den kommenden Tagen werde ich durch die Trainingsreduktion und das Nudelbunkern erfahrungsgemäß noch einmal zwei Kilogramm zulegen. Dies betrachte ich aber nicht als Übergewicht, sondern als Proviant für den Rennsteig. Zum Training bliebe noch zu bemerken, dass mein persönliches Laufprogramm stark vom ursprünglichen Plan abgewichen ist: Verletzungsbedingt musste ich in der zweiten Trainingshälfte zehn Tage pausieren und im Anschluss daran sämtliche Tempo- und Intervalleinheiten streichen. Mein wöchentliches Programm ist mit einer Gesamtkilometerzahl von 75-95km eher eine "Light-Version".

Mittwochs und Sonntags standen Bergläufe zwischen zwei und viereinhalb Stunden auf dem Programm. Dazwischen lief ich jeweils nur Flachetappen von 10-12 Kilometern Länge. Montags und Samstags war Ruhetag. Man darf also gespannt sein, in welcher Zeit und in welchem Zustand ich am 25. Mai in Schmiedefeld eintreffe. Unser Team ist auch schon komplett, die Logistik ausgefeilt und die Checkliste (Schreckliste) bereits ausgedruckt. Nichts ist schlimmer, als solch einen Lauf mit hektischem Kramen und Suchen in der Sporttasche zu beginnen. Wir reisen bereits am Donnerstag an, beziehen in Mosbach bei Eisenach unser Quartier, eine romantische Datscha im Wald, holen am Freitag die Startunterlagen ab, beschließen den Tag mit einem Fünf-Kilometer-Entrostungslauf und treten am Sonntag, nach dem (späten) Frühstück, die Heimreise an. Wir, das sind: Martha Wehe, Richards Ehefrau und unermüdliche Betreuerin, Angelika und Karl-Heinz Dosch, die für Catering und Fahrdienst zuständig sind, Leonore Soloperto aus Nürtingen, die ich per E-Mail kennen lernte und die mir als ehemalige Ultraläuferin viele wertvolle Tipps zu Training und Wettkampf gab und gibt, Richard Wehe, erfahrener Ultraläufer (Biel, Rennsteig, Schwäbische-Alb-Marathon, Europacup der Supermarathons), Trainer und Laufkamerad und schließlich ich selber, "Marathonne", Ultranovize und begeisterter Bergläufer. Unsere Begleiter werden verschiedene Punkte entlang der Strecke abfahren, Fotos machen und mit Ersatzkleidung, Blasenpflaster usw. ausgerüstet sein.

Stichwort Kleidung: beim Rennsteiglauf darf es ruhig die große Reisetasche sein. Vom Schneetreiben auf der Schmücke bis zu mückensirrender Hitze ist dort alles möglich, deshalb gehören sowohl Handschuhe, wie auch das Singlet, die warmen Langtights, wie die Regenjacke ins Gepäck. Wir haben durch unser Team den Vorteil, am Start guten Gewissens in langen Hosen und warmer Jacke antreten zu können. Der vielgelesene Tipp des "Zwiebelns" für Läufer hat mir schon immer Verständnisschwierigkeiten bereitet: wohin mit den unterwegs abgelegten Klamotten, wenn ich die kurzen Sommersachen unter Jacke und langer Tight trage? Zum Wegschmeißen sind mir meine Laufklamotten zu schade und wenn jeder in ausrangierten Pullis losläuft, sind die auch nicht gerade eine Zier für Büsche und Straßenränder. Gelobt sei die Begleitmannschaft! So, jetzt geht es auf die letzten Kilometer. Morgen steht ein letzter, lediglich zweistündiger Berglauf auf dem Plan, am Dienstag ein 15er LaDl und am Mittwoch ein ganz langsamer 10er. Dann noch der bereits erwähnte Entrostungslauf am Freitag vor dem großen Tag.

Endlich, es wird ernst! Richard rangiert seinen sperrigen Geländewagen in den Garten der Datscha in Mosbach bei Eisenach. Der Rennsteig ist nur wenige Kilometer entfernt. Vor dem Abendbrot, welches bei uns natürlich aus Nudeln besteht, machen wir einen Spaziergang hinauf auf die "Hohe Sonne". Hier trifft die Ultramarathon-Strecke, die ja in Eisenach auf dem Marktplatz beginnt, auf den eigentlichen Rennsteig. Bei strahlendem Sonnenschein erreiche ich heiligen Boden: ein breiter, ordentlich mit Feinsplitt belegter Weg, der sich an einer Kneippanlage vorbei, den Berg hinaufwindet. "Sieht ja ganz harmlos aus", bemerke ich und Richard grinst: "Da reden wir am Samstagabend drüber." Am nächsten Tag, Freitag, joggen Richard und ich noch einmal hinauf auf die Hohe Sonne. Das Wetter ist immer noch sonnig und warm, fast schwül. Hoffentlich ist es morgen angenehmer. Hitzeläufe sind wir noch nicht gewöhnt, allerdings wollen wir auch nicht gerade bei Dauerregen oder gar Graupelschauern nach Schmiedefeld laufen. Wir sind ganz schön anspruchsvoll. Trotz deutlicher Nervosität schlafe ich in der Nacht vor dem Start sehr gut. Die halbe jedenfalls, denn um vier Uhr früh klingeln nacheinander drei Wecker und zwei Handys. Raus aus den Federn! Bei sechs Personen und nur einem Bad ist logistisches Denken angesagt. Heute sind wir Läufer die kleinen Prinzen. Wir dürfen vor allen anderen ins Bad, wir kriegen das Frühstück bereitet, die Taschen getragen und ein ganzes Bündel guter Wünsche mit auf den Weg zum Start. Karl-Heinz chauffiert uns nach Eisenach, Leonore kommt als Star(t)fotografin mit, Martha und Angelika haben noch Schonzeit, sie werden nach dem Start abgeholt und mit zum ersten Treffpunkt genommen. Unsere Mann/Frauschaft wird unterwegs an mehreren vereinbarten Stellen auf uns warten. Wir sitzen im Auto, der Himmel ist bedeckt und es sieht nach Regen aus. Immerhin wird es wohl keine Hitzeschlacht geben, die

Temperatur beträgt um kurz nach fünf Uhr gerade mal 10°C. Am Start herrscht das übliche bunte Treiben. Läuferinnen und Läufer posieren vor dem Starttor, begrüßen sich herzlich, kramen in ihren Taschen oder stehen Schlange vor den Dixie-Klos. Ich verspüre auch ein Rumoren, obwohl ich meine Sitzung zuhause bereits erfolgreich abgeschlossen hatte, schrecke ich aber vor der langen Schlange zurück. Na dann lieber in den Wald gesch... aut. Leonore schleppt einen schmalen, äußerst vital aussehenden weißhaarigen Herrn an, den sie gerade entdeckt und vor Freude fast zerdrückt hat. Es ist ein alter Freund von ihr: Werner Sonntag. Wir machen uns bekannt, und Werner bemerkt, dass ich ja nun überhaupt nicht mehr wie eine Marathonne aussähe. Danke Werner, das ging runter wie Öl! Werner Sonntag hat einen kleinen Rucksack auf und strahlt die Zuversicht und die Ruhe des erfahrenen Ultraläufers aus. "Bis bald in Schmiedefeld" verabschiedet er sich. Diese Kerle sind es, die ich mir als Vorbild nehme, denke ich und hoffe, dass ich in seinem Alter wenigstens noch einen kleinen Zehn-Kilometerlauf gebacken kriege. Wie viele andere Teilnehmer trage ich kurze Tights, ein Funktions-T-Shirt und eine ärmellose Windjacke. An den Füßen habe ich dicke Winterlaufsocken, mit denen ich im Training gute Erfahrungen gemacht habe, und gut eingelaufene Brooks Addiction 4, aufgerüstet mit Sporteinlagen, die meine verqueren Füße in eine einigermaßen erträgliche Spurlage bringen sollen. Unser Team auf der Strecke ist für alle Eventualitäten gerüstet: vom Singlet bis zu Mütze und Handschuhen, vom Tape-Band bis zu Blasenpflaster ist alles dabei. Das wird ein richtig komfortabler Fünfsterne-Lauf. Andere Läufer, welche keine Betreuer haben, tragen oftmals recht unförmiges Gepäck um die Hüfte. Dann geht es los! Ein Hubschrauber knattert um den Marktplatz, fast wie bei der Formel-1. Der Bürgermeister von Eisenach gibt den Startschuss und die elektronischen Matten unter dem Start-Transparent zwitschern ihr nervtötendes Pfeifen in die Luft. Wir schwimmen in der Menge (ca. 1500 Teilnehmer) mit, traben durch die Innenstadt und biegen an der Nikolaikirche nach rechts ab. Gleich geht es bergauf in Richtung Stadtpark. Wenige Minuten später verlassen wir Eisenach und traben hinauf in Richtung Rennsteig. Richard und ich werden pausenlos überholt, obwohl wir im hinteren Drittel gestartet sind. Mir fällt auf, dass die Teilnehmer hier anders zusammengesetzt sind als bei Marathonläufen: der Altersdurchschnitt ist höher, die "grauen Wölfe" sind in der Überzahl und die Frauen (leider!) sind dünn gesät. Was es hier nicht gibt, sind die fröhlichen "Thekenläufer" die man oft bei Volksläufen hin bis zum Marathon trifft, die aus einer Bierlaune heraus an den Start gehen, meistens nach wenigen Kilometern aufgeben oder gar unterwegs zusammenbrechen. Man merkt es, wer hier startet hat sich gewissenhaft vorbereitet. Auch das übliche Frotzeln und Sprücheklopfen am Start hielt sich in Grenzen. Nicht einmal ich ließ mich zu meinen berüchtigten kleinen Späßen hinreißen.

143

Zum Scherzen war mir wahrhaftig nicht zumute, hatte ich doch gehörigen Respekt vor den vor mir liegenden Kilometern. Training hin oder her, es ist das erste Mal, dass ich zu einem Ultralauf starte. So dackelte ich denn brav der Meute hinterher, passierte die Hohe Sonne, wo ich erst gestern Abend ehrfürchtig gestanden bin und bemerke die ersten Anzeichen einer Blase am rechten Vorfuß. Na das fängt ja gut an! Eine Entscheidung war indes schnell gefällt, sollte doch unser Team am Verpflegungspunkt Glasbachwiese bei km 17,7 auf uns warten. Raus aus den dicken Socken, das Füßlein abkleben und die dünneren Strümpfe an. Glücklicherweise standen unsere Freunde auch wirklich dort, winkten, riefen und schwenkten die mitgebrachte Lampertheimer Fahne. "Sockenwechsel! Tapen!" bellte ich, und wie bei der Formel-1 werkelten unsere Betreuer in Windeseile, während ich mir ein Butterbrot mit Schnittlauch und zwei Becher heißen Tee genehmigte. Der Rennsteiglauf ist berühmt für seine hervorragende Verpflegung, zu Recht, wie ich gerade feststellte. Neben Tee gab es noch Mineralwasser, ISO-Drinks, Cola, Schmalzbrote, Haferschleim und sogar Bratwürste (immerhin teilten sich ab Schnepfenthal auch die 35 km Wanderer die Strecke mit uns) die Leute an den Getränke- und Verpflegungsstellen waren gut drauf, hilfsbereit und professionell. Nachdem mein "Ballerina-Füßchen" fachgerecht versorgt war, ging es weiter. Das Wetter war unser Wunschwetter: bedeckt, angenehm frisch, aber trocken. Meinen Herzfrequenzmesser habe ich auch abgegeben, nachdem ich meinen Rhythmus nach einer guten Dreiviertelstunde endlich gefunden hatte. Er baumelte sowieso schon in Nabelhöhe und wäre bloß eine Belastung gewesen. Mit einem geschätzten Tempo von 6:20 zockelten wir durch Wald und Flur. Ständiger Begleiter dieses Laufes war Richards leises Flüstern und Murmeln: "Langsamer, halber Schritt. Nimm Zitrone, nimm zwei Becher Wasser, lass die Bananen, nimm lieber Äpfel, trampel nicht so, kleine Schritte, kuck mal die Aussicht. Gleich kommt der Inselsberg (das "s" gehört wirklich dahin) usw. usw. Um eine solche Strecke auch mental bewältigen zu können ist es angebracht, sie in Abschnitte einzuteilen. Absolut tödlich wäre das beliebte Rückwärtszählen: Nur noch 73 km, nur noch 54 km usw. usw. auch das "ab jetzt nur noch ein Marathon" ist nicht zu empfehlen. Ich habe mir lieber markante Punkte ausgesucht, die ich als Zwischenziele anvisiere: als erstes den großen Inselsberg bei km 26, der mit seinen 916m auch eine der ersten Bergprüfungen darstellt. Danach die knapp 30 km bis nach Oberhof. Dann kommt noch einmal ein dicker Brocken: der große Beerberg, mit seinen 982m, gleichzeitig höchster Punkt der Strecke. Ist dieser erst bezwungen, dann lockt bereits das Ziel in Schmiedefeld. Doch das ist alles noch Zukunftsmusik. Im Augenblick traben wir durch einen lichten Wald, genießen die Sonnenstrahlen und die zum Teil atemberaubende Aussicht und passieren die Getränkestelle Dreiherrenstein bei km 21. In Kürze beginnt der Aufstieg zum großen Inselsberg. Ich fühle mich wohl, das Tape-Band erfüllt seinen Zweck und auch mein nervöser Darm hat sich endlich beruhigt. Dann geht es auch schon los: vor uns erhebt sich eine steile Rampe und verschwindet hinter der nächsten Kurve in Richtung Stratosphäre. Eine lange bunte Menschenkette trottet hinauf. Ja, liebe Marathonläuferinnen und Läufer, "trottet!" habe ich gesagt. Bei Ultraläufen im Gebirge gab es noch nie Diskussionen um Gehpausen. Sie sind, wenn man nicht gerade Charly Doll oder Birgit Lennarz heißt und den Rennsteig in einer Zeit absolviert, die eher an einen Marathon erinnert, kein Thema. Es gibt Streckenabschnitte da gehen alle. Wer hier übermütig mit seinen (noch) frischen Reserven Raubbau treibt, der wird später dafür bezahlen. Richard fällt bereits kurz vor der Steigung vom Trab in einen gemütlichen Wanderschritt. Ich hebe erstaunt den Kopf. "Bereits vor der Steigung gehen und auf dem Scheitelpunkt auch noch ein paar Meter, das treibt den Puls nicht so hoch, als wenn du dich vom Berg ausbremsen lässt". Klingt plausibel außerdem wären wir mit den kurzen Steppschritten, die dieser Buckel einem Jogger erlauben würde, auch nicht schneller als im Walkingschritt. Plötzlich eine sanfte, höfliche Stimme hinter uns: "Entschuldigung, wir brauchen etwas mehr Platz." Bereitwillig lassen wir und die anderen eine Lücke und freundlich dankend traben zwei Männer an uns vorbei. Sie halten mit einem Strick Verbindung zueinander und der eine gibt leise Hinweise an seinen Partner. Dieser trägt auf dem Rücken ein Schild mit der Aufschrift "Blind". Kraft-

146

voll und zügig traben die beiden den Inselsberg hoch. Über Wurzeln, Abflussrinnen, Steinplatten und Schotter. Es wird ganz still um uns herum. Haben wir vorhin über unser Füßlein gejammert? Passt uns vielleicht das Wetter nicht? War vorhin der Tee zu heiß? Was sind wir doch für Kleinkrämer. Später erfahre ich, dass es Vater und Sohn waren, die uns hier ein Beispiel für grenzenloses Vertrauen und für wahrhaftigen Teamgeist gegeben haben. Die beiden waren übrigens Stunden vor uns im Ziel. Das Gehen am Berg erlaubt mir trotz der enormen Steigung, wieder zu Kräften zu kommen. Ich kann sogar meinen Laufkumpel anpflaumen: Richard wehe: Feuerwehrmann, Ultraläufer und. Lügenbaron! Von wegen, auf dem Rennsteig gibt es nicht solche Rampen wie in unserem Trainingsrevier im Odenwald! Alles Schwindel, die sind sogar noch steiler als die Melibocuswege! "Eben", grinst Richard, "so wie zuhause sind die nicht." Manchmal könnte ich ihn aber wirklich! Der Große Inselsberg präsentiert sich völlig untypisch in schönstem Sonnenschein. Der Wind heult in der außerirdisch aussehenden, gigantischen Antenne, ein düsterer Radardom daneben lässt Erinnerungen an gar nicht mal so alte Zeiten wieder aufleben. Unsere Laufschuhe trappen über real existierenden sozialistischen Beton voller Sprünge und Flecken. Die Aussicht ist einfach überwältigend! Doch unsere Augen müssen sich losreißen, denn jetzt kommt die berüchtigte Holztreppe am Inselsbergabstieg. Zwar nur kurz, aber bei Nässe tückisch glatt! Heute ist es trocken und wir hoppeln wie Figuren aus der Augsburger Puppenkiste hinunter. Kurz nach dem Gipfel erreichen wir die Verpflegungsstelle Grenzwiese bei km 27. Ich laufe die abschüssige Strecke hinunter und gröle amerikanische Kadenzen wie ein US-Marine. Dafür bin ich bekannt und (wahrscheinlich zu Recht) gefürchtet. Aber es erleichtert unserer Mannschaft das Auffinden ihrer Schützlinge, ist doch hier am sogenannten Verpflegungspunkt mehr los als auf dem Oktoberfest (das Bier ist aber billiger). Wir tanken auf, lassen uns loben ("gut schaut ihr aus") winken der Trachtenkapelle zu, die bedeutend bessere Marschmusik produziert als ich und machen uns wieder auf den Weg. Fröhlich stürme ich los, wollte schon wieder anfangen zu grölen. Richard bremst mich ab: "bleib in de Hosse! Heb dir was auf für die Schmücke!" Ach Richard, mir geht's doch einfach gut! Aber ich passe mich doch lieber an. Zu jung ist die Strecke, zu viel kann mir noch passieren. Der Rennsteig ist jetzt ein herrlicher autobahnbreiter Waldweg, gesäumt von hohen Fichten. An wichtigen Punkten stehen die Frauen und Männer von der Bergwacht, Sanitäter, Ärzte und Masseure. Man merkt, dieser Lauf ist schon Tradition. Die Organisation ist wirklich beeindruckend. Immer wieder passieren wir die typischen Giebelhäuschen, die dem Wanderer Schutz bieten. Besonders gefallen mir die Wegweiser hier im Thüringer Wald. Sie sind aus Astgabeln gefertigt, besitzen ein eigenes Dach und sehen einfach wunderschön aus. Also liebe Thüringer: ihr braucht keinen Schwarzwald und kein Allgäu zu fürchten, euer Thüringer Wald ist ein herrliches Stück Europa! Wir traben über recht ebenes Geläuf in Richtung Oberhof, mein nächstes Zwischenziel. Unser Team kämpft sich unterdessen über Nebenstraßen, schlammige Feldwege und durch Dörfer und Weiler ebenfalls dorthin. Richard sagt, die Strecke bis Oberhof wäre im Großen und Ganzen eher flach, man könne das nutzen, um sich zu erholen. Richard ist ein zuverlässiger, treuer und gewissenhafter. Schwindler! Späßle g'macht, die Strecke ist wirklich ziemlich flach, abgesehen von den Steigungen (!) Kilometer 37,4 Halbzeit! Bergfest! Wir sind 4:30h unterwegs. Hier ist die Grenze. Ab hier betrete ich den Weltraum, unendliche Weiten. Noch nie bin ich länger gelaufen als viereinhalb Stunden. Was passiert jetzt? Wie wird es mir ergehen? Wer oder was lauert jenseits dieser Mauer? Zunächst einmal die Verpflegungsstelle Ebertswiese mit Discomusik und einem sehr theatralischen Streckensprecher ("wir sind ein Staaaat!") doch der feierliche Herr sagt uns auch, dass noch 300 Läuferinnen und Läufer hinter uns sind und das gibt mir doch noch Hoffnung, dass ich noch kurz vor dem Letzten über die Ziellinie witschen kann. Ich steuere eine der zahlreichen Buden an, zaubere aus zwei halbvollen Teebechern einen vollen, mache das mit Wasser noch mal, esse eine Apfelschnitte, sauge ein Stück Zitrone aus und greife mir einen Becher Schleim. Der Schleim schmeckt klasse, ist warm und soll angeblich den Magen beruhigen. Bei dieser Art von Ernährung ein durchaus erwünschter Nebeneffekt. Das Trinken, Knabbern, Lutschen und Schleimschlabbern geschieht im Gehen. Stillstand ist für maximal zwei Minuten erlaubt. Der Coach ist hart! Zu langes Pausieren führt bloß zu Anlaufschwierigkeiten.

Richard hasst Haferschleim. "Musst du das Zeug auch noch so gierig in dich reinschütten?" fragt er mit säuerlicher Miene. "Ging nicht anders", antwortete ich fröhlich, ". War am Stück!" Angewidert schüttelt er sich und trabt langsam weiter. Sehr wichtig: nach Gehpausen langsam und mit schleifender Kupplung wieder anlaufen, das verhindert Zerrungen und beugt Krämpfen vor. Kilometer 42! Noch zwei Minuten und ich bin einen Marathon gelaufen. Knapp fünf Stunden habe ich gebraucht. Doch noch immer passiert nichts dramatisches. Klar, die Beine spürt man schon, aber das kenne ich bereits vom Training. Ansonsten keine bösen Überraschungen (toi, toi, toi). Vor uns geht wieder alles im Schritttempo. Wir sind am Sperrhügel angekommen, ein markanter Buckel, der seinen Namen absolut zu Recht trägt. Ein Prozent mehr Steigung und wir bräuchten Seilsicherung! Krämer übertreibt natürlich wieder, aber ein steiler Zahn war der Haufen schon. Soviel zur flachen Strecke bis Oberhof. Hier herrschte typisches Rennsteigwetter: der Himmel bezieht sich mit dunklen Regenwolken, von Westen fegt ein kalter Wind durch die Armlöcher meiner klitscheklatschenassen Jacke. Ein Husky überholt mich rechts, er zerrt einen Läufer hinter sich her und ignoriert uns mit verächtlichem Gleichmut. Es gibt Hunde, die gefallen selbst mir altem Hundefeind. Richard ist ins Loch gefallen. Mental gesehen. Stumm läuft er neben mir her. Verkniffener Mund, eingezogener Hals, wie eine beleidigte Schnappschildkröte. Ich mache einem BMW-Läufer Platz. Was das ist? Einer der auf der Überholspur angebrettert kommt natürlich! Dabei gerate ich Richard zu nahe, trete ihm fast den rechten Schuh von der Ferse, was ein gehässiges Steinchen flugs dazu ausnutzt, in den Schuh zu hüpfen. Anhalten, Schuh ausziehen Steinchen in die Freiheit entlassen und Schuh wieder anziehen. Eine Läuferin bewundert Richards Fähigkeit, sich jetzt noch so bücken zu können. Ich entschuldige mich wortreich aber Richard grinst schon wieder. Der Vorfall hat ihn endlich wieder aufgeweckt. Ich schaue auf die Uhr: unglaubliche 6:15h bin ich jetzt schon unterwegs! Erstaunlich wie gut es mir noch geht. Dann kommt der Doktor! Er kündigt sich durch ein merkwürdiges Schrittgeräusch, das an das Zischen einer Dampflok erinnert, an: Tschak-tschak-tschak-tschak-tschak macht es hinter uns, und es überholt uns der verkrampfteste Vorfußläufer, der jemals von Doktor Pabst bekehrt wurde. Anscheinend hat er sich Reißzwecken oder Steine in den hinteren Teil seiner Schuhe getan, um sich nur ja den einzig richtigen und wahrhaftigen Laufstil anzueignen. Er tänzelt auf den Spitzen an uns vorbei wie ein nervöses Rennpferd oder eine betrunkene Ballerina beim Nachhauseschleichen. "Der tut sich doch weh" ist Richards Kommentar und spontan ehren wir den unbekannten Laufkameraden mit einem akademischen Spitznamen. Der "Doktor" fiel an Steigungen und selbst auf Flachetappen heftig in sich zusammen, wir ziehen an ihm vorbei, nur um beim nächsten Gefälle wieder von der Dampflok überholt zu werden. Hallo Knie, hallo Wade, hallo Sprunggelenk. Richards Trinkflasche läuft vor uns her: ein Läufer, dessen Outfit heftig an die Farbe seiner alten Rennsteigflasche erinnert. Auch die schwere Kavallerie ist schon seit längerem unser ständiger Begleiter: Ab Schnepfenthal benutzen die Teilnehmer der 35km Wanderung die gleiche Strecke. Alpine Gehstöcke aus Raumfahrtmaterial neben traditionell mit Stocknägeln beschlagenen Spazierstöcken, Loden neben Goretex und Rucksäcke in allen möglichen und unmöglichen Farben und Formen. Baseballkappen und Gamsbärte friedlich vereint. Das gefällt mir, wir sind alle wegen der herrlichen Natur hierher gekommen. Sie winken und grüßen uns, wünschen uns Glück und machen bereitwillig Platz, wenn wir "Verrückten" kommen. "Wo kommen die Läufer her?" höre ich ein kleines Mädchen fragen als ich eine ganze Gruppe überhole. "Die sind um sechs Uhr in Eisenach losgelaufen" antwortet ihr ein Mann. "Das glaub ich nicht!" quiekt die Kleine und ich glaube es eigentlich auch nicht. Ich beneide die Wanderer fast ein wenig, als ich eine Familie sehe, die an einem Aussichtspunkt gerade eine deftige Brotzeit macht. Wir bunten Läufer in den kurzen Höslein hecheln weiter, weiter, weiter. Das Wetter wird schlechter, mein beliebter Wintertrainingsspruch "Weddä-wädd-bessä" kommt auch nicht mehr so gut an. Die Strecke wird jetzt richtig urig: Der Rennsteig ist hier nur noch ein Pfad, der sich über Wurzeln und Steine mitten durch den regendunklen Tannenwald schlängelt. Wir tappen mit großem Abstand hintereinander her. Nicht mehr weit bis zum Grenzadler. Dort treffen wir wieder unser Team. Fast sieben Stunden sind wir jetzt unterwegs. Ich fass es nicht. Sieben Stunden sind fast ein Arbeitstag. Endlich der Grenzadler! Riesenrummel! Ich schmettere wieder martialische Gesänge, zwei Amerikaner neben mir schreien begeistert auf, überhäufen mich mit einem Schwall englischer Sätze und können nicht glauben, dass ich ein echter Kraut bin. Unsere Freunde entfalten ein Transparent mit einem Gruß von Anni und Peter, guten Laufkameraden aus Lampertheim, die leider nicht mitgefahren sind. Wir machen Fotos, ich patsche frische Vaseline auf meine Brustwarzen. Bloß keine Pflaster! Die gehen nach wenigen Kilometern meistens ab. Vaseline ist das Beste! Als ich das T-Shirt hochkremple, fegt der kalte Wind um meinen Oberkörper. Alles ist klamm und nass und von Westen rollen neue Schauerstaffeln an. Oberhof! Hier kann man auch mit Wertung aussteigen, aber daran ist nicht zu denken. Es geht mir erstaunlich gut, anscheinend haben wir uns bis jetzt die Kräfte ganz gut eingeteilt. Es ist 13:15 Uhr als wir uns von den Freunden verabschieden. Runter nach Oberhof und dann rauf zum großen Beerberg und auf die Schmücke. Das letzte Zwischenziel vor Schmiedefeld! Als wir am Rondell gerade das hässlichste Streckenstück, eine

153

Baustellenquerung, unter die Sohlen nahmen, bemerkte ich einen Kerl in einer Aldilaufjacke, der gerade die Absperrung überklettert. "Das ist doch." denke ich erstaunt, da rennt er auch schon lachend auf mich zu: Ralf Rau, ein guter Freund und Laufkamerad, der in Eisenach zurzeit zu Besuch weilt und es sich nicht nehmen ließ mit Lebensgefährtin und Kindern die ganze Strecke bis hierher zu fahren, um im Regen auszuharren, bis wir irgendwann aufkreuzen würden. Ehrensache, dass hier kurz angehalten wird. Ralf trabt anschließend ein kurzes Stück neben uns her. Jetzt ist er auch ein Rennsteigläufer, necken wir ihn. Der Anstieg auf den 982m hohen Beerberg ist heftig und völlig verregnet. Die Wege glatt und tückisch, voller Steine und Wurzeln und Felsplatten. Wer hat da gesagt, der Rennsteig sei kein richtiger Crosslauf? Ich baue langsam ab. Die Pause in Oberhof war etwas zu lang, das Grölen und Schulterklopfen, das gemütliche Butterbrotessen im Stehen, all das hat mich wohl etwas aus dem Takt gebracht. Richard dagegen läuft gerade zur Hochform auf. Er ist fröhlich, versucht mich aufzumuntern und man merkt ihm an, dass er es jetzt so richtig rollen lassen könnte. Wäre da nicht die Marathonne, mittlerweile müde und mit hängendem Kopf, nur noch automatisch antwortend, einsilbig und mit schleppendem Schritt. Bisher war es immer Richard, der das Kommando zum Gehen gegeben hat. Nun falle ich immer öfter auch auf den leichteren Abschnitten ins Schritttempo.

Nur noch ein Gedanke beherrscht mich: ab der Schmücke geht's nur noch bergab! Kurz vor dem Gipfel des Beerberges die Getränkestelle Suhler Ausspanne. Viele Kinder sind hier als Helfer. Ein Bub begrüßt jeden einzelnen Teilnehmer lautstark mit den Worten "Herzlich willkommen an der Suhler Ausspanne! Tee, Wasser, Iso!" Er baut mich wieder etwas auf, ich genieße die kurze Pause, schlürfe heißen Tee und versuche meine Magenschmerzen zu verdrängen, die ich seit einer Stunde habe. Irgendetwas vertrage ich wohl nicht. Irgendetwas von der bizarren Mischung, die ich nun schon den ganzen Tag in mich hineinschütte und stopfe. Weiter geht's, die Schmücke ruft. Richard hat erzählt, dass auf der Schmücke einer sitzt, der jedem zuruft, dass es ab hier nur noch bergab geht. Ich liebe diesen Menschen, ich kann es gar nicht erwarten, ihm zu begegnen! Endlich der Beerberg! Ein Schild mit der Aufschrift "Höchster Punkt der Strecke" zieht vorbei. Ich werde wieder apathisch, trotte hinter Richard her, stiere auf den Boden. Vorne höre ich Bravorufe in seltsam vertrautem Dialekt, ich registriere es kaum noch. Richard knufft mich in die Seite: "Das sind doch deine Leute da vorne!" Ich erwache, sehe Ralf und seine Angelika und drei begeisterte Kinder, die abklatschen und Bravo rufen. Ich danke euch! Das hat mir da oben in dem grauen, nebligen, nassen Wald mehr geholfen als alles Training zusammen. Richard ist ganz begeistert. "Das sind Freunde" sagt er anerkennend. Ich bin wieder auferstanden. Am Verpflegungspunkt

Schmücke gibt's auch Sportriegel. Rein damit trotz heftiger Magenschmerzen. Egal, ich brauche die Energie jetzt. Jeder Schritt schmerzt, es ist ein Gefühl als hätte ich einen Stein im Bauch. Der Kerl auf der Schmücke, der jedem sagt, dass es nur noch runter geht, war übrigens nicht da. Bestimmt haben sie ihn verhaftet, weil er die Leute angelogen hat, es geht nämlich schon wieder bergauf. Es sind möglicherweise meine eigenen Sinne, die lügen oder aus jedem kleinen Hügelchen gleich einen Everest machen. Leute, ich bin einfach fertig! Zu allem Unglück begleitet uns jetzt auch noch die Straße ein Stück und andauernd kommen uns die Shuttle-Busse nach Eisenach entgegen. Wir winken und klatschen und manche der Busfahrer hupen freundlich zurück. Wenigstens wird das Wetter wieder schöner. Die Sonne blinzelt durch die Wolken und wir traben auf fast ebenem Weg in Richtung Schmiedefeld. Ja ich trabe! Wie ein Motor springen meine Beine nach jeder Steigung wieder an und verfallen ganz ohne mein zutun in einen gleichmäßigen Zuckeltrab. Ich bin so platt wie ein Autobahnigel und höre schon gar nicht mehr hin, wenn Richard etwas sagt. Reizbar wie ein angeschossener Grizzly und mürrisch wie ein Hausmeister dackele ich durch eine herrliche, sattgrüne Landschaft. Weit voraus steht ein Schild: "70km" steht darauf. Es ist keine Geschwindigkeitsbeschränkung, es ist auch kein Wegweiser, es ist eine Kilometertafel. 70 Kilometer bin ich jetzt gelaufen. Vier habe ich noch vor mir und ein paar hundert Meter. Richard deutet stumm auf das Schild.

Ich nicke. Ich weiß, er will es mir zeigen, er will dem Typ mit dem glasigen Blick und dem Wackelkopf klarmachen, dass es nur noch vier Kilometer bis ins Ziel sind. Vier Kilometer! Mensch Richard, hast du eine Ahnung was für eine gewaltige Strecke vier Kilometer sind? "Loch: Schmiedefeld!" verkündet er nun und deutet hinunter ins Tal. Tatsächlich! 800m Luftlinie trennen mich noch vom Stadion und vom Ziel meiner Träume und was mach ich? Ich muss noch drei Kilometer durch den Wald schlappen bis ich endlich zusammenbrechen darf! An der letzten Getränkestelle haben wir Cola genommen und so langsam merke ich die Zuckerbrühe in der Muskulatur. Warm und prickelnd schießt neue, trügerisch kurze Kraft, in die schmerzenden Adduktoren, in die Oberschenkel und die Waden. Der Zucker holt mich endlich aus meiner Lethargie, ich stoße Richard an und sage grinsend: "du Sack, du hast es tatsächlich geschafft, mich über den Rennsteig zu scheuchen." Richard tat sehr erschrocken, glotzt mich an und ruft: "es kann sprechen! Es lebt! Es bewegt sich!" Noch einen Kilometer! Läufer begegnen uns, Feuern uns an, klatschen Beifall, strahlen mit mir um die Wette. Ich behalte das Tempo bei. Angeber-Endspurt gibt's heute nicht. Sauber ankommen war mein Ziel, sauber, aufrecht und mit Stil. Mit dem Stil ist das so eine Sache, denn aus dem Bauch steigt ein merkwürdiges Kribbeln auf, bahnt sich einen Weg in Augen und Nase. "Fang bloß nicht das Plärren an, da muss ich nämlich mitmachen!" warnt mich Richard. Aus dem Plärren wird nix, obwohl mir das egal gewesen wäre, lange genug war mir zum Heulen, jetzt hätte ich vor Glück geweint. Ein Polizist hindert uns mutig daran, am Ziel vorbeizulaufen und weist uns lachend den rechten Weg. Seite an Seite traben wir auf das Ziel zu. Da sind unsere Freunde: Martha, die zwei Angelikas, Leonore, Kalle, Ralf, die Kinder, alle erwarten uns jubelnd und lachend. Jemand drückt mir die Lampertheimer Fahne in die Hand, ich schwenke die rot-weiß-rote Flagge wild hin und her, erwische des armen Richards Meckikopf (nur ganz leicht!!) und höre endlich das Pfeifen der Zielmatte! Es ist 15:35 Uhr; es ist Samstag, die Sonne scheint und ich habe meinen ersten Ultralauf hinter mir! 09:35:41 zeigt die Uhr. Richard hat mir die Prügel mit der Fahne verziehen, alles ist ein einziges Umarmen, Händedrücken und Küssen. Schön, wenn man solch einen Empfang hat. Schön, wenn ein solcher Lauf von so guten Freunden unterstützt wird. Martha hat Bier geholt. Wir stehen auf der Wiese herum, ich nippe vorsichtig an dem schwarzen Gebräu. Schaue mich um: Das Stadion in Schmiedefeld gleicht einem Rummelplatz. Wie überall auf der Strecke beeindruckt auch hier die gute Organisation. Kompliment an den GutsMuths Rennsteiglauf: mein erster Ultra hat gute Chancen auch mein schönster zu sein und zu bleiben. Etwas schüchtern spricht mich ein junger Mann an: "Schreibst du die Artikel in Runner's World?" als ich nicke, gratuliert er mir und sagt, dass er mir für diesen Lauf die Daumen gedrückt hat. Ich danke ihm, aber was dieser Satz für mich bedeutet, konnte ich ihm bestimmt nicht vermitteln. Deshalb nochmals an dieser Stelle meinen Dank. Es ist einfach schön, wenn man von fremden Menschen solche Anteilnahme erfährt! Für Euch schreibe ich, und Euer Kamerad zu sein ist für mich der schönste Lohn. Betrachtet meine Geschichten auch als ein ganz dickes Daumen- drücken für eure eigenen sportlichen Erfolge. Bleibt, wer ihr seid, egal ob auf dem Vorfuß oder auf der Ferse und nehmt die ganze Lauferei bloß nicht zu ernst! Lauft für den Spaß und für die Menschlichkeit!

Laufen im Urlaub

Die Marathonne im Kampf gegen das Fünf-Sterne-Buffet

Der Jahresurlaub wird geplant. Ich träume von herrlichen Strandläufen entlang gischtender Brandung, langen Spaziergängen in Seemannspullover und Windjacke und langen Läufen unter rauschenden Windkraftwerken.

Wie gesagt, ich träume.

Die Familie, regenallergisch, sonnensüchtig und blauhimmelvernarrt, will in den Süden. In die Türkei genauer gesagt. Dort gibt es Sonnenbrandgarantie, tolle Hotels zu erschwinglichen Preisen, badewannenwarmes Meer und: Das große Fressen!

Ich füge mich meinen Lieben und unserer Urlaubskasse, die in heimischen Gefilden gerade mal für eine verregnete Bodenseewoche mit „Aldi inclusive" Verpflegung reicht. Trotz der Warnung eines türkischen Freundes vor Backofentemperaturen wurde gebucht: 14 Tage Belek in einem Riesenkasten von Hotel, fünfgesternt, dreipoolig, vollklimatisiert und halbpensioniert. Einen Fitnessraum gäbe es auch, immerhin.

So packe ich trotzig meine Laufklamotten zwischen all die Shorts, Spaghettitops, Bikinis und den unzähligen Flaschen und Tuben mit Sonnenschutz; sämtlich nach australischem Standard und hauptsächlich Faktor 25 bis 30.

Fliegen ist toll: Kein Stau auf der Autobahn dämpft die Vorfreude, man kann Mikrowellenpampe futtern. Man kann, sanft begleitet vom infernalischen Rauschen der Bordbelüftung, ständigen Ding-Dong-Durchsagen und dem Gebrüll der schätzungsweise 81 Kleinkinder, ein Nickerchen machen. Man bekommt rasch Kontakt zur penetrant nach 4711 duftenden linken Nachbarin, bzw. zum biertrinkenden Ellbogenstoßer rechts von mir. Das Fegefeuer der Antike heißt im neuen Jahrtausend Mittelsitz im Charterbomber. Wie schön kann doch so ein richtig langer A8-Stau sein.

Nach dem zweistündigen Gedrängel vor der türkischen Passkontrolle folgt der Kampf durch hochsaisonales Gewusel auf dem Busparkplatz. Dank hervorragender Organisation landen wir sogar im richtigen Bus. Herrlich, wenn das klatschnasse T-Shirt in der Gefrierfachkälte des Fahrzeuges langsam am Körper trocknet.

Nach 45 Minuten erreichen wir endlich unser Domizil. Das Hotel sieht wirklich Klasse aus, Pagen schleppen das Gepäck, die Halle ist größer als der Ankunftsbereich des Flughafens, das Einchecken eine Sache von Minuten und das Familienzimmer fast schon eine kleine Suite. Bingo!

Wo ist der Fitnessraum? Raus aus dem Haus, die Keule schwülwarmer 38 °C erwartet und ertragen und rein ins Hauptgebäude: Fitnessräume befinden sich meist in Kellern oder irgendwelchen anderen muffigen Ecken. Der Mann hinter dem Desk deutet folgerichtig auf den Fahrstuhl und zeigt nach unten. Fahrstuhl, pah! Das Hotel hat nur sechs

Etagen, so tief kann der Hades gar nicht sein. Der „Keller" entpuppt sich dann glücklicherweise als das Gartengeschoss, da das Hotel in leichter Hanglage erbaut wurde. Der Fitnessraum mit benachbartem Saunabereich ist ein richtiges kleines Studio. Direkt daneben, das Hallenbad. Wer, beim Barte des Propheten, braucht in der Türkei ein Hallenbad? Antwort: alle die einmal richtig erfrischend planschen oder schwimmen wollen. Der Hallenpool ist die einzige Möglichkeit, dem dampfenden Aquapark im Hotelgarten und dem 28°C warmem Mittelmeer eine erträglich frische Wassertemperatur von 24°C entgegenzusetzen.

Ich atme auf: der Fitnessraum ist gut bestückt mit zwei Laufbändern, zwei Ergostramplern, zwei Steppern, einem Rudergerät und einem mächtigen „Muckiturm" für die diversen -zepse. Alles modernstes amerikanisches Equipment. Dies wird für die nächsten 14 Tage meine Heimat sein. Ich bin versöhnt und beschließe täglich einen Triathlon zu absolvieren. Einen zerstückelten natürlich, denn ich bin die Marathonne und nicht Lothar Leder. Soll heißen: morgens um sechs eine Stunde schwimmen. Mittags 40 Km Radfahren auf dem Ergobike und anschließend eine Stunde laufen auf dem Band. Da kann ich dann auch beim Abendessen ruhig mal über die Stränge schlagen. Nun muss man wissen, dass sich meine Schwimmkunst in großväterlichem Bruststil mit hochgerecktem Kopf bzw. wüst geplanschtem Pseudokraulen erschöpft, welches ich einmal jährlich im Urlaub „trainiere". Dennoch erschien ich am nächsten

Morgen am Strand um den ersten der dreizehn geplanten „Triathlons" zu absolvieren. Das Meer war spiegelglatt, kein Motorboot, kein Jetski und kein Schwimmer störte die jungfräuliche Oberfläche. Der Badebereich war durch eine Bojenkette markiert. Ein erstes Abschreiten ergab eine Länge von ungefähr 200 Metern. Die 50 Meter bis zur äußeren Absperrung legte ich in wenigen Minuten zurück. So, jetzt siebenmal die Kette entlang und die 1400 Meter wären abgehakt. 200 Meter können ganz schön lang sein. Ich trug eine Schwimmbrille und diese erlaubte mir zwischen dem Luftholen kurze Blicke in blaugrüne, bodenlose Tiefen. Gibt es Haie im Mittelmeer? Antwort: ja! Sogar große Weiße. (Schluck) prustend spie ich die salzige Brühe wieder aus. Die ersten 200 Meter waren geschafft. Angst vor Haien ist Blödsinn. Auf der ganzen Welt sterben jedes Jahr ganze drei Menschen durch Hai-Attacken. Statistisch gesehen. Außerdem kommen Haie selten in Strandnähe. (Selten!) sie reagieren empfindlich und verschreckt auf den Lärm von Motorbooten, planschenden Badegästen und Fischkuttern. Wieder ein Blick in die blaugrüne Tiefe. Ist da nicht ein Schatten? Das Meer ist ruhig. Keine Motorboote zu solch früher Stunde, keine planschenden Badegäste und Fischkutter gibt es hier auch nicht. Nur mich: einen plumpen, lärmenden Oberflächenschwimmer, dessen Schwingungen die sensible Seitenlinie eines Raubfisches noch in drei Kilometer Entfernung wahrnehmen kann. Die zweiten 200 Meter sind mittlerweile auch geschafft. Wäre dies ein Film, so würden die entsetzten Zuschauer sicher diese dumpfe Musik hören, die stets nahendes Unheil ankündigt: Brumm. Brumm. Brumm Brumbrumbrumbrum. Ein Blick zum Strand: Niemand zu sehen. Seit einer halben Stunde gab es Frühstück. Da, der Turm des Rettungsschwimmers. David Hasselhoff schien auch gerade zu frühstücken. Wenigstens hatten sie keine Glocke, die ein Roy Scheider wild „Hai, Hai!" brüllend läuten konnte. Ich werde müde, die Arme tun weh und ich gehe wieder zum Brustschwimmen über. Bloß nicht die Beine zu tief hängen lassen! Noch ein Blick nach unten: blaugrünes Nichts, keine Schatten, keine dumpfe Musik, keine kleinen Fischlein nicht einmal eine der hier häufig vorkommenden Seeschildkröten. Oder war sämtliches Getier nur geflohen? Vor der einen, großen Gefahr? Vor dem Grauen aus der Tiefe? Ein gar nicht mal so schlechter Kraulspurt bringt mich ans rettende Ufer. Nicht weil ich Angst gehabt hätte. Nein, aber ich komme zur Erkenntnis, das Duathlon wohl doch der bessere Sport für eine Bleiente, wie mich ist. So beschränke ich mein Wassertraining während des Urlaubs auf mittägliche Wasserschlachten mit meinem Sohn und auf die Bauchmuskelübungen aus dem Juli-Heft von Runner`s World. (Das zieht tatsächlich heftig rein!)

Nachmittags, so gegen 16 Uhr, wenn selbst hartgesottene Sonnenanbeter der drückenden Hitze den rotgebrannten Rücken kehren, meine Kinder die Klimaanlage auf Volllast schalten, damit der Fernseher nicht überhitzt und meine

Frau fröhlich ihre Liege nach der Sonne ausrichtet (sie muss ein Reptil unter ihren Vorfahren haben), trolle ich mich in Richtung Fitnessraum. Zwei Buddels in die Halterungen, Handtuch in Reichweite, Tempo bei 9km/h justiert und nach einer Stunde habe ich laut Anzeige des Gerätes 780 Kalorien verbrannt, ziemlich genau 1,5 Liter Flüssigkeit in Form von Schweiß über das Gerät verteilt und ein paar Russen, die am „Muckiturm" trainierten, davon überzeugt, dass die Teutonen wirklich bescheuert sein müssen. Die Klimaanlage ist nicht in Betrieb, da nach Aussage des Betreuers, die meisten Sportler den Eishauch im Genick als eher ungesund betrachten. So schaffen nur zwei große Miefquirle an der Decke eine leise Illusion von Frische. Immerhin ist der Raum nur mäßig frequentiert, so dass die Temperatur auf einigermaßen erträglichen 28°C bleibt. Nach dem Lauf, erklettere ich das Standfahrrad, stelle Sattel und Lenker ein und wähle ein halbstündiges Hügeltraining im mittleren Bereich. Dies ist richtig was für Masochisten: stiert der Laufbandrunner gegen eine leere Wand, so stehen die Ergos vor der Glasfront zum Hallenbad, wo der schwitzende Strampler fröhlich spielenden Kindern zuschauen darf. Ganz zu schweigen von der Saunabar, an der sich die Benutzer in verlockend beschlagenen Gläsern Säfte und Wasser servieren lassen.

Am nächsten Tag geht es eine Stunde aufs Rad und eine halbe auf das Laufband. Aus der leeren Wand vor mir mache ich im Geiste einen Bildschirm und spule darauf meine

Hausstrecke ab: durch Felder, Wiesen und Wälder meiner Heimat. Es regnet immer, es weht immer ein leichter Wind. Die Kilometeranzeige des Laufbandes zeigt mir, wann die Brücke über die Eisenbahnlinie erreicht ist. Ich drücke die „Incline"-Taste um die Steigung zu simulieren: Zahlen erscheinen. Bei 15 stoppt die Anzeige. Keine Ahnung, was das für eine Steigung ist. Ein Elektromotor summt. Langsam hebt sich das Band. Ich bringe den Körper in leichte Vorlage, schwinge die Arme stärker. Das Band hebt sich weiter. Ich gehe zum Vorfußlauf über, der Atem geht stoßweise. Das Band hebt sich weiter. Meine Körpervorlage erinnert jetzt schon an den Glöckner von Notre Dame, die Füße stampfen, ich keuche. Das Band hebt sich weiter. Wo führt das hin? Ich fürchte direkt zur Eiger Nordwand. Die Geschwindigkeit nehme ich nicht zurück. Bin doch kein Warmduscher! Ups, jetzt langt's aber! Runter mit der Steigung! Mit zitterndem Finger drücke ich den Knopf. Doch genau so langsam, wie es aufwärts ging, geht es jetzt wieder zurück. Meine Beine knicken weg, ich stütze mich auf den Handlauf, lass die Füße in der Luft baumeln, ringe nach Luft. Endlich erreicht die Maschine wieder die Nullposition! Jetzt nehme ich das Tempo doch etwas zurück, trabe schnaufend und triefend im 8 km/h Tempo. Anerkennende Blicke von nebenan. Ha ha, der Kollege denkt, ich habe das mit Absicht gemacht. Ich lasse ihn in dem Glauben. Man hat ja schließlich seinen Stolz. Nach vier Tagen auf dem Laufband komme ich zur Erkenntnis, dass ich hier genauso schwitze, wie draußen. Draußen gibt es aber Sauerstoff und eine entschieden bessere Aussicht als auf eine gelbe Raufasertapete mit dem gerahmten Spruch: „Bitte nach Benützüng die Gerate reinigung!"

Dem Hotel gegenüber befindet sich ein ausgedehnter Pinienwald. Ein Netz von Sandwegen zieht sich völlig planlos kreuz und quer hindurch. Hier gibt es wildlebende Schildkröten, deren Spuren man hier auf Schritt und Tritt begegnet. Schlangen soll es hier auch geben.

Am nächsten Nachmittag geht es los: Flasche im Holster, Sonnenbrille und -creme auf der Nase, Mütze auf der Mönchsglatze und vorbei am staunenden Wachpersonal der Hoteleinfahrt. Etwas habe ich vergessen: Ohrenstöpsel! In den Wipfeln der Pinien lärmen Grillen, so groß wie Schäferhunde! Es müssen Tausende sein. Sie erzeugen nicht das rhythmische Zirpen unserer heimischen Insekten, sondern einen sägenden Dauerton von immenser Intensität, der am ehesten noch zu einem durchgedrehten Heimwerker im Black & Decker-Rausch passen würde. Der Boden ist sandig, Spuren von Laufschuhen und Fahrrädern zeigen mir, dass ich nicht der einzige bin, der sich bei solchen Temperaturen sportlich betätigt. Die recht guten Waldwege sind mit gemeinen Tiefsandetappen gespickt, die knallgelben Laufschuhe, schweißgetränkt, verwandeln sich in graubraune Kamelfüße. Ich erreiche eine Straße. Der Sonnenstand zeigt mir die Richtung: ich will eine halbe Stunde in Richtung Westen laufen, immer parallel zur Küste, um dann auf demselben Wege wieder zurückzulaufen. Ich benutze die Straße. Die Luft flimmert, der Asphalt kocht. Ich laufe auf einer heißen Herdplatte und hinter mir bläst ein gigantisches Heißluftgebläse. Ein Lastwagen donnert vorbei, Steinchen prasseln, ölig schwarzer Qualm raubt mir den Atem. Am Straßenrand glänzen stinkende Ölpfützen. Etwas weiter liegt eine tote Schlange. Fliegenschwärme umschwirren mich, die Schlange ist schon sehr lange tot. Bloß nicht genauer hinschauen! Aus weiter Ferne hallt der lautsprecherverstärkte Gesang des Muezzins von der Dorfmoschee. Orient! Wassertanks auf den Häusern, Kamele in Melonenfeldern, Maultierkarren, verschleierte Frauen, flirrende Luft, irgendwo brennt etwas. Eine Zeile von BAP fällt mir ein: „irjendwat röcht verbrannt, wat e Land.". Ich erreiche die Einfahrt des Hotels Sun Zeynap, die Uhr piept, 30 Minuten unterwegs, Zeit, umzukehren. Es geht nach Hause. Die Wasserflasche ist noch halb voll. Diesmal meide ich die glühende Straße, biege gleich in den Wald ein. Verlaufen kann man sich hier nicht. Rechts kommt man irgendwann ans Meer, links begrenzt die Landstraße nach Antalya den Wald. Der dröhnende Grillenchor empfängt mich. In den Büschen raschelt es. Schildkröten? Vögel? Schlangen!? Eine Eidechse, groß wie ein Alligatorbaby saust einen Baumstamm hinauf, beäugt neugierig das merkwürdige bunte, schnaufende Wesen. Den letzten Kilometer gehe ich nur noch, registriere erleichtert das Lärmen und die Musik der Hotelanlage. Die Flasche ist längst leer, der Kopf brummt. Ich trotte zum Strand, stelle mich in voller Montur unter eine der Duschen. Herrlich! Wasser ohne Ende! Wasser, das kostbarste Gut auf unserem Planeten. Anschließend ein entspannendes Bad im Meer. Nein, den Marathon des Sables werde ich sicher niemals mitlaufen. Viel zu sehr liebe ich die Allgegenwart von Wasser. Mein Laufhemd flattert lustig im Wind, ich stehe auf der Strandpromenade und genieße den kräftigen Seewind, der nach Salz und Wasser riecht. Morgens weht hier an der Südküste kein Lüftchen. Aber Punkt 9:30 Uhr öffnet irgendjemand hinter dem Horizont ein Fenster. Dann wird aus dem ölig glatten Dorfteich endlich ein Meer. Wellen rauschen und frische Luft vertreibt die schwüle, beklemmende Suppe. Hinter der Promenade befindet sich der Fußballplatz des Hotels: eine ca 70 mal 35m große Rasenfläche, dank Beregnung üppig und weich. An einer der Längsseiten befindet sich die „Trainerbank" eine Art Laube, von wildem Wein überwuchert, schattig und einladend.

Am nächsten Tag erscheine ich genau hier, deponiere meine Trinkflaschen und ein Handtuch in der Laube, drücke die Stoppuhr und trabe los: Immer im Kreis herum, der Boden ist herrlich federnd, der Blick schweift hinaus aufs Meer, der frische Wind fächelt um den Körper. Auf der halben Strecke wenigstens. Die andere Hälfte habe ich den Wind im Rücken, der Rasen scheint zu dampfen, die Oleanderhecken verbreiten schweren Duft. Doch die Runden sind kurz, der Boden schön eben. Hier können die Gedanken fliegen.

Eine Familie, bepackt mit Gummitieren, Luftmatratzen und Schnorchelausrüstung auf dem Weg zum Strand: sie schauen herüber, schütteln den Kopf, der Vater sagt etwas zu seiner Frau. Sie sind zu weit weg, ich weiß aber ganz genau was er da spricht: „Schau dir den Verrückten an."

Alle 15 Minuten lege ich eine kurze Pause ein, trinke vier große Schlucke und wechsle die Laufrichtung. Das ist es! Endlich habe ich mein Training gefunden. Kein miefiger Fitnessraum, kein stickiger Schlangenwald. Hier werde ich jetzt täglich laufen. Sollen die anderen doch denken was sie wollen. Strandlauf wäre doch eine Alternative, mag jetzt manch einer einwenden. Naheliegend, jedoch ist Barfußlaufen auf längerer Strecke für Ungeübte nicht unbedingt zu empfehlen, zudem fällt ein Strand immer nach einer Seite hin ab, was entweder dauernden Wechsel der Laufrichtung, oder Hüftbeschwerden nach sich zieht. In meinem speziellen Fall besteht der Strand am Flutsaum aus grobem Kies, der sehr steil zum Wasser hin abfällt. Weiter oben befindet sich tiefer Sand, der das Laufen mit Schuhen unmöglich macht und für Barfußlaufen einfach zu heiß ist. Also wird im Kreis gerannt. Am dritten Tag meines „Nudeltopflaufes" steht plötzlich einer am Spielfeldrand: ein langer Kerl mit V-förmigem Oberkörper, muskulösen Armen und Läuferbeinen. An der Hand hat er einen etwa achtjährigen Jungen. „Sprechen Sie deutsch?", fragt er vorsichtig. „Nur Deutsche sind so verrückt und laufen eine Stunde im Kreis!", antworte ich lachend. Er stellt sich vor; Sascha, heißt er, ein

Triathlet. Das habe ich mir schon gedacht. Er fragt, ob dies hier die einzige Möglichkeit wäre um zu laufen. Ich verweise auf den Fitnessraum und auf den Wald. Wir verabreden uns für den nächsten Morgen um 6:00 Uhr zu einem kleinen Lauf.

6:00 Uhr! Das heißt spätestens um 5:45 Uhr aus den Federn! Und das im Urlaub. Meine Frau ist mit mir einer Meinung: so einer kann einfach nicht ganz dicht sein. Punkt 6:00 Uhr erscheine ich am Treffpunkt Rezeption. Sascha ist schon da. Ich hinterlege meinen Schlüssel beim ungläubig schauenden Concierge und schon geht's los. Die Luft ist von der Nacht her noch einigermaßen frisch, doch als 15 Minuten später die Sonne aufgeht, schnellt die Temperatur fast augenblicklich auf lockere 30°C. Sascha legt ein gemütliches Tempo vor. Gemütlich für einen, dessen Beine fast doppelt so lang sind wie meine und der 17 Jahre jünger ist. Aber Sascha ist ein richtig guter Laufkumpel. Er hält sich immer einen halben Schritt hinter mir und passt sich nach wenigen Minuten an mein eigenes Tempo an. Trotzdem sind wir schneller unterwegs, als wenn ich alleine laufen würde. Doch zu zweit macht es eben auch mehr Spaß. Nach einer halben Stunde erreichen wir das Hotel Kaya. Ein lockerer 6er Schnitt. Wir begegnen noch mehreren anderen Joggern und stoßen sogar auf eine beschilderte Laufstrecke von 4200 Metern Länge. Alle 200 Meter gibt es eine Entfernungstafel. Nur die Abzweigungen sind nicht immer markiert. Doch wir verfolgen sowieso unsere eigenen Wege. Diesmal begegnen wir sogar einer Schildkröte. Bisher habe ich immer nur deren Spuren gesehen. Dieses Exemplar besitzt die Größe eines Wehrmachtsstahlhelms und verspeist gerade mit sichtlichem Genuss eine riesige Silberdistel. Als wir uns neugierig nähern, zieht sie den Kopf ein und faucht uns böse an. Wir lassen das Tier in Frieden und traben weiter. Kurz vor unserem Hotel kommt uns ein großer brauner Hund undefinierbarer Rasse entgegengestürmt. Keiner von uns hat Angst. Zu offensichtlich ist die Freude des Tieres zu erkennen: begeistert springt er um uns herum, läuft vor uns her, immer zurückblickend, ob wir ihm auch folgen. Wir nennen ihn spontan Pluto, nach dem Hund von Donald Duck. Die Farbe stimmt und bei Pluto weiß auch keiner, was er eigentlich für ein Hund ist. Pluto, der nur einer von vielen Streunern ist, die hier im Wald von der Pfote in den Mund leben, ist ein ganz schlauer: als wir die Hoteleinfahrt erreichen, ein nachgebauter mittelalterlicher Torturm mit Wachstube und Schranke, trabt „Pluto" wie ein richtig gut erzogener Hund „Bei-Fuß" neben mir her. Er macht ein Gesicht, als sei er schon immer mein Hund und versucht auf diese Art und Weise ins Innere der Hotelanlage zu gelangen. Armer Pluto: einer der Wachmänner stürzt, wild mit den Armen rudernd aus seinem Kabuff und verscheucht unseren vierbeinigen Laufkumpel. Ich schaue mich kurz um: Pluto steht auf der anderen Straßenseite und schaut uns enttäuscht hinterher. Fiese Kumpels sind wir, pfui! Von diesem Tag an lief ich täglich mit Sascha unsere 10 km Runde. Ab und zu legte ich nachmittags noch eine Runde auf dem Ergo auf und so kam es, dass ich das phantastische Schlemmerbüfett und das eine oder andere Efes-Bier überlebte, ohne auch nur ein Gramm Gewicht zuzulegen. Abgenommen habe ich allerdings auch nix!

Der Berg ruft!

Die oberrheinische Tiefebene ist fruchtbar, dichtbesiedelt, hochindustrialisiert und vor allem eines: flach. Flach wie Twiggys Dekolleté oder der kulturelle Anspruch diverser Talkshows. Gerade richtig für einen pummeligen Herrn der sich als "Die Marathonne" einst aufraffte, um auf Zatopeks Spuren den überzähligen Pfunden davonzustampfen. Mittlerweile hat sich das Gewicht bei erträglichen 77kg eingependelt. Zur angepeilten Vierstundenmarke beim Marathon fehlen zwar immer noch drei Minuten, doch das kümmert nur einige wenige Erbsenzähler unter uns Läufern. Neue Herausforderungen müssen her. Was tun? Den Rat von Runner´s World, die ausgelatschte Laufstrecke einmal anders herum zu laufen habe ich beherzigt, doch erscheint mir die Unfallgefahr beim Rückwärtslaufen sehr hoch, außerdem geht dieses ungewohnte Laufen doch ganz schön in die Waden. Bevor nun wieder jemand vorschnell losmailt, wie doof der Krämer ist: "Achtung Achtung! Dieser Satz ist reine Ironie und entspricht in keiner Weise der Wahrheit!" Sorry, aber das musste ich einfach mal los werden. Weiter im Text: was denn nun? Die Sache mit dem Fahrrad habe ich auch schon gecheckt. (Heft 8/2001) Marathon hat den Reiz des Neuen bereits verloren, und zum Triathleten fühle ich mich absolut nicht berufen. Dann kam Richard. Richard ist ein alter Bekannter und ein versierter Ultraläufer.

Richard lädt mich ein, mit ihm in den nahen Odenwald zu fahren. Ein kleines Läufchen in zart profiliertem Gelände sagt er. Weil ich den Richard so gut leiden kann, seine Leistungen bewundere und mich zur Zeit läuferisch etwas langweile, sage ich zu. Das so feinsinnig beschriebene Laufrevier entpuppt sich als der Melibocus, (nur ganz gestörte Wortakrobaten tüfteln aus diesem herrlich mythischen Namen das Wortspiel "beim Locus") mit über 500 Metern der höchste Punkt der nördlichen Bergstraße und mit seiner markanten Maulwurfshügelform stete und zuverlässige Landmarke für die vielen Läuferinnen und Läufer die ihm zu Füßen in der pfannenflachen Rheinebene herumwuseln. Lassen wir uns das noch einmal auf der Zunge zergehen: "zart profiliertes Gelände." Richard, Rennsteigerprobt und Schwäbische-Alb-Marathon-Veteran, will die olle Marathonne wohl etwas ins Schwitzen bringen? Also klettere ich in die hochbeinige Rüsselsheimer Version eines Hummer-Jeeps und lass den Richard machen. Wir gehen den Berg von der Nordwestflanke her an. (!) Wer denkt denn da noch an so popelige Buckel wie den Eiger oder den Hügel im Himalaja mit dem Inlinernamen? Zu meiner Erleichterung steuert Richard den Allradler ein schönes Stück den Berg hinauf. Am Parkplatz "Sperbergrund" bei Alsbach enden alle Straßen. Hier startet auch der alljährliche Melibocuslauf. "Erst einmal laufen wir die Originalstrecke des Melibocuslaufs", erklärt Richard. Erst einmal? Beim Anblick der steil vom Parkplatz emporstrebenden Rampen befällt mich schiere Höhenangst. Egal, ich wollte mich doch nicht langweilen. Sch. Midlifecrisis. Richard grinst, zieht den Kopf ein und trabt los: mit rollenden Schultern, leicht vornübergebeugt, sieht er aus als wolle er den Berg fressen. Ich trotte nebenher. Nach vier Schritten bin ich schon platt und schiele nach etwa vorhandenen Seilsicherungen. Die Flasche in der Hüfttasche zieht mich nach unten, die Achillessehne zwickt, der Vorfuß krallt sich in die geschotterte Piste. "Das geht jetzt erst einmal so weiter." erläutert Richard. Danke Kumpel, aber ich bin auch ohne diese Ermunterung schon kaputt. Ich schweige und Richard wirft mir einen prüfenden Blick zu: Manfred Krämer und Schweigen im Walde? Ganz was neues! Doch dann ringt der Reiz des Neuen endlich die Schreckensvisionen von Wadenkrämpfen und drohendem Egoverlust nieder. Ein hoher Mischwald empfängt uns. Morgennebel ziehen durch die Wipfel. Bald wird die Sonne durchdringen. Nach einer Viertelstunde finde ich endlich meinen Rhythmus. Richard jammert, weil er am Vorabend erst einen 15-Kilometer-Lauf gemacht hat. Der Schauspieler. Er reduziert das Tempo für mich armen Flachkopf. Dann kommt der erste Aussichtspunkt: vor Jahren schlug ein Orkan eine Bresche in den dichten Gürtel aus Buchen und Fichten. Unter uns breitet sich das südhessische Ried aus. In der Ferne dampfen die Kühltürme des Atomkraftwerks in Biblis. Nein, grün sind die Schwaden nicht. Wir dürfen noch ein bisschen leben. Auf der A5 kriechen Spielzeugautos hintereinander her und ein ICE pfeilt in Richtung Frankfurt. Dahinter im Blau der Ferne, der Donnersberg in der Pfalz und im Nordwesten der Feldberg im Taunus. Alles "zart profiliert" wie Richard sagen würde. Er sagt aber nichts. Er dackelt weiter, immer höher, immer steiler. Ich peile durch die Bäume, ob ich denn schon den Gipfel mit seinem markanten Aussichtsturm sehen kann. Ich kann nicht. Dann kommt endlich ein Stück Weg das halbwegs horizontal verläuft. Richard erklärt mir an jeder Einmündung wohin der Pfad führt, in welcher Kombination man diesen oder jenen Weg laufen kann und welche Alternativen auf dem Weg zum Gipfel es gibt. Ich habe alles vergessen, aber es waren gewiss mehrere Dutzend. Rechts von uns kämpft sich ein Läufer querfeldein zwischen Felsen und über armdicke Wurzelstränge. "Wildsau", sagt Richard und ich will den Sportskameraden schon energisch in Schutz nehmen, doch da erklärt mein Bergführer: "Der geht über den Wildsauweg, das ist die direkte Linie zum Gipfel, das ist echt was für Expädde!" Ich glaube ihm aufs Wort. Niemals würde ein Wildschwein einen solch beschwerlichen Weg einschlagen. Mittlerweile sind wir schon fast eine halbe Stunde unterwegs. Richard kennt jeden Abzweig, jede Kurve. Anscheinend hat der Mann kein Zuhause. Nach einem großen Felsblock weist er mich rechts ein: mühsam beginne ich mich auf allen vieren den Berg hochzuarbeiten. "Laufen! Nicht klettern!" Ruft er mir lachend zu. Da packt mich die Wut. Ich richte mich auf und laufe. Trampele, stampfe, keuche, rassele und stolpere diesen verdammten Berg hinauf. Richard fällt zurück. "Die Eisentreppen musst du nehmen, dann hast du es geschafft!" Brüllt er mir hinterher. Mit hysterisch piepsendem Herzfrequenzmesser schleppe ich mich die besagten Eisentreppen hinauf und befinde mich auf der Plattform direkt unter dem Aluminiumverkleideten Aussichtsturm. Vom Dachfenster meines Hauses im 20 Kilometer entfernten Lampertheim kann ich ihn jeden Tag sehen, wenn der Melibocus sich nicht gerade verschämt in Wolken hüllt. Dahinter ragt das Gerippe eines Funkturms auf. Eine Anlage der US-ARMY. Jede Nacht blinkt das rote Warnlicht seine Botschaft in die Rheinebene: "Hallo Läufer, hier ist euer Everest!" Ich schaue auf die Uhr: 37 Minuten seit dem Start im Sperbergrund. Richards knallroter Kopf taucht grinsend unter mir auf. "Sauhund!" Mir wird ganz schwindlig ob solch hohen Lobes. "Die Triathleten, die mit mir hier raufkommen, schaffen es nicht unter 40 Minuten", tönt er. Guter alter Richard. Er will was Nettes sagen. Aber lügen konnte er noch nie gut. Die Aussicht ist fantastisch, der Wind auch und Richard mahnt zum Aufbruch. Zu schnell kriecht die Kälte unter die Laufjacke. Mein Luis-Trenker-Verschnitt nimmt den asphaltierten Wirtschaftsweg unter die Sohlen. Meine tumbe Frage, ob wir diese gelenkschonende Abstiegsvariante bis ins Tal verfolgen, wischt er mit einer lässigen Handbewegung beiseite: "Nur ein paar hundert Meter, dann zeig' ich dir die Rinne." Aha die Rinne, denk ich und tippe mir im Geist an die Stirn. Richard hat

178

die Angewohnheit, markanten Punkten entlang seiner Lauf-
strecken ebensolche markante Namen zu geben. "Sahnehäubchen" etwa oder der schon erwähnte "Wildsauweg",
"Kotzbalken" und nun eben diese ominöse "Rinne". Vorbei
an einem plätschernden Brünnlein eiern wir zu Tale. Ein
paar schnaufende Mountainbiker kommen uns im Wiegetritt entgegen. "Auf die musst du höllisch aufpassen", warnt
mein Laufkamerad, "in fünf Minuten sind die oben, ver-
schnaufen drei Minuten und rauschen dann wieder runter.
Manche von denen haben sie schon aus den Baumkronen
gepflückt." Danke, da rutsch ich doch lieber das Treppenge-
länder vom Eiffelturm runter. Dann erreichen wir die "Rinne", dabei handelt es sich um einen Graben voller Felsen
und Geröll, der sich bei Wolkenbrüchen in einen reißenden
Wasserfall verwandelt. Die "Rinne" führt vom Gipfel in fast
gerader Linie zu Tal. Von unserem Standort betrachtet, geht
es ungefähr zweihundert Meter steil bergauf. Ich grinse
Richard an, stürze mich in die Rinne und hetze bergauf.
Oben angekommen zeigt mir der HF-Messer stolze 185
Schläge pro Minute an. Ich dachte immer, meine max. Fre-
quenz läge bei 178. schon ein Ding, so ne Rinne. Nachdem
wir uns kurz ausgeruht hatten, geht es "heimwärts". Natürlich nicht auf dem kürzesten Weg, so etwas gibt es bei
Richard nicht. Nein, er lotst mich rund um den Berg, pausenlos Erklärungen und Wegbeschreibungen von sich ge-
bend. Nach zwei Stunden und dreißig Minuten erreichen
wir wieder den Parkplatz Sperbergrund. Ich spüre meine

Knie, die superleichten Schläppchen von Diadora waren wohl nicht ganz die richtige Wahl für solch "zart profiliertes Gelände". (Ich weiß, dass es Trail-Schuhe gibt!) Direkt beim Parkplatz befindet sich eine Kneippanlage. Richard stakst schon in der Eisbrühe (Lufttemperatur 10°C) herum wie der Storch im Büffelgras und auch ich ziehe die dampfenden Socken aus. (Nein, es fielen keine toten Vögel vom Himmel, Bitte!) Rein ins Nass, ha! Da lacht der Kreislauf. Angeblich soll der lange Ferdinand sich hier zur Gänze hineingeworfen haben. Aber der ist ja auch ein Kapitel für sich. Wir begnügen uns mit der klassischen Methode, unterhalten uns mit einigen Wanderern und bereiten alles vor für die Abschlusszeremonie: Nach einem Berglauf wird jedes Mal ein kleines Picknick veranstaltet. Einer steuert den Kaffee bei, der andere den Kuchen. "Wie war's?" Fragt Richard neugierig. Ich zucke die Schultern, "bisschen enttäuschend. Ich hab mir den Buckel gemeiner vorgestellt." Richards Gesicht friert ein. Bevor ihm der Schokokuchen im Hals stecken bleibt, entschärfe ich die Situation mit einem Grinsen. Verzeihung, verehrter Melibocus, aber stellenweise war's doch ganz schön hart. Und überhaupt nicht langweilig! Ich glaube ich hab mein Herz für die Berge entdeckt! Rennsteig, Jungfrau, Swiss-Alpine, Schwäbische Alb, Harzquerung! Achtung ich komme! Große Worte, große Taten. Ein Berglauf als Trainingsalternative ist ja ganz schön, aber unter Wettkampfbedingungen ist das doch etwas anderes: also, beschloss ich vor dem ganz großen

Event meine Kräfte mit anderen Bergziegen anlässlich eines regionalen Berglaufes zu erproben. Hier bot sich der "Lauf rund um den Hohberg" an, dessen Titel an sich schon eine leichte Irreführung ist, denn natürlich geht es besagten Hohberg auch hinauf und nicht nur drum herum. So trat ich denn an einem regnerischen und kühlen Samstag die Fahrt ins nahe Lautertal-Elmshausen an. Dort boten die Veranstalter zwei Strecken an: 11,5 km und 20 km. Bei letztgenannter Strecke zierte der Zusatz "Anspruchsvoll" die Ausschreibung. Natürlich melde ich bei der "Großen", schließlich bin ich ja jetzt ein Melibocus-Bezwinger. Das Wetter hätte mich eigentlich vorwarnen müssen. Bei solch nasskalten Bedingungen kommen erfahrungsgemäß nur die "Cracks" aus ihren Löchern. So finde ich mich rund eine Stunde vor dem Start in der Turnhalle der kleinen Odenwaldgemeinde ein. Um mich herum ausschließlich professionell ausstaffierte Modellathleten, sämtlich in den Zwanzigern. Einige wenige "Graubären", die aber auch alle miteinander beängstigend fit aussahen. Im Foyer der Turnhalle boten Hausfrauen Kaffee und selbstgebackenen Kuchen an. Ich zahlte zehn Mark und erhielt dafür die Nummer 121, vier Sicherheitsnadeln und ein Duschgel. Sogar ein gutes, teures, das es sonst nur beim Friseur gibt. Respekt! Kurz darauf fand der erste Vorlauf statt: gerade mal zwei "Bambini" traten gegeneinander an, um eine Runde um die Halle zu drehen. Als Wegweiser fuhr eine junge Frau mit dem Mountainbike voraus. Eine Superidee! Zum Glück für die jungen Trommelfelle hatte die Startpistole des Bürgermeisters Ladehemmung, was die Kiddys jedoch nicht davon abhielt zum Ende des Count-downs loszustürmen. Nach diesem Ereignis, gingen die Schüler auf die doppelte Distanz an den Start. Auch hier gerade mal eine Handvoll Teilnehmer. Wenigstens hatte es aufgehört zu regnen. Die Wolkendecke lockerte sich auch etwas und in der Ferne blitzten sogar einige Sonnenstrahlen auf. Kurz vor 16:00 Uhr fanden sich dann die Laufwilligen am Start ein: Ein Häuflein von höchstens hundert Leuten, welches sich ja noch auf die kurze und die lange Strecke verteilte. Ich reihte mich ganz hinten ein und bedauerte, die Ausschreibung, die ich schon einige Zeit besaß, nicht aufmerksamer studiert zu haben: Zielschluss 18:15 Uhr stand da. Ich kalkulierte mit einer Zielzeit von 2:30h, würde also noch nicht einmal gewertet werden! Welch ein Auftakt für meine kometenhafte Karriere als Berglaufstar! Das kann ja heiter werden. Offenbar dachte dies auch das Wetter und mit dem Startschuss reißt die Wolkendecke auf. Die Meute trabte los. Wenigstens habe ich diesmal meine stabilen Treter an. Etwa 500 Meter geht es über den Zufahrtsweg der Turnhalle, dann wies uns ein Streckenposten nach links ein: ein Hohlweg, dessen schlammgefüllte Traktorspuren grob mit Bauschutt und Dachziegeltrümmern verfüllt waren, zwang uns bereits jetzt zu höchster Konzentration. Das ganze in einem Steigungsverhältnis, welches jeden Freeclimber zu Freudentränen gerührt hätte. Schnaufend und hechelnd drängelten sich ein paar Läufer an uns vorbei. Mein Herzschlag liegt bereits jetzt jenseits von Gut und Böse. Endlich endet diese furchtbare Rampe. Wenigstens laufen wir jetzt auf einem normalen Waldweg, durch lichten Laubwald. Das "Feld" entzerrt sich und schon nach wenigen Minuten bin ich allein. Weit voraus verschwindet das letzte farbenfrohe Funktionsshirt um die Kurve. Die Steigung ist nicht mehr ganz so dramatisch, mein Körper findet seinen Rhythmus, der Herzschlag geht auf ein normales Niveau zurück. Die Gegend ist herrlich, die Luft klar und dank der niedrigen Temperatur macht mir die Feuchtigkeit nichts aus. Ich erinnere mich an meinen Vorsatz, diesen Wettkampf als Trainingslauf zu betrachten und versuche locker zu traben. Ich hole eine Frau ein, die mit ihrem etwa 10-jährigen Sohn zusammen läuft. Wir grüßen uns kurz und ich überhole. Ha! Mein erster Überholvorgang, immerhin. Einer der "Graubären" wetzt vorbei. Mindestens 15 Jahre älter als ich. Drahtig, locker lässt er mich links liegen. Na ja, bestimmt läuft der nur die 11,5er. Arrogante Kurzstreckler. Die Sonne scheint immer noch. Herrlich, die feuchte Waldluft, das Gezwitscher der Vögel. Eine Lichtung erlaubt einen weiten Ausblick: nur Berge und Wald. Ich verdränge, dass sich dahinter Dörfer und Straßen befinden und fantasiere mich in nordische Wälder, unendlich, einsam und geheimnisvoll. Welch ein Kontrast zu einem City-Lauf! Immer mehr werde ich zum Männlein im Walde. Nur stehe ich nicht still und stumm, aber etwas einsam wird es nun schon. Es ist fast wie beim Training, obwohl auf meiner Hausstrecke im Lampertheimer Wald bedeutend mehr Menschen unterwegs sind. Die Verpflegungsstation kommt in Sicht: die "Dichte" des Feldes erlaubt die persönliche Bedienung. Man reicht mir auf mein Handzeichen hin zwei Becher Mineralwasser. "Zwei Becher? Geradeaus!" Ruft mir einer zu. Ich wundere mich, dass die Läufer hier nach ihrem Wasserbedarf eingeteilt werden und trabe links herum, einer kleinen Gruppe Läufer hinterher. "Geradeaus! Die Zwanziger geht geradeaus!" Brüllt es (durchaus freundlich) hinter mir. Hoppla, dies scheint der Abzweig für die 11,5km Strecke zu sein. Ich kehre um, grinse den Streckenposten entschuldigend an und befinde mich nun wieder auf dem rechten Weg. Das Wasser enthält leider Kohlensäure, deshalb gelingt es mir nicht, die beiden Becher bis zur bereitgestellten Mülltonne zu leeren. Doch einige Kinder laufen die kurze Strecke mit und sammeln sie wieder ein. Sie scheinen viel Freude daran zu haben und ich denke kurz an die krachenden Ozeane aus Trinkbechern, die bei den großen Veranstaltungen die Strecke überfluten. Ein Schild erscheint: "12km" nanu? Bin ich durch einen Riss im Raum-Zeit-Gefüge gelaufen? Meines Wissens habe ich doch erst acht Kilometer hinter mir? Kurz darauf holt mich die "9" wieder auf die Erde zurück. Ich kapiere: dies hier ist die angefügte Extrarunde um den Gipfel, die aus der 11,5km Strecke erst die Zwanziger macht. Wieder bin ich alleine. Entspannt laufe ich bergab. Hinter mir höre ich keuchendes Atmen und die Reifen eines

Mountainbikes. Ich halte mich rechts. Ein spindeldürrer Kerl in Singlet und Sprintershorts fetzt vorbei, der begleitende Radler dankt mir mit einer Handbewegung. Kurz darauf donnert noch so ein Modellathlet vorbei, das Gesicht verzerrt, mit weit ausholenden Schritten, dass der Schlamm nur so spritzt. Aha, die Spitzengruppe überrundet die Hinterbänkler. Bei Kilometer zehn lässt mich die erste Frau ziemlich alt aussehen. Es geht jetzt schon eine ganze Weile bergab. Ich reduziere das Tempo ein wenig, die Knie werden es mir danken. Fast schon wie ein Geher eiere ich hinab. Am Montag kaufe ich mir Trailschuhe! Richtig fett gedämpfte Matschtreter, nehme ich mir vor. Vor mir läuft der olle Graubär, der mich bereits am Anfang überholt hat. Läuft der doch tatsächlich auch die Zwanziger. Ich komme langsam näher. Den schnapp´ ich mir! Doch er hört mich kommen und zieht unmerklich an. Ich verschiebe mein Vorhaben bis zum nächsten Anstieg. So was gehässiges. Bergauf kriege ich ihn aber bestimmt. Kilometer elf: bis hierher ging es ja ganz gut mit meinem ersten Berglauf. Vorbei die Angst vor Steigungen und vor allem vor den Abstiegen. Ich beschließe das Tempo etwas zu erhöhen. Die restlichen Neun Kilometer werden wohl keine wilden Überraschungen mehr bringen. Eine Kreuzung. Die Markierung weist nach links. Ich laufe um eine dichte Fichtengruppe herum und stehe vor einer Wand! Die "Wand" entpuppt sich als hundsgemein steile Rampe, granitgeschottert und himmelsstürmend. Am oberen Ende sehe ich gerade noch die

Hacken "meines" Graubären. Das war wohl nix mit dem Überholen am Berg. Ich lass ihn ziehen. Diese alten Kerle darf man einfach nicht unterschätzen. Zwei weitere Läufer schleppen sich erschöpft hinauf. Ich werde nicht gehen. Nein, Winnetou kennt keinen Schmerz. Ich werde laufen! Ich verlagere auf den Vorfuß. Jetzt wären solche Krallen von Vorteil, wie sie Bergsteiger an den Schuhspitzen haben. Mit extremer Armarbeit, in fast waagrechter Vorlage kämpfe ich mich da hoch. Der HF-Messer piept wie mein PC beim täglichen Absturz, mein Atem klingt stark nach Hund und die gelben und roten Kringel vor meinen Augen harmonieren hervorragend mit meinen Laufklamotten. Endlich oben. Taumelnd grapsche ich nach dem dargebotenen Becher. Die Oberschenkel zittern, das Blut rauscht in den Ohren. Nicht stehen bleiben! Weiter, weiter! Von wegen Trainingslauf. Ich bringe es einfach nicht fertig, bei einem Wettkampf einfach so zum Spaß mitzulaufen. Ich benötige einen vollen Kilometer, um meine Atmung so weit in den Griff zu kriegen, dass ich den Becher austrinken kann. Zum zweiten Mal erreiche ich nun das Schild mit der Zwölf. Eine Runde um den Buckel, fast nur bergab. Das kenne ich nun schon. Herrlich, wie die Muskulatur sich wieder beruhigt, der Atem wieder normales Niveau erreicht und die Augen den Wald sehen, anstatt impressionistischer Kunstwerke. Als ich wieder an der Rampe ankomme, glücklicherweise an deren oberem Ende, weist mich der Posten auf den Weg ins Tal. "Jetzt geht's fast nur noch bergab." Sagt er.

Erleichtert trabe ich davon. Das Wörtchen "fast" bringt mich dann allerdings noch einmal kurz in Schweiß, aber unten im Tal erkenne ich bereits die Turnhalle und das bunte Völkchen, welches schneller als ich diesen Parcours bewältigt hat. Kurz vor dem Ziel noch einmal die eingangs erwähnte wüste Schotterpiste, dann das kurze Stück Asphaltweg. Läuferinnen und Läufer kommen mir entgegen. Locker entspannt beim Auslaufen. Ich hechele ins Ziel: Habe ich es doch noch unter zwei Stunden gepackt! 1:57 zeigt mir meine Zwiebel. Ich laufe erleichtert durch das Ziel und werde mangels Mitläufer auch noch persönlich begrüßt. Drei Leute sind noch hinter mir auf der Strecke. Immerhin, letzter bin ich nicht geworden. Aber das wäre mir auch wurscht gewesen. Das Erlebnis bliebe dasselbe und wen interessiert schon die Endzeit eines Mannis aus Lampertheim? Mein erster Berglauf hat mich schon jetzt, wo mein Herz immer noch über 150 drauf hat, zum Fan gemacht. Zum Fan von Natur- und Bergläufen. Gut dass der Odenwald bei mir vor der Haustür liegt. Wie weit ist es eigentlich zum Rennsteig? Oder auf die schwäbische Alb? Gedanken unter Endorphineinfluss gehen schon merkwürdige Wege. Bliebe noch zu bemerken, dass die Duschen mehr als ausreichend vorhanden, das Wasser warm und der Kuchen leider restlos verschlungen worden war. Ja Krämer, hättest eben ein bisserl schneller laufen sollen.

28. Internationaler Bienwald Marathon

Kandel 09. März 2003

Ring frei! Das Jahr 2003 ist schon mitten in der Pubertät und noch nix geschafft! Dies soll sich nun ändern, und zwar mit der Eröffnung der Wettkampfsaison. In der linken Ecke: Manfred "Marathonne" Krämer, dank Winter und unveränderter Essgewohnheiten immer noch bei strammen 83 kg, allerdings mit fallender Tendenz! In der rechten Ecke: der Bienwald-Marathon allerdings in Form des Halbschwergewichtes, sprich Halbmarathon. Eigentlich wollte ich die Eröffnungsrunde ja mit der vollen Strecke beginnen, jedoch der Ausfall beider (!) angeheuerter Fotografen reduzierte die geplante Reportage zur One-Man-Band und um wenigstens die Sieger aufs Zelluloid zu bannen musste der marathonlaufende Nebenerwerbsfotograf Krämer entweder Weltbestzeit laufen, oder eben nur den "Halben". Dass im letzten Augenblick doch noch die Zusage meines nichtlaufenden Freundes Raimund mich von der Kamera erlöste, werde ich ihm so schnell nicht vergessen, zumal ich den passionierten Häusle(um)bauer von Baustelle und Familie fernhielt. Doch da waren die Würfel schon gefallen, der Halbe war angesagt und den wollte ich jedenfalls ordentlich laufen. Nachdem ich am Tag zuvor den Streckenplan im Internet bestaunt und bekopfschüttelt hatte, war ich über diese Entscheidung doch recht froh. Ist die 42,195er

Strecke doch ein wilder Zickzack-Kurs mit zwei Wendepunkten, grob vereinfacht einem großen T nicht unähnlich. Die Marathonis und Vronis laufen erst einmal bis zum T-Querbalken, dann etliche Kilometer rechts, wenden und wieder etliche Kilometer links, wieder wenden und auf leicht veränderter Route wieder zurück ins Bienwaldstadion. Puh!! Dass iss nix für misch! Wir Halblinge, (Tolkien möge mir verzeihen) haben wenigstens nur einen Wendepunkt. Dazu aber später mehr. Zunächst einmal sieht das Wetter an jenem Sonntagmorgen doch recht vielversprechend aus: es ist trocken, zwar noch recht kühl, aber Regen ist nicht in Sicht und vielleicht ist ja noch ein wenig Sonne drin. In der Sporttasche befindet sich ein Allwetter-Sammelsurium. Ich hoffe auf einen Kurzärmel-Lauf, habe aber zur Sicherheit, Windjacke, Regenjacke und einen Laufpulli dabei. Die kurzen Tights blieben zuhause, 28°C werden es wohl heute nicht werden. Kandel ist von meinem Heimatort aus gut zu erreichen, in knapp 40 Minuten sind wir am Bienwald-Stadion. Genauer gesagt, etwa 500m davor. Blechkolonnen zuckeln im Schritttempo in Richtung Start. Mein geschultes Berufskraftfahrerauge erkennt an den vielen entgegenkommenden fremden Nummernschildern, das da vorne wohl nichts zu holen ist, in puncto Parkplatz. Ich quetsche meinen klitzekleinen Reisfresser zwischen ein A4-Heck und die Begrenzung einer Ausfahrt. Da hätte außer meinem Floh auch gar nichts anderes hingepasst. Ätsch, ihr schönen dicken Luxuskarossen! Vor der IGS-Turnhalle direkt am Stadion staut sich buntes Läufervolk. Ein winziges Türchen für Ein- und Ausgang führt zu "Aldi-hat-Computer-Gefühlen". Doch einmal durch diesen Engpass geschlüpft, verläuft sich die Menge in der Halle und nach wenigen Minuten bin ich stolzer Besitzer einer Startnummer. Weil es keine T-Shirts mehr gibt, kostet mich der "Halbe" bloß einen Zehner, da bleibt hinterher noch Reserve für Kuchen und Erbsensuppe oder umgekehrt. Die Halle füllt sich, es ist anscheinend gut geheizt und es müffelt. Zeit wieder an die frische Luft zu kommen. Raimund macht zwei drei "Atmo-Fotos" vom quirligen Getümmel und schon sind wir wieder draußen. Die "Marathonmesse" besteht aus einem Sportnahrungsstand einem Prospekte-Tisch und einem Pfälzer Landwirt der günstig, rotbäckige Äpfel feilbietet. Die sind weder aus Chile, noch aus Neuseeland oder Italien sondern aus "de Palz" und sie schmecken so lecker wie sie aussehen! Doch das merke ich erst nach dem Lauf, vorher werde ich meinem Magen keinen Apfel zumuten. Da taten am Morgen drei Toastbrotscheiben mit Marmelade, eine Banane, zwei Tassen Kaffee und jede Menge Mineralwasser bessere Dienste. Das Morgengeschäft ist auch bereits erledigt, die Vorstartnervosität hält sich dank Halbmarathon in Grenzen. Ich kann mir sogar alleine die Startnummer an den Frack heften. Nach wenigen klammen Augenblicken ziehe ich meinen Pulli unter mein Sponsor-T-Shirt. Das scheint mir bei herrschenden 8°C doch vernünftiger. Ich bemerke nur wenige in Triathlon-Reizwäsche und

Sprintershorts. Dafür aber einige mit recht abenteuerlichem Outfit: ein untersetzter blonder Stoppelkopf packt sich gerade die Regenjacke über T-Shirt und Pulli und zieht über das Ganze noch ein Singlet. Dann kommt noch ein Gürtel mit Flaschen drum. Um die Beine schlottert eine Ballonseidenhose aus dem Zubehörhandel für Kampfhundebesitzer. Respekt! Doch ich sollte endlich damit aufhören über die Kameraden abzulästern und mich etwas warmlaufen. Ich vertraue dem guten Raimund meine Sporttasche und die Kameras an und hopse davon. Ich laufe ein Stück in den Wald hinein, flankiert von einer Allee aus Wildpinklern, ein richtig romantisches Bild. Kurz vor dem Start der Inliner erreiche ich wieder das Stadion. Der Start findet vor dem Stadion statt, das Ziel befindet sich drinnen, direkt vor der Tribüne. Auch die Skater müssen vor dem Finale die letzten 300 Meter auf der Kunststofflaufbahn fahren. Die Inliner versammeln sich hinter der Linie, der Sprecher mahnt die Marathonis, die Strecke freizumachen und der Bürgermeister stellt sich mit dem Start-Revolver in Position. "Die Karre muss weg!" ruft einer der Skater und zeigt auf den Zeitnehmerwagen, der direkt vor dem Starterfeld auf der Straße steht. Der Fahrer bewegt das Auto ein wenig auf die Seite, steht aber immer noch im Weg. Unverständlich, wo der Wagen doch erst in zehn Minuten zum Einsatz kommen soll, wenn die Läuferschar startet. Die Skater formieren sich. Die in der ersten Reihe machen ungeheuer dynamische Verrenkungen um nach dem Startschuss wie von der

Sehne geschnellt loszupreschen. Es ist ein sehr eindrucksvolles Bild. Die Skater in ihren farbenprächtigen Trikots, den stromlinienförmigen Helmen und den martialischen Sonnenbrillen sehen einfach Klasse aus. Viele tragen die Highspeed-Skates mit fünf anstatt vier Rollen. Endlich der Startschuss! Reine Energie wird freigesetzt. Der Zeitnehmerwagen wird von Skatern umspült wie ein Fels in der Brandung. Aber die Jungs und Mädels auf den flinken Rollen sind Profis. Kein Sturz und die Außenspiegel sind auch noch dran. Wie der Wind sind die Sportler vorbei um mit dem Tempo eines Rennpferdes um die erste Kurve zu verschwinden. Es wird Zeit meinen Startblock aufzusuchen. Weit, weit nach hinten muss ich mich durchdrängeln. Vorbei an sehnigen, geiergesichtigen 2:30 Cracks, weiter durch die Menge der ungeheuer fit aussehenden Dreistundenläuferinnen und Läufer und auch noch vorbei an den 3:30 Aspiranten. Dann endlich der erste Bauchträger. Willkommen daheim! Hier, bei den Vier und Vier-Dreißig-Männern und Frauen fühle ich mich besser aufgehoben. Die Blocks sind gut markiert und ausreichend Platz ist auch vorhanden. Der arme Raimund wird aber wohl etwas warten müssen, bis er mich vor die Linse bekommt. Aber das ist auch nicht so wichtig. Er soll einfach ein gutes Startfoto machen, da bin ich schon zufrieden. In meinem Block findet sich auch der blonde Stoppelkopf mit dem kompletten Warenbestand eines Bekleidungshauses am Körper. Vor mir steht einer mit einem riesigen Rucksack auf dem Rücken. So einen habe ich auch einmal getragen, da bin ich 10 Tage durch Südnorwegen gewandert. Ob ich bei der Streckenkarte etwas übersehen habe? Ansonsten sehe ich viele abgeklärte, ruhige Typen. Leute, die einen Marathon oder einen Halben laufen um etwas für sich zu tun, um die Strecke zu genießen und um mit anderen zu kommunizieren. Leute wie ich eben. Hier hinten im Vier-Stunden-Block werden auch nicht so viele betont flapsige Sprüche geklopft, die Nervosität hält sich in Grenzen wie das Hüpfen und Auf-der-Stelle-Trappeln auch. Den Startschuss haben wir hier gar nicht gehört, aber meine Uhr sagt, dass es eigentlich schon losgegangen sein muss und da beginnen wir auch schon mit dem Rennen! Rennen ist wohl nicht ganz der richtige Ausdruck. Kandel ist zwar keiner von den großen Marathons aber bis sich 1800 Menschen auf einer relativ schmalen Straße in Bewegung setzen, dauert es wohl ein bisschen. Im gemütlichen Schlenderschritt bummeln wir in Richtung Startlinie. Verlorene Zeit! Die Zeitmessung erfolgt hier manuell mit Scanner und Strichcode. Die Uhr läuft ab dem Startschuss. Unerbittlich! Aber was soll das? Ich bin heute nicht hier um Bestzeit zu laufen. Dafür habe ich nicht ausreichend trainiert. Auch keine Lust dazu. Ich will nur sauber ankommen. Nach Möglichkeit vor den Marathonsiegern. Ich spekuliere auf eine Zwei-Stunden-Endzeit. Netto natürlich, ich drücke meine Uhr genau auf der Startlinie ab. Ab hier werde ich jeden Kilometer einzeln stoppen und am Nachmittag bei Kaffee und Kuchen in aller Ruhe auswerten. Endlich darf ich laufen! Langsam entzerrt sich das dichtgepackte Feld. Raimund steht am Rand, blickt suchend umher. Ich trage eine auffällige schwarze Mütze mit gelbem Aufdruck, ein blauweißes T-Shirt und blau-weiß-grüne Tights. Wie fast alle anderen auch. Armer Raimund. Da erspäht er mich, deutet hilflos auf die Kamera. Vor mir läuft ein normannischer Kleiderschrank. Keine Chance! Aber Runner´s World Leserinnen und Leser wissen mittlerweile wie kleines, dickes Krämer aussieht oder? Dann bin ich auch schon vorbei. Endlich! Jetzt wird nur noch gelaufen. Keinen Kopf mehr machen um gute Motive, ideale Standorte, Streckenfotos und Atmo-Bilder (Jargon für Atmosphären-Bilder) Laufen, laufen, laufen! Zunächst geht es über eine Landstraße hinein nach Kandel. Von wegen Bienwald! Wir laufen mitten durchs Dorf. Am Ortsende geht es auf der B427 weiter ins nächste Dorf, Minfeld. Das Feld zieht sich auseinander. Von hier hinten hat man einen prächtigen Blick auf den Quietschebunten Lindwurm aus Hunderten von Läuferinnen und Läufern. Arme Spitzenläufer, das kriegen die wohl nie zu sehen. Ich werde ordnungsgemäß links überholt. Ein Mann und eine Frau, etwas älter als ich, in grauen Jogginganzügen. Guter Laufstil, recht flottes Tempo. Die Frau hält sich an einem Gummiband fest, das der Mann um die Hüfte trägt. Am Arm der Frau eine gelbe Binde mit drei schwarzen Punkten. Sie wird diesen bunten Umzug auch nie sehen. Ich bin betroffen. Aber nur ganz kurz. Ich sondiere schnell die unmittelbare Umgebung, schließe die Augen für ein paar Sekunden und bin überwältigt: das Trappen unzähliger Füße, Gleichklang und doch in allen Frequenzbereichen. Das Atmen, Schnaufen, Schwatzen, Lachen, Husten. Überdeutlich. Das Fallgefühl bei jedem Schritt im Dunkel für mich ungeübten Sehenden. Der eigene Herzschlag, das Rauschen des Blutes im Kopf. Nein, das ist keine arme blinde Frau, die da läuft. Keine Behinderte unter lauter Supermenschen. Das ist eine andere Art, diesen Sport zu erleben. Anders wohl, aber beileibe nicht schlechter. Was dazugehört ist dieses wahrhaft blinde Vertrauen in den Partner. Ich wünsche den beiden einen guten Lauf. Und ich danke der unbekannten blinden Frau für diesen winzigen Ausflug in ihre Welt. Die Landstraße zwischen Kandel und Minfeld führt durch freies Feld. Ein scharfer Westwind pfeift durch und durch. Ich halte meine Mütze fest, beuge mich nach vorn, friere und bedanke mich bei meiner vernünftigen Hirnhälfte für den Tipp mit dem Pulli. "Die Nackerten" wie ich die Short- und Singlet-Träger insgeheim nenne, versuchen kernig dreinzublicken, schielen aber neidisch auf den angeblich so overdressten blonden Stoppelkopf. Der grinst, schwitzt und trabt munter weiter. In Minfeld geht es links ab und endlich in Richtung Wald. Bei Kilometer 5 soll die erste Verpflegungsstation sein. "Peifedeggel!" sagt der Lampertheimer, wenn es irgendwo einmal nichts gibt. So auch hier. Ich habe Durst. In meinem Auto schlummert eine Buddel Wasser. Doofkopp! Doch da, ein paar hundert Meter weiter, endlich die

Wasserstelle. Ich greife mir zwei Becher, mache eine Gehpause, wie immer wenn es was zu trinken gibt und schütte das eiskalte Nass in mich hinein. Na ja, bei diesen Außentemperaturen ist das eben so. Aber wenigstens hat es keine Kohlensäure. Wieder hergestellt, laufe ich weiter. Mittlerweile habe ich mich eingelaufen. Die Maschine läuft, es rollt! Zwar geht es mir recht gut, ich habe recht früh mein Tempogefühl gefunden und ich trabe mit einem gleichmäßigen 5:50er Schnitt vor mich hin, aber ich bin doch recht froh, nicht für den Marathon gemeldet zu haben. Dafür hätte es heute sicher nicht gereicht. Vor mir läuft ein Mädchen mit Discman am Gürtel und Knöpfen in den Ohren. Im Vorbeilaufen höre ich das Gezischel heißer Rhythmen. Den Beats nach, müsste die kleine Lady in lockeren 2:10h den Marathon packen. Mein Puls bewegt sich um die 150 herum. Bis 160 darf es heute sein, ausgenommen die letzten 3-4 Kilometer. Dann ist mir eh alles wurscht. Die Bewölkung lockert auf, der Wald schützt uns vor dem kalten Wind und die Strecke ist durchgehend asphaltiert. So richtig was für die schnellen Düsenjäger aus der Spitzengruppe. Am Naturfreundehaus geht es rechts ab. Hier stehen bereits die Kilometermarkierungen für den Rückweg: "39" jetzt kurz im Wald verschwinden, nach einigen Minuten wieder herauskommen und einfach zurücklaufen? Den Streckenrekord knacken? Pfui! Ich denke, bei meinem Laufstil und der alles andere als ausgemergelten Gestalt, wäre eine Halbmarathonendzeit von einer knappen Stunde garantiert etwas auffällig. Immerhin erfolgt die Zeitmessung in Kandel manuell. Keine Piepsmatten an den Wendepunkten. Später, bei der Halbmarathonweiche, fällt mir ein Mann mit Handy und einer Liste auf, der aufmerksam Startnummern abhakt. Alles klar, Herr Kommissar? War wohl nix mit Weltbestzeit für Herrn Krämer. Hähähä! Ich verscheuche solch kindische Gedanken, konzentriere mich auf meinen Lauf. Plötzlich aufgeregtes Rufen von vorne. Ein ICE braust um die Kurve. Einer von den Neuen. Mit Neigetechnik. Natürlich hat sich das Schmuckstück der Deutschen Bahn AG nicht in den Bienwald verfahren, was uns da aber genauso schnittig, elegant und schnell entgegenrauscht ist die Spitzengruppe der Inline-Skater: fünf oder sechs Gestalten. Männlein, Weiblein? Keine Ahnung, für solch feine Unterschiede sind die einfach zu schnell. Dicht an dicht, die Nasen fast auf dem Boden, mit langen, eleganten Schwüngen wie olympische Eisschnellläufer, fetzen sie vorbei. Ein toller Anblick! Ein durch und durch ästhetischer Sport. Fast wie Marathonlaufen. oder Halbmarathon. Stampf, stampf, trampel, trampel. Lasst bloß das Grinsen sein Leute, schließlich bin ich immer noch die Marathonne und nicht Dieter Baumann! Ich trapse weiter. Zugegeben, ein wenig achte ich schon auf ein einigermaßen rundes Abrollen. Die treuen Brooks ertragen mich brav, nur die Einlagen zwicken etwas. Zeit für neue. Immer öfter begegnen uns jetzt die Skater. Ich überlege, ob ich wohl noch die Marathonspitze zu sehen kriege. Die Halbmarathonweiche ist bei Kilometer 13,5. Das wird wohl nix werden. Immerhin durfte ich ziemlich sicher sein, bei einer geplanten Zielzeit von zwei Stunden nicht überrundet zu werden. Es sei denn, Kandel ginge in die Weltgeschichte des Laufsports ein. Jetzt laufen wir auf einer Straße, die schnurgerade durch den Wald führt wie eine Landepiste für kolumbianische Drogendealer. Mir gefällt das. Hier kann ich ein wenig schlafen: ganz entspannt, mit halbem Auge die Strecke anvisierend, trappele ich still vor mich hin. Meditatives Laufen ist das wohl. Das "Feld" ist keines mehr, die fast 1800 Teilnehmer haben sich verteilt wie Öl aus einem havarierten Tanker. Ein Klingeln holt mich aus dem Zen-Himmel zurück: ein Mountainbiker bittet um Vorsicht. Hinter ihm hecheln Gestalten mit stromlinienförmigen Gesichtern und gewaltigen Schritten. Das sind die Burschen von der Express-Compagnie. Unterwegs in Richtung Siegertreppchen. Einer von ihnen ist Martin Musial, der in 1:11:32 den Halbmarathon für sich entscheiden wird. Ich klatsche, hebe den Daumen. Einer grinst kurz. Guten Lauf, Männer! Mein HF-Messer piepst wie ein brünstiges Handy. Oje! Über 160! Unwillkürlich habe ich das Tempo verschärft. Motivationsschub von der schnellen Truppe eben. Ich drossele den Vortrieb. Den Treibstoff brauche ich noch für das Finale. Nichts ist schlimmer für mich, als ausgepumpt und mit irrem Blick durchs Ziel zu wanken. Lasst mir doch das bisschen Eitelkeit! Kilometer 10: ich nehme Tee anstatt Wasser. Der ist nicht so kalt. Neben mir greift ein drahtiger Grauhaariger zum gleichen Getränk: Josef aus der Eifel läuft den Marathon. Ganz locker in gemütlichem Vier-Stunden-Tempo. Er sieht aus, als sei er eben erst losgelaufen. Wir schwatzen ein wenig und um ein Haar wäre ich schon beim ersten Hinweisschild auf die kommende Wende umgekehrt. Hoppla! 300m sind es noch. Keine Mogeleien bitte! Am Wendepunkt wünsche ich dem fitten Josef noch alles gute und mache mich auf den Heimweg. Theoretisch hatte ich ja schon bei Kilometer 11 Bergfest, aber eine richtige Wendemarke ist doch etwas besseres als ein imaginärer Punkt auf freier Strecke. Zumal ich jetzt nur noch knapp über sieben Kilometer vor mir habe. Ich ziehe ein wenig das Tempo an, lasse den HF-Messer bis kurz vor 160 klettern und freue mich auf die Getränkestelle bei Kilometer 15. Dank Wendepunkt war es die gleiche wie bei Kilometer 10. mit einem Unterschied: sie war so trocken wie Südpfälzer Rotwein! Kein Tee, kein Elektrolyt, kein Wasser! Ich kam mir vor wie Bolle jüngst zu Pfingsten. Es lag wohl an den Bechern. Wohl stand da ein 10-Liter-Kanister mit Tee, aber die einzigen Becher vor Ort lagen allesamt auf der Straße oder im Gelände. Wenigstens gab's Bananen. Ich griff mir zwei Stücke, schlang sie trocken hinunter und lief im Anschluss meinen langsamsten Kilometer in diesem Wettkampf. Wenigstens konnte ich jetzt den Entgegenkommenden aufmunternde Blicke zuwerfen. Vom Wassermangel sagte ich nichts. Womöglich war ja schon jemand mit neuen Bechern im Anrollen. Jetzt war ich froh, dass ich an den anderen Tränken immer eine Gehpause eingelegt habe, um in aller Ruhe zwei Becher schlabber- und husten-frei zu schlucken. Immer noch überholen mich vereinzelte Skater. Das sind jetzt aber keine D-Züge mehr. Höchstens gemütliche, schnaufende Dampfloks. Kilometer 17: So langsam kommt Land in sicht. Die zwei Stunden werde ich wohl überschreiten, aber so was hat mich ja noch nie gejuckt. Da endlich: Vier Kilometer vor dem Ziel hat ein guter Geist noch einmal eine Verpflegungsstelle eingerichtet. Das versöhnt mich wieder einigermaßen und frisch gestärkt geht es in Richtung Ziel. Die windgepeitschte Landstraße ist nicht mehr im Programm. Wir laufen an einem romantischen Bächlein entlang, wo wir den Kandeler Bürgern in die Gemüsegärten schauen können. Mein HF-Messer nervt. Ich schalte den Alarm ab, laufe locker mit 170 in Richtung Stadion. Jetzt zahlt es sich aus, dass ich ganz hinten gestartet bin: ich überhole alles, was da vor mir schnauft und keucht. Ich passiere ein junges Mädchen, das verbissen vor sich hin flüstert: "ich schaff das, ich schaff das, ich schaff das" Ich verkneife mir aufmunternde Worte, weiß genau wie sie sich fühlt. Aus eigener Erfahrung. Daher weiß ich auch genau, dass sie auch ohne gönnerhafte Machosprüche das Ziel erreichen wird. Auch wenn sie jetzt beißen muss. Sie wird es mit Sicherheit schaffen. Sie wird gewinnen, auch wenn sie nicht auf dem Treppchen stehen wird. Wie wir alle hier. Doch noch ist es nicht so weit. Die letzten 300m geht es über die feine Kunststoffbahn des Stadions. Für die Inliner ist dies etwas heikel. Raimund berichtet mir

nach dem Lauf von einigen Stürzen, als die Cracks mit ge-
hörigem Geschwindigkeitsüberschuss plötzlich auf den
bremsenden Belag gerieten. (Der Veranstalter hat übrigens
ausdrücklich auf diesen Umstand hingewiesen) die Wirkung ist in etwa mit dem Kiesbett beim Motorsport zu ver-
gleichen. Ich wetze mit HF 190 in Richtung Zielkanal.
Raimund schaut angestrengt in die andere Richtung. Ich
brülle seinen Namen, einige Zuschauer lachen. Raimund
reißt die Kamera hoch, hoffentlich wird das Bild was. Dann
bin ich über der Ziellinie, werde gescannt wie eine Dose
Ravioli bei Aldi und freue mich über die gelaufenen
2:04:31. "Schee war's" wie der Lampertheimer zu sagen
pflegt. Weniger "schee" war die dürftige, weil gar nicht
vorhandene Beschilderung zu Duschen und WC. Ein paar
DIN/A4 Blätter sind doch wirklich schnell ausgedruckt und
mit Klebeband an Wänden und Bäumen befestigt. Endlich
gefunden, entpuppen sich die sanitären Einrichtungen als
sauber, und ausreichend von der Menge her. Ohne großes
Gedränge findet jeder sein Plätzchen der Entspannung unter
den warmen Strahlen. Die Verpflegung in der Halle bekommt von mir eine dicke Eins Plus, sowohl was die Preis-
gestaltung, als auch das Angebot an Speisen und Getränken
betraf. Besonders die Südpfälzer Hausfrauen haben ein
traumhaftes Kuchenbuffet auf die Beine gestellt. Vielen
Dank dafür! Für nur neun Euro wurden Raimund und ich
pappsatt. Alles in allem merkt man schon, das in Kandel

seit Jahrzehnten Marathon gelaufen wird. Immerhin war Kandel bereits zweimal Austragungsort der deutschen Marathonmeisterschaften. Kein Wunder, bei einer solch wirklich schnellen Strecke. Umso ärgerlicher die kleinen Pannen mit der trockenen Wasserstelle und der fehlenden Beschilderung. Auch die Parkplatzsituation könnte etwas entspannter sein. Wie wäre es denn mit einem Großparkplatz außerhalb, etwa bei der BAB-Ausfahrt Kandel Mitte und einem Shuttleservice zum Stadion? Solch ein Service wäre mir auch den einen oder anderen Euro wert.

Der Bike-Coach

Von einem der lernte, auf dem Bauch zu schlafen

Mit Fahrrädern, speziell Mountainbikes, verbindet mich eine merkwürdige Hassliebe: ich bin kein Technikfreak, weiß nie, welcher Gang gerade drin ist, habe panische Angst vor Sprüngen und steh im Wortsinn auf Kriegsfuß mit Klickpedalen. Trotzdem hat es wieder eines dieser Folterinstrumente geschafft, mich zu verführen. Es ist schwarz, wie es sich für eine anständige Domina gehört, besitzt hinten und vorne zwei furchteinflößende Scheibenbremsen und möchte mit vier Hebeln geschaltet werden. Es gehört meinem Laufkumpel Richard dem Ultraläufer und soll mir demnächst auch auf dem Bieler 100er treue Dienste leisten. Damit das mit dem Bike-Coach in spe auch klappt, müssen wir das üben. Richard hat für dieses Wochenende einen 50km Berglauf geplant. Ich habe eine schöne Strecke ausgearbeitet. "Es braucht aber nicht allzu heftig zu sein" empfiehlt er mir. Aber etwas neues sollte es natürlich schon sein, denn nichts ist eintöniger als ein solch langer Lauf in wohlbekanntem Gelände. So hocke ich denn einen langen Abend lang über der Wanderkarte und rolle mich mit dem Kartenmesser über die verschlungenen Pfade des badischen Odenwaldes. Endlich hatte ich eine einigermaßen gangbare Rundstrecke nördlich von Heidelberg abgesteckt. Das letzte

Drittel führt über einen "Leichtweg" genannten Pfad stetig bergab zum Startpunkt. Davor sind einige Steigungen zu erklimmen, unter anderem der über 500m hohe Schriesheimer Kopf. Die Mühe des Höhenlinienzählens erspare ich mir, so doll wird es im harmlosen Odenwald wohl nicht sein, immerhin sind wir ja angehende Alpinläufer. So brechen wir (Michael Müller, versierter Mountainbiker und mittlerweile ganz schön harter Bergläufer, bereits erwähnter Richard Wehe und ich) um 7:00 an einem Sonntagmorgen auf in Richtung badische Bergstraße. Es gießt. Regenschwaden werden von starkem Wind über die Rheinebene getrieben, prallen an die Berge des Odenwaldes und verdichten sich zu grauschwarzen Dunkelmännern, die gehässig grinsend auf uns zu lauern scheinen. Auf dem Heckgepäckträger von Richards dickem Geländewagen genießen meine schwarze Witwe und Michaels schlumpfigblaues Kapitalbindungswerkzeug eine Hochdruckwäsche Marke Stollenreifen. Nach einigem Gekurbel durch die engen Gassen von Leutershausen erreichen wir den Wanderparkplatz Kehrrang, der bereits etwas oberhalb der Rheinebene liegt. Ein harmloses blaues B schlängelt sich auf der Karte in Richtung Süden: der Burgenweg. Reizvoller Pfad mit tollen Ausblicken, zart profiliert und gespickt mit Zeugen mittelalterlichen Raubrittertums. Wir machen die Radl klar, schultern Rucksäcke, verstauen Flaschen, Handys und Müsliriegel. Richard ist schon losgelaufen. Einen Läufer holen wir locker wieder ein. Liebe Leser: dies ist Irrtum Nummer

1! Dann geht es endlich los. Stolz schwinge ich mich auf das edle schwarze Ross. Der Sattel ist etwas zu niedrig eingestellt, der Lenker ist mir zu schmal und die Klickpedale (ich fahre mit Laufschuhen) haben die Butterbrotkrankheit. (Sie sind immer auf der falschen Seite) die Schaltung gibt krachende Geräusche von sich und die Bremse fasst man besser nicht an. (Die vordere zumindest)aber das wird sich schon noch alles geben. Liebe Leser: dies ist Irrtum Nummer 2! Ich trete in die Pedale (vorher rumdrehen) und folge Michaels Quietscheentchengelber Rucksackregenhaube. Es geht leicht bergab, die Reifen rauschen über den fein geschotterten Weg und wir sind pitschepatschenass. Hei, wie ist das Radeln schön! Michael schiebt sich neben mich, gibt mir Tipps, die ich dankbar annehme. Einer davon lautete, rechtzeitig vor einer Steigung runterzuschalten. Oh, da ist sie schon: der Weg führt hinter einer Kurve direkt in den Himmel. Ich drücke Tasten, rechts links, vorne, hinten. Es kracht und klickt, schleift und scheppert und dann steht das Rad. Ich lasse mich seitlich umkippen, bis mein linkes Bein Bodenhaftung hat und gleite aus dem Sattel. Michael ist bereits weit vor mir, noch viel weiter vor uns höre ich Richard fröhlich singen. OK, Kräfte gesammelt, Pedale in eine günstige Ausgangsposition gebracht und mit Schwung in den Sattel. (Diese spindeldürre schwarze Banane heißt tatsächlich so) natürlich habe ich wieder die Klickseite der Pedale erwischt. Egal, erst einmal Fahrt gewinnen. Ich stemme bergerprobte Läuferschenkel in die Mechanik, hebe mich in den Wiegetritt und schaffe eine dreiviertel Umdrehung. Aber die Physik ist gnadenlos: langsam und fast majestätisch steigt das Vorderrad in die Höhe. Das Radl glaubt wohl, es sei Ferraris Pferdchen. Ich beuge mich weit nach vorne mit dem Ergebnis, dass jetzt das Hinterrad krachend und schotterschleudernd durchdreht. Ich drehe auch gleich durch, springe ab von diesem gemeinen schwarzen Hengst und schiebe ihn grummelnd und brummend die elende Rampe hinauf. Der Rucksack drückt, die Waden brennen, das Herz rast und ich tropfe wie ein Kieslaster. Richard und Michael, der mit seinem Bike besser zurechtkommt als ich, sind verschwunden. Weit weg höre ich sie rufen. Ja, ja ich komm ja schon. Rechts zweigt ein Weg ab, der noch steiler nach oben führt wie der meine. Ich schiebe das Fahrrad rückwärts da rauf, schwinge mich in den Sattel und rolle mit Schwung hinunter. Füße sortieren und rein in die Pedale. Es hat tatsächlich geklappt! Glücklich strampele ich nach oben. Was ich gerade für ein Blatt fahre? Keine Ahnung, es geht ganz leicht und die Geschwindigkeit ist ungefähr die eines Wegschneckenhengstes. Muss irgendetwas ganz kleines sein. Glücklicherweise ist die Steigung bald zu Ende. Halbwegs eben geht es weiter. Jetzt kann ich endlich aufholen. Klick-Klick-Klick macht die Schaltung und der Tacho zeigt flotte 28km/h an. Der Tacho? Hoppla, den hätte ich eigentlich auf Null stellen sollen. Bei der Abfahrt, damit wir wissen, wie weit wir schon gekommen sind und ob meine "Grüne-Tisch-Runde" nicht etwa zu kurz ist. Ich drücke einen der drei Knöpfe. Die Uhrzeit erscheint. Der nächste Knopf zeigt mir merkwürdige Zahlen in Verbindung mit kryptischen Kürzeln. Wieder nix. Ich drücke die Knöpfe länger. "DST" erscheint mit einer langen Zahl im Gefolge. Oh, das ist wohl die Grundeinstellung! Bloß nicht dran fummeln!! Ich lasse das Bedienerfreundliche Instrument in Ruhe und strenge mich an, die Kameraden einzuholen. Nach einigen Kurven erwartet mich Michael am Beginn einer Steigung. Ich bitte ihn, den Tacho auf Null zu stellen aber auch er kapituliert vor Richards südnepalesischer Spezialanfertigung. Die Steigung ist nicht gar zu giftig, so dass auch ich ungeübter Tretling im Sattel bleiben kann. So gelingt es uns tatsächlich den unermüdlich vor sich hin stampfenden Richard einzuholen. Ein richtiger Dino ist das: vom Laufstil her nicht der graziöseste, aber voller Energie und Kraft. Er ist gut drauf heute, grinst, als ich mich für die doch unerwartet harten Steigungen entschuldige und stellt mir dann endlich den Kilometerzähler ein. Der Regen lässt nach, wir kommen auf ein Stück freier Strecke. Rechts von uns erstreckt sich die Rheinebene unter einem wolkenverhangenen Himmel, links ziehen sich die Weinberge hinauf. Die Luft ist klar und frisch, riecht nach Laub und Erde. Wir nähern uns Schriesheim, wo wir wieder runter ins Tal müssen nur um auf der anderen Seite, vorbei an der Strahlenburg, wieder Höhe zu gewinnen. Endlich sind wir ein Team. Ich reiche Richard eine der drei Trinkflaschen, die ich am Rad und im Rucksack mitführe. Dann geht es bergab. Michael und ich nutzen die Gelegenheit, lassen es rollen und warten am Ortsrand von Schriesheim im mittlerweile wieder einsetzenden Landregen auf unseren Kameraden. Rasch ein Riegel und ein tiefer Schluck, ein schneller Blick auf die Karte und auf den in Folie eingeschweißten Merkzettel. Mittlerweile haben wir ungefähr fünf Kilometer geschafft. Ein Zehntel der geplanten Strecke. Bloß nicht dran denken. Da kommt Richard aus dem Wald. Er lacht und wir schwingen uns wieder auf die Räder. Wir laufen auf Asphalt, vorbei an herrschaftlichen Villen, malerisch am Hang gelegen, in Richtung Talsohle. Zwei Minuten später aufgeregtes Rufen von Richard: wir Radler haben einen wichtigen Abzweig verpasst! Schöne Sherpas sind wir! Wir kehren um, sehen Richard gerade noch hinter einer Garage verschwinden. Wir halten an und schauen ungläubig auf die Treppenstufen die sich windend, wie der Niedergang in mittelalterliche Verliese, nach unten schlängelt: die Stufen zum Teil aus Stein, zum Teil aus ausgetretenen Holzstämmen, glitschig, tückisch, eng und steil wie Omas Kellertreppe. Wir schultern die Räder, tappen vorsichtig den schmalen Steig hinunter, dem lachenden Richard hinterher. Nicht zum ersten Mal an diesem Tag beneide ich ihn um seinen Part als Läufer. Nach kurzer Strecke durch das Dorf geht sauf der anderen Talseite wieder hinauf in Richtung Strahlenburg, die weithin sichtbar, wie ein Balkon auf halber Höhe des Berges nach Westen blickt. In vergangenen Jahrhunderten auf anrückende

Horden berittener Kämpen, heute auf die A5 mit ihren „Rittern der Landstraße", auf die dampfenden Schlote der Kraftwerke und den Flickenteppich der Äcker und Felder. Ich schaffe den Burgberg, dank guter Regeneration im Sattel, kurbele wie ein Herzpatient auf dem Ergometer und winde mich um Slalom hinter dem langen Michael her. Nun geht es fast durchweg eben in Richtung Süden. Aber der nächste Anstieg kommt bestimmt. Tapfer wurstele ich mich durch die Gänge nach unten, trampele, keuche, hebe meinen gepeinigten Hintern aus dem Sattel, beuge mich weit nach vorn, pumpe wie ein Maikäfer und. Stillstand. Frustriert blicke ich meinen beiden Freunden hinterher. Gerade verschwindet der gelbe Rucksacküberzug hinter einer Kurve. Lasst mich doch allein, verfahren, Pardon, verlaufen werde ich mich sicher nicht, ich habe ja die Karte. Und wieder stapfe ich einen Berg hinauf. Neben mir das Fahrrad, welches nun nicht mehr Transportmittel, sondern lediglich eine metallene Masse Ballast darstellt. Schlurf, Schlurf, Schlurf. Hanebüchene Schnapsidee, beim Fünfzig-Kilometerlauf den Bike-Coach zu machen. Ich bin Läufer, denke ich wütend. „Ich bin Läufer, kein Fahrradfahrer!" Rufe ich böse. „Sieht man!" lacht ein Mountainbiker, der ganz locker an mir vorbeizieht. „!?" Ich nicke nur, grinse verbissen. Lach du nur, du Eisenarsch! Eingebildeter Buckler, Sonntagsläufer, Zehnkilometerabkacker! Ach Krämer, was macht Frust doch so unsportlich. Ich entschuldige mich geistig bei dem Wadelkönig. Neue Bewunderung für die

Tretfraktion keimt in mir auf. Harte Typen, die bei solch einer Steigung locker im Sattel bleiben. Ich schiele auf den Tacho, Schweiß und Regenwasser aus den Augen wischend. Geschwindigkeit: 4,8 km/h, zurückgelegte Strecke: 8,6 km. Plus der geschätzten Tacholosen Anfangsstrecke, so um die 10-11 Kilometer. Weit voraus und einige Stockwerke über mir höre ich Michael laut rufen. Verstümmelte Wortfetzen und immer wieder „Gecko! Gecko!" Entziffere ich. Mein Gehirn schaltet wohl schon auf Sparflamme. Registriert eingehende Laute nur noch über das Notsystem. Konzentriert sich bloß noch darauf einen Schritt vor den anderen zu setzen. Stehen bleiben gilt nicht. Richard dürfte langsam wieder etwas zu trinken brauchen. Ich darf die beiden nicht verlieren. Dumm, die ganzen Vorräte nur auf ein Bike zu konzentrieren. Nach wenigen Minuten werden die „Gecko" Rufe lauter. Ich höre Richard laut lachen. Da hockt er auch schon auf dem Weg und beschaut sich ein schwarzgelbes Kriechtier, welches ohne Scheu vor sich hinlurcht. Ein Feuersalamander! Richard, Feuerwehrmann und naturwissenschaftlich gut bewandert, weiß das natürlich. Deshalb lacht er auch über Michael, der als typischer Vertreter der Maledivengeneration wohl tropische Geckos kennt, aber nicht weiß, dass es auch bei uns außer Wildschweinen und Rehen noch mehr tierisches im Wald gibt. „Die sind sehr selten", sage ich, als ich wieder über genügend Atemluft verfüge. Richard würde den Schwarzgelben gerne mit nach Hause nehmen. „An meinem Teich würde der sich gut machen" sinniert er. Doch das Transportproblem, die damit verbundene Quälerei für das Tierchen und die Tatsache, das der Lurch unter Naturschutz steht, halten uns davon ab. Auf den nächsten Kilometern laufen wir Zickzack um der Unzahl, von den Weg kreuzenden Salamandern auszuweichen. „Die sind sehr selten, nicht wahr Herr Pfarrer?" Ärgert mich Richard, der mich aufgrund meiner eher stabilen Figur und der Angewohnheit, salbungsvoll zu dozieren, gerne mit dem Pfarrer unserer Heimatgemeinde vergleicht. „Vielleicht ist in der Nähe ja auch ein Schuhgeschäft", kontere ich. Immer öfter steige ich an Steigungen vom Rad, schiebe schicksalsergeben die gezahnte Tretmühle neben mir her. Kilometer 14. Meine Kondition geht den Bach runter. Wie gerne würde ich jetzt mit Richard tauschen. Die Beinarbeit auf dem Rad ist für mich doch sehr ungewohnt und obwohl ich mich für einen gut trainierten Langstreckler halte, ist das Fahrradfahren unter Last doch etwas ganz anderes. Ein guter Fußballer ist eben nicht auch automatisch ein Handballcrack. Nach dem Lurchberg geht es hinunter nach Dossenheim. Zwischen festlich gekleideten Kirchgängern, es ist „Weißer Sonntag", rollen wir durchgeweichten, schlammbespritzten „Bodyguards" unserem Schützling hinterher. Wir kommen uns vor wie US-Marines, die plötzlich auf dem Wiener Opernball aufkreuzen. Die Anzugträger mustern uns teils bewundernd, teils mitleidig. Wir ziehen unsere pubertäre Show ab: Richard: „Wie viele Kilometer?" Michael: „Vierzehn!" Ich: „Nur noch Sechsunddreißig!" Einer der Sonntagsfeinen zuckt merklich zusammen, sagt etwas zu seiner Frau. Wir grinsen uns an und ziehen weiter. Raus aus dem Ort, der Berg wartet! Richard wird mit Trinkbarem und einem Riegel versorgt, dann strampeln wir voraus. Vor dem nächsten Buckel will ich einen ordentlichen Vorsprung rausfahren um nicht wieder zurückzufallen. Am Parkplatz Turnerbrunnen warten wir auf unseren Läufer, nutzen die Pause um die Karte zu studieren, selber etwas zu trinken und die Fahrradflaschen aus der Vorratsflasche im Rucksack wieder zu füllen. Ich beschließe, die Strecke etwas abzuwandeln: entlang dem romantischen Mühlbach geht es leicht ansteigend in Richtung Nordosten, weg von der Rheinebene. Wir wollen östlich um den Heiligenberg herum, oberhalb des Neckars bis Kleingemünd und dann westlich von Ziegelhausen und Peterstal in Richtung Wilhelmsfeld zum Schriesheimer Kopf. Ich wähle den mit 4 markierten Wanderweg, der uns zur Holdermannseiche, einer markanten Wegspinne, führt. Dort werden wir dann weitersehen. Da trabt unser Schützling auch schon an. Kurzer Stopp, Trinken, Riegel, Einweisung in die neue Wegstrecke und weg ist er. Ich lasse mir Zeit, ziehe in aller Ruhe die Jacke wieder an, gönne mir auch noch einen Riegel und radele gemütlich hinter den beiden her. Doch schon bald verlässt die gelbe Vier das schöne Tal, windet sich wieder in weiten Kurven hinauf in schwindelnde Höhen. Wieder werde ich zum Fußgänger. Keine Reserven mehr. Jeder Anstieg lässt die Beinmuskeln brennen. Der Wille ist sowieso schon dahin. Ich kämpfe mich nur noch weiter, weil ich muss. An einer Gabelung geht es auf asphaltierter Forststraße weiter: einmal nach rechts, bergab, einmal nach links, gerade und einmal weiter hinauf. Laut meiner Karte ist der nach oben führende Weg der richtige. Die Markierung fehlt, dies ist, wie schon an einigen Stellen vorher, offensichtlich ein Grundübel im badischen Odenwald. Während bei uns im hessischen Teil an unübersichtlichen Stellen und Kreuzungen fast an jedem Baum ein Wegzeichen prangt, geht man hier offenbar davon aus, dass sich nur Ortskundige durch die Wälder bewegen. Hier besteht dringend Handlungsbedarf! Ich sitze wieder einmal im Sattel, den Blick nur wenige Meter vor mir auf die Straße geheftet und kurbele wie ein Hamsterrüde im Laufrad. Seltsam, so langsam müsste ich doch die Kumpels wieder eingeholt haben? Da kommt mir ein Jogger entgegen. Schon von weitem (bloß nicht anhalten!) rufe ich: „Tach, hast du nen Läufer mit Radbegleiter gesehn?" Der Jogger schüttelt den Kopf, „bis rauf zur Holdermannseiche ist mir niemand entgegengekommen". Das war noch ein gutes Stück Weg. Mir schwant böses. Die Kameraden sind der Verlockung des abwärts führenden Weges erlegen! So wende ich schweren Herzens und brause mit singenden Reifen bergab. Wohl wissend, dass ich das alles wieder würde raufstrampeln müssen. Eine Gruppe älterer Herrschaften mit Trekkingrädern kommt mir entgegen. Langsam und gleichmäßig zockeln sie bergauf, unterhalten sich lachend. Kein Vergleich mit meiner verbissenen Trampelei. Sie nicken und bejahen meine Frage nach Richard und Michael. Noch drei Kurven, dank Asphalt in verwegener Schräglage mit rauschendem Fahrtwind in den Ohren, dann hatte ich sie eingeholt. Ich sause vorbei, wende mit blockiertem Hinterrad wie ein amerikanischer Highway-Polizist und stoppe die Kerle. „Was? Die ganze Sch... wieder rauf?" Aha, selbst der Vorzeigebiker Michael scheint nun die Anstrengung zu spüren. Richard lacht nur. Er hat auf der Ferse gewendet und dackelt bereits wieder hinauf. Wir legen uns mächtig ins Zeug und dank Gruppenzwang schaffe ich es auch irgendwie auf dem Fahrrad zu bleiben. Wir überholen die Trekkingradgruppe. Ich schaffe noch ein paar hundert Meter, bevor mich die nun wieder stärkere Steigung wiederum zum Absteigen zwingt. Immerhin kann ich dank (fast)-Stechschritt mit Richard mithalten. Drei Läufer holen uns ein, fragen, neugierig geworden wegen unseres Gepäcks, was wir denn vorhätten. Wir erzählen es ihnen und sie geben uns wertvolle Tipps für den weiteren Wegverlauf. Bei der Holdermannseiche wechseln wir auf den Weg mit der Bezeichnung Z5. Mittlerweile haben wir die Zwanzig-Kilometer-Marke überschritten. Mein Hintern ist eine Orgie in Schmerz. Bergab nutze ich weiterhin jede Möglichkeit um mich aus dem Sattel zu heben. Wäre er mit fingerlangen Dornen gespickt, Marke Fakirs-Traum, ich glaube es hätte nicht schlimmer sein können. Kurz vor

Ziegelhausen halten wir zu einer kurzen Lagebesprechung an. Wir studieren gemeinsam die Karte und Richard macht den Vorschlag, auf dem kürzesten Weg zurück zum Auto zu laufen. Wir haben jetzt schon 25 km geschafft und die Steigungen waren wie dafür geschaffen, den Jungfrau-Marathon hierher zu verlegen. Zurück zum Auto? Feine Sache, der Haken daran war nur, dass wir gerade am Wendepunkt waren und von hier aus so gut wie jeder Weg zurück zum Auto führt. Doch immerhin ließ sich das Eck bis rauf nach Altenbach abkürzen. Auch sparen wir uns den Aufstieg über den 529m hohen Schriesheimer Kopf indem wir den kürzesten Weg über den weißen Stein nehmen. (548m) na ja, denke ich. Den einen Buckel schaff ich noch, dann geht's es heimwärts. Hätte ich geahnt, was mich an diesem Tag noch alles erwartet, ich wäre nach Ziegelhausen geradelt und in den nächsten Bus gestiegen. Das Geld für die Fahrkarte hätte ich durch den Verkauf von Richards Radl garantiert zusammenbekommen. Vom Gipfel des weißen Steins aus, wollten wir direkt ins Schriesheimer Tal hinunter um dann über den mit dem gelben B gekennzeichneten sogenannten Blütenweg zurück nach Leutershausen zu gelangen. Laut Karte sollte uns die gelbe 10 auf den Gipfel führen. Richard war (wie immer) bereits unterwegs. Weit voraus hörten wir ihn fröhlich rufen. In angenehm weiten Kurven ging es sehr moderat auf breitem, fein geschottertem Forstweg hinauf. Michael vor mir steigt gerade ab und schiebt sein Fahrrad mitten ins Unterholz. Merkwürdig, wenn er in die Büsche muss, kann doch ich auf das Teil aufpassen. Ich halte an, will ihn gerade fragen, was das soll, da sehe ich die gelbe 10. hämisch grinsend strahlt sie mich an. Weiter oben erkenne ich sie ein zweite Mal. Ich schlucke. Der Weg zum Gipfel führt in fast gerader Linie bergauf. Doch was heißt hier Weg? Es ist bestenfalls ein Wildwechsel, kaum erkennbar, durchsetzt mit Wurzeln, Felsen und umgestürzten Bäumen, dabei steil wie die Sprungschanzen in Innsbruck. Da hilft nur noch: Zähne hoch und den Kopf zusammenbeißen! Schritt für Schritt wie ein Bergsteiger in der Todeszone des Everest plage ich mich da rauf. Der Rucksack scheint vierzig Kilo zu wiegen, das Fahrrad förmlich am Boden zu kleben. Aber das Schlimmste war jedes Mal die Überquerung der breiten und nur mäßig ansteigenden Forststraße. Natürlich habe ich sofort auf der Karte geschaut, ob dies vielleicht eine Alternative zu diesem Höllsteig sei. Weit gefehlt: in weiten Schwüngen führte dieser Weg rund um den Berg. Keine Chance für mich armen Zwangsradfahrer. Ich muss unbedingt den Anschluss an die Kameraden schaffen. Richard würde da oben unbedingt etwas zu Trinken brauchen. Ich tappe weiter, Schritt für Schritt. Dann wird es endlich lichter zwischen den Bäumen. Gebäude sind zu erkennen. Ein Turm, ein Gasthaus. Aber vorher musste ich noch sechs Stufen bezwingen. Richard grinst mir entgegen, will etwas Witziges sagen, ich winke ab, keuche nur: „Ruhe, kein Wort! Luft! Luft!" Erschöpft lehne ich das Rad an die Mauer des Turmes. Reiche Richard die Trinkflasche, leere meine eigene auf einen Zug und ziehe Jacke und Helm aus. Geschafft! Der höchste Punkt der Strecke ist erreicht. Richard und Michael drängen. Sie wollen weiter, warten schon seit über zehn Minuten auf mich. Ich schicke sie los, nicht ohne ihnen die Markierungen einzuschärfen: „folgt dem gelben Kreuz und der Markierung DO2. An einer Hütte geht es dann rechts ab mit einem V. Aber bis dahin habe ich euch eh wieder eingeholt, es geht ja jetzt eine ganze Weile bergab." Die Jungs suchten erst eine ganze Weile nach dem gelben Kreuz (!) fanden es schließlich ein Stück weit den Weg hinunter und machten sich auf den Rückweg. Ich erholte mich ein paar Minuten, verstaute Karte und Handtuch und setzte den Helm wieder auf. Mental war ich wieder ganz gut drauf, anscheinend wirkte der Gipfel belebend auf meine Psyche. Fröhlich kurvte ich dem gelben Kreuz hinterher, verpasste fast den Abzweig, als sich DO2 in Richtung Südwesten verabschiedete und bekam fast einen Herzschlag, als der recht ordentliche Weg plötzlich endete und die Markierung einem Wurzel- und Felsgespickten Knüppeldamm folgte. Mit Schwung flog ich über die erste Wurzel, schrammte haarscharf an einem Baumstumpf vorbei, streifte mit den Pedalen die Ränder einer tiefen Furche in welcher ich gefangen war, wie in einem Gleisbett und versuchte die Geschwindigkeit zu reduzieren, ohne in den Freiflug überzugehen. Leute, das war Freestyle vom feinsten! Endlich gelang es mir die wildgewordene schwarze Bestie zu zähmen. Das Diplom als Rodeoreiter war mir jetzt wohl sicher. Vorsichtig, wie auf Eiern, in den Pedalen stehend (diesmal hatte ich nach nur drei Versuchen die richtige Seite erwischt) wackelte ich von Wurzel zu Wurzel, von Stein zu Stein, durch Rinnen und Pfützen. Mein Kreuz tat mir weh, die Handgelenke schmerzten und Schultern und Hals würde ich wohl tagelang nicht mehr richtig bewegen können. Der niedrige Lenker machte es notwendig, ständig den Kopf in den Nacken zu legen, um überhaupt nach vorne blicken zu können. Endlich erreiche ich die steinerne Jagdhütte. Von meinen Begleitern keine Spur. Auf einem Baumstamm sitzen drei älter Damen und Vespern. Sie genießen die mittlerweile sporadisch durch die grauen Wolken blinzelnde Sonne und schauen mir neugierig entgegen. Ich grüße freundlich, steige vom Fahrrad wie ein 109-jähriger Jockey und stelze wie John Wayne nach tagelangem Ritt zu den drei Grazien. Nein, einen Radfahrer mit Läufer haben sie nicht gesehen. Genauso habe ich mir das vorgestellt. Manfred Krämer, bergerfahrener Scout, Streckendisponent, Fahrradcoach mit fünf Sternen, verliert andauernd seine Babys! Resigniert ziehe ich Helm und Jacke aus, hänge beides zum Trocknen in die Bäume und lasse mich ebenfalls auf dem Baumstamm nieder. Was ist zu tun? Ich rekapituliere: mein Team hat sich verlaufen. Derzeitiger Aufenthaltsort unbekannt. Ich bin am Treffpunkt. Die Karte zeigt mir, dass Richard und Michael wohl den Abzweig des gelben Kreuzes verpasst haben, wie es mir auch beinahe ergangen wäre. Die Karte zeigt mir weiterhin, dass sie sich in Richtung Dossenheim bewegen. Sinnlos, wenn ich denen jetzt hinterherfahre. Der Umweg über Dossenheim ist einfach zu weit. Ich beschließe erst einmal hier zu bleiben. Wenn ich sie nicht bald einhole, werden sie von alleine Verdacht schöpfen. Ich aß eine Banane, streckte die Beine aus und verwandelte mich langsam wieder vom ausgebrannten Wrack in einen Menschen. Tief im Inneren meines Rucksackes klingelte ein Handy! Aufgeregt befreite ich das kleine Ding aus seinem muffigen Gefängnis. Michael war dran: „wir haben uns wohl verfranst! Wir sind an einer Kreuzung zwischen DO2 und DO1!" Ich entfaltete die Karte und finde auch gleich den Standort meiner Freunde. Sie sind gute zwei Kilometer in die falsche Richtung unterwegs gewesen. Sie befinden sich jedoch nur wenige hundert Meter Luftlinie unter mir. Eigentlich noch in Hörweite. „Lass mal nen Brüller los" sage ich zu Michael und horchte angestrengt. „Mooooon. feeeeeed!!" höre ich hallend aus der Ferne. Ich kündige meinerseits einen Brüller an, warne die drei Omas vor und röhre wie ein Kasernenhofschleifer kurz vorm Schlaganfall. Über das Handy bestätigt mir Michael, das er das gehört habe und das soeben eine Rotte von vierzig Wildschweinen, sowie diverse Rehe, Hirsche und allerlei Kleingetier in Panik an ihm vorbeigestürmt sei. Auf der Karte ist ein namenloser Weg eingezeichnet der direkt zu mir hoch führt. Ich weise Michael daraufhin. Aber die beiden trauen der Sache nicht, haben sie doch gleich mehrere

Wege zur Auswahl. Sie beschließen, den gleichen Weg zurück zu nehmen. Das kommt mir gar nicht ungelegen. So kann ich wenigstens meine Pause etwas ausdehnen. Fehlt eigentlich nur noch eine Schüssel mit Eiswürfeln in passender Größe für meinen Allerwertesten. Ich richte mich häuslich ein, die alten Damen verabschieden sich und ziehen weiter und ich bin alleine mit meinen Gedanken, meinen Kreuzschmerzen, meinen wehen Schultermuskeln, meinem angeknacksten sportlichen Selbstbewusstsein und diesem schlammverkrusteten sauteuren Mordwerkzeug. Ich mache ein paar halbherzige Dehnübungen und warte auf den Rest von Tick, Trick und Track. Wenig später treffen die verlorenen Söhne ein, wir machen eine letzte Lagebesprechung und beschließen von nun an zusammenzubleiben, komme was da wolle. Es kam zunächst eine herrlich lange Bergabpassage. Wir rollten meistens ein paar hundert Meter voraus, stiegen ab, ließen Richard passieren und folgten ihm wieder. Mittlerweile waren wir bereits fünf Stunden unterwegs. Der Kilometerzähler zeigte 36 km an, dazu kamen die vier Kilometer Verlaufstrecke, die die beiden hinter sich hatten. Im Schriesheimer Tal folgten wir der Straße durch den Ort, quetschten uns auf dem handtuchschmalen Bürgersteig abgasumnebelt zwischen Hauswänden und Autos durch und bogen schließlich mit dem gelben B in Richtung Norden ab. Endspurt! Das Ziel in greifbarer Nähe! Aber hatten wir das Auto nicht irgendwo oben auf einem Berg geparkt? Durch Weinberge und später durch Wald kämpften wir uns weiter. Auch Richard spürt jetzt die Anstrengung in den Beinen. Schweigend ziehen wir hintereinander her. Erinnerungen an meinen Rennsteiglauf im vorigen Jahr kommen auf: das monotone vor sich hinschlurfen bei Kilometer 64, der Tunnelblick, die Reizbarkeit, das Verwünschen selbst kleinster Steigungen. „Beißen" heißt das bei uns Läuferinnen und Läufern. Beißen lernt man eben nur bei solchen Sachen. An die Grenze gehen. Alles rausholen, was machbar ist. Jetzt, kurz vor dem erlösenden Ziel, muss ich doch noch einmal absteigen. Zu allem Übel fängt es wieder an zu regnen. Gerade waren die Klamotten so schön getrocknet. Teilnahmslos Drücke ich das Rad den Berg hoch. Zehn Minuten noch, dann ist Feierabend. Dieser Gedanke hält mich aufrecht. Eine kleine Gruppe Läufer kommt mir entgegen. „Na, Kette runtergefallen?" lacht einer, ich winke müde, grinse schief zurück, „die im Kopf" antworte ich, „die im Kopf." Das letzte Teilstück zum Parkplatz führt bergab. Ich schwinge mich aufs Rad, die Pedale sind wieder auf der verkehrten Seite. Anstatt mich zum 238. Male darüber zu ärgern, muss ich plötzlich laut lachen. Ihr blöden Pedale wollt mich ärgern? Ihr seid ja doof ihr! Ich drehe sie um, stemme mich in die Höhe (an Sitzen ist jetzt wirklich nicht mehr zu denken) und rolle glücklich auf dem Parkplatz aus. So Richard, da hast du deinen Drahtesel zurück. Vor Biel rühr ich nie mehr so ein Ding an! Wenig später sitzen wir in der Schutzhütte, beim traditionellen „Nach-dem-Laufen-Kuchen" und schlürfen

Milchkaffee. Endlich geschafft! Sauwetter, Muskelschmerzen, Pavianhintern, aber trotzdem: „Scheee war's!" Meinen wir alle drei. „Besonders der Schluss" konnte ich mir nicht verkneifen. Bliebe zu bemerken, dass ich die Nacht zum ersten Mal im Leben auf dem Bauch schlief und mich am nächsten Morgen über eine Müslischale wunderte, die verkehrt herum auf meinem Stuhl lag als ich mich setzte. Als ich nachschaute, war da aber keine Müslischale.

Einmal musst du nach Gossliwil!

Marathonnes größtes Abenteuer

Eigentlich wollte ich 2002 den Rennsteiglauf nur mal aus-
probieren. Eigentlich ich nach meiner Ankunft in Schmiedefeld nie wieder so was machen. Eigentlich fühlte ich
mich als Betreuer in diesem Jahr pudelwohl. Sogar morgens
beim Start in Eisenach tat es gar nicht weh, die Läuferinnen
und Läufer in der Ferne verschwinden zu sehen. Eigentlich
wollte ich dieses Jahr in Biel meinen Kumpel Richard auf
dem Fahrrad begleiten. Beim legendären Hunderter. Eigentlich. Wie komme ich dann dazu, mich in der Bieler Eis-
sporthalle herumzudrücken, angetan mit einer Startnummer,
die mich als Teilnehmer des 45. 100 km Laufes von Biel
ausweist? Ja bin ich denn noch zu retten? Gerade mal drei
Wochen ist es her, dass ich mich entschlossen habe an der
„Nacht der Nächte" teilzunehmen. Zwei Personen waren
maßgeblich daran beteiligt: meine Frau Moni und mein
Freund Raimund. Derselbe Raimund, der damals mit mir
im Lampertheimer Wald die ersten Laufschritte gemacht
hatte. Moni fragte, ob ich denn schon wieder einen Fahrra-
dartikel schreiben wolle, ich sei doch Mitarbeiter eines
Laufmagazins   und nicht der Pressesprecher der Vereini-
gung königlich niederländischer Fahrradfahrer. Das saß!
„Deine Leser wollen etwas über das Laufen lesen, etwas
über dich!" Etwas später, wir waren bei Raimund und sei-

ner Familie zu Gast, kam das Thema Biel zur Sprache. Raimund meinte scherzhaft, er würde auch einmal gerne den Radcoach machen. „Du läufst und ich begleite dich auf dem Rad" „Den Hunderter?" „Den Hunderter!" Moni fand, das sei eine gute Idee, aus dem Scherz wurde Ernst und nun steh ich hier im Schweizer Jura „Mitte uff de Gass" und warte auf den Startschuss. Mir ist ein wenig mulmig zumute. Reichen drei Wochen für eine seriöse Vorbereitung? Mit Sicherheit nicht. Immerhin bin ich aber nicht gänzlich untrainiert: laufe ich doch schon über ein halbes Jahr lang jeden Sonntag Bergläufe von zwei bis dreieinhalb Stunden Dauer. Dazwischen zwei bis drei flache Einheiten unter der Woche. Kondition ist wohl vorhanden, ob es für eine Zielankunft reicht, wird sich zeigen. Es ist kurz vor 22 Uhr, eine Zeit in der ich normalerweise genervt vom großen SAT1-Film und der überlichtschnellen Zapperei meiner Frau erschöpft ins Schlafzimmer wanke und das tue, was ein vernünftiger Mensch um diese Zeit tun sollte: schlafen! Immerhin, müde ich bin ich nicht, dafür sorgte schon der stressige Ablauf der Woche: da meine Firma mir keinen Urlaub genehmigte, sah ich mich schon mit 180 über die A5 brettern, mit qualmenden Reifen vor der Startmatte stoppen und atemlos dem Feld hinterher hecheln. Nun, ganz so schlimm wurde es dann doch nicht, zumindest den freien Nachmittag konnte ich der Geschäftsleitung abschwatzen, so dass wir bereits um 15 Uhr im Schweizer Quartier eingetroffen waren. Wobei mein Fahrradcoach auch noch den

Part des Fahrers übernommen hatte. Ich genoss die Vorzüge einer Klimaanlage und lümmelte entspannt auf dem Beifahrersitz. Vor einer Woche war Generalprobe: ein Testlauf über 2,5 Stunden. Start: 22 Uhr. Ich war so platt wie Oma Bärbels Pfannkuchen, Raimund klagte über das Zuckeltempo und Richard lief wie immer: zu schnell. Ideale Voraussetzungen für den längsten meiner Läufe. Endlich der Startschuss! Bei schwülen 25°C setzte sich das über 2000 Teilnehmer starke Feld langsam in Bewegung. Ich trug halblange Tights, ein kurzärmeliges Funktionsshirt, eine Laufmütze, Teflonsocken und meine geliebten Brooks Addiction. Am Körper verteilt befand sich noch ca. ein halbes Pfund Vaseline. Wir winkten unseren Radfahrern und dem Team vom „Tourmobil" zu, die verschiedene Punkte der Strecke anfahren wollten. Irgendwo weit vorne dröhnte ein Dudelsack. Ich bekam eine Gänsehaut. Die Radfahrer würden wir erst in Aarberg wieder sehen. Dort, kurz vor Kilometer 20 würden sie uns erwarten. Ich rechnete mit der Ankunft zwischen 0:15 und 0:20 Uhr. Wir wollten bis zu diesem Punkt gemeinsam laufen. Wir, das sind Richard Wehe und ich, sowie das „Running-Team-Rähmer" bestehend aus Vater Jörg (61) und seinem „Kleinen" Mark (25, 1,94m) die Rähmers sind ein eingespieltes Team mit langjähriger Ultraerfahrung, die sich auf dem Rennsteig, in Biel und bei den „Vierdaagse" dem berühmten niederländischen Marsch, bei dem in vier Tagen 200km zurückgelegt werden, bewährt haben. Sie sind auch ein Phänomen, denn auf ihr

Training angesprochen, lachen sie nur, winken ab und sagen: „Wir trainieren nicht. Wir laufen immer nur eine Stunde lang, ganz selten auch mal zwei. Wir kommen aber immer an!" Na, dagegen bin ich alte Marathonne ja hochtrainiert! Ich beschließe, die Erfahrung der Rähmers zu nutzen und mich ihnen anzuschließen. Doch zunächst geht es durch das abendliche Biel: wir traben locker durch die Stadt, angefeuert von tausenden von Menschen. Kinder strecken die Hände zum Abklatschen hin, Musikkapellen spielen schmissige Weisen und im Amüsierviertel (ja, das gibt es auch in der Schweiz!) herrscht eine Wahnsinnsstimmung. Das Vorurteil vom bedächtigen und Stockvernünftigen Schweizer wird hier eindrucksvoll widerlegt. Mit dem Kölner Marathonpublikum können es die Bieler allemal aufnehmen. Es ist herrlich, ich muss mich öfters bremsen um nicht unnötig Kraft zu vergeuden mit Showeinlagen und Angebertempo. Richard trottet vor mir her, dreht sich öfter um und schaut, ob wir noch da sind. Mich kleine graue Maus muss man in der bunten Schar schon suchen, aber der lange Mark in seiner papageienbunten Laufweste ist ein guter Leuchtturm. Hinter uns trabt eine ganze Abteilung englischsprechender Läufer, dem Dialekt nach könnten es auch Iren oder Schotten sein. Auf jeden Fall übertönen die Burschen mit ihrer phonstarken La-Ola-Welle locker einige hundert Zuschauer. Wir überholen eine der zahlreichen Militärpatrouillen. Die Soldaten marschieren in einer eigenen Wertungsklasse und sind immer paarweise unterwegs. Im Kampfanzug und in Knobelbechern ziehen sie über die Strecke und sehen aus, als wollten sie um die Welt marschieren. Vor mir läuft einer in schwarzen Uniformhosen und weißem Hemd mit Schulterklappen und Krawatte: ein englischer Bobby! Seine Laufschuhe sind auf Hochglanz gewienerte Straßenschuhe. Und ich habe mir wochenlang hin und her überlegt ob ich nun die Brookis oder die Asics, die Traillatschen oder Stabilschuhe anziehen soll. Ein schiefer Opa eiert vorbei: Beine durch die man mühelos ein Fass rollen könnte, die Arme fuchtelnd, der Schritt einseitig, dackelt er an uns vorüber. Ein verschmitzter Blick, ein kurzes Grinsen und schon ist er weg. Wen ich den zuhause getroffen hätte, ich würde ihm glatt über die Straße helfen. Er hat uns dann noch öfter wieder eingeholt und den Hunderter, den hat er auch geschafft. Zum 14. Mal. Soviel zum Thema armer alter Mann. Es geht eine Ewigkeit lang durch die Stadt. Langsam nervt das ständige Trommeln, Schreien und Brüllen am Straßenrand. Ma Rua will i hamm! Fast acht Kilometer und noch immer sind wir in Biel. Da: endlich! Der See. Frische Luft erleichtert das Atmen. Der Vollmond spiegelt sich im Wasser, wir nehmen die erste Steigung, die Brücke über den Nidau-Büren-Kanal. Die Briten hinter uns grölen und begrüßen jeden Rock am Straßenrand mit der Stimmgewalt des jüngsten Gerichts. Richard dreht sich zu mir um. Ja, ich bin noch da. Die Rähmers auch. Wir erreichen den ersten Verpflegungsposten. Ich nehme Wasser und etwas Brot. Weiter geht es.

Locker joggen wir die Steigung hinter Port hinauf. Eigentlich wollte ich hier ja gehen, um Kräfte zu sparen. Eigentlich ist mir das Tempo (ca. 6:10 min/km) viel zu schnell, eigentlich wollte ich im 7:30er Tempo die Strecke durchlaufen. Doch wieder einmal lasse ich mich mitreißen. Ein Fehler wie ich später wieder einmal einsehen muss. Zwischen Kilometer zehn und Kilometer 15 geht es auf flacher Strecke durch Getreidefelder. Der Weg ist ein teilweise betonierter Wirtschaftsweg. Die Briten sind endlich still, der Mond hat einen Hof. Das Trappen zahlreicher Füße um uns herum ist das einzige Geräusch. Entlang der Strecke stehen Richtungspfeile, an denen eine Taschenlampe mit Blinkfunktion befestigt ist. An jeder Kreuzung und an jedem Abzweig stehen Posten mit Leuchtstäben und weisen uns ein. In der Ferne die Lichter eines Dorfes. Als wir näherkommen, erkennen wir einen Lichtmast, einen lärmenden Generator und eine plärrende Megafonstimme erklärt in breitestem Schwyzerdütsch, die Prozedur des Kontrollstempelns: „Gähen sie wäitä, sie kriegchn au bäm nächsten äinen Stämpl!" Ich bremse ab, jemand drückt mir einen Stempel auf die Startnummer. Ich trage die 1761 an einem Startnummernband um die Hüfte und ziehe sie erschrocken hoch, damit der Stempel keine sensiblen Teile trifft. Anschließend geht es durch Kapellen. Es ist fast Mitternacht, das ganze Dorf ist auf den Beinen, überall stehen Bierbänke und fröhliche Zecher prosten uns anerkennend zu. Hier findet man kaum verständnisloses Kopfschütteln für uns

„Verrückte". Hier im Bieler Land ist der legendäre Hunderter eine ehrwürdige Tradition. Das merkt man schon an der Vollsperrung von Hauptstraßen und an der Präsenz von Landpolizei, Militär und der Stadtpolizei von Biel, die sogar bei uns Ausländern ein Auge zudrückte, wenn unser Auto ein wenig ordnungswidrig parkte. Nur der Grenzer in Basel, war ein grimmiger Vertreter seiner Art, der Richard unbedingt eine Vignette andrehen wollte. Richard erklärte ihm, dass er ausschließlich über Landstraßen nach Biel fahren wolle und erntete ein gehässiges „Na dann viel Spaß, wenn Sie es denn finden!" Doch der war die einzige Ausnahme. Alle Schweizer, die wir getroffen haben, von unseren Hüttenwirtinnen über die Helfer im Startbereich bis zu den zahlreichen Läuferinnen und Läufern, die wir unterwegs kennen lernten waren nett, freundlich und hilfsbereit. Später, auf dem Ho-Tschi-Minh-Pfad gab es dann noch etwas Ärger, aber das waren unsere lieben Landsleute, doch davon später. Die Nacht wurde zum Morgen, die Temperatur sank auf etwa 15°C und mein T-Shirt klatschte mir um den Leib wie eine nasse Plastikfolie. Sobald ich meinen Fahrradcoach erreichte, werde ich mir etwas trockenes anziehen. Der arme Raimund hat es im wahrsten Sinne des Wortes schwer mit mir: als Outdoorfreak und ewiger Perfektionist hatte ich in Packtaschen und Fahrradkorb alles hineingepackt, was eine fünfköpfige Amazonasexpedition für eine Woche benötigt: Ersatzschuhe, drei Sätze Klamotten, Regenjacken, Erste-Hilfe-Material, Blasenpflaster eine

Bazookagroße MAG-Lite, inklusive Ersatzbatterien, die den Begriff der Taschenlampe ad absurdum führte sowie Fotoausrüstung und Raimunds persönliches Equipment. Dazu kam, das Raimunds Trekkingrad ein Stahlbock mit dem Gewicht einer 750er Honda ist. Wenigstens hatte er die gigantische MAG-Lite aus dem Gepäck verbannt. Das Fahrrad verfügte mit seiner Dynamobeleuchtung und doppelter Batteriebefeuerung über ausreichend Lichtquellen. Die Beflaggung, bestehend aus Deutscher und Lampertheimer Fahne wurde ebenfalls gestrichen. Wir erreichen den Ortsrand von Aarberg. Wieder sitzen die Einwohner auf der Straße und in ihren Vorgärten, kleine Kinder wuseln zwischen den Läufern herum. Der Autoverkehr ist verbannt. Wir passieren die Ortsmitte mit ihren prächtigen alten Häusern, überqueren eine herrliche gedeckte Brücke, wie man sie in der Schweiz oft findet. Sie erinnern mich immer wieder an den Film „Die Brücken am Fluss" mit Clint Eastwood. Ein alter Mann, der noch einmal zur Hochform aufläuft. Wie ich (haha). Unter einer Unterführung durch, erreichen wir den Verpflegungsposten. Ich nehme wie immer zwei bis vier Becher Wasser. Die Helfer schleppen das kühle, aber nicht kalte Nass in riesigen Milchkannen herbei. Die Versorgung klappt einwandfrei. Alles ist im Übermaß vorhanden. Ich probiere auch den Sporttee, der ist mir aber doch etwas zu süß. Von den ISO-Getränken lasse ich die Finger, greife aber gerne bei Brot, Bananen und den geviertelten Orangen zu. Herrlich, solch eine zuckersüße

Südfrucht mitten in der Nacht auszuschlürfen! Die Rähmers sind nicht mehr bei uns. Sie haben vor einigen Kilometern das Marschieren angefangen und uns Joggern noch alles gute gewünscht. Wenige hundert Meter weiter stehen Angelika und „Kalle" am Straßenrand. Gegenüber wartet Raimund mit seinem „Heavy-Metal-Bike" auf uns. „Modenschau!" rufe ich übermütig und ziehe mein Hemd aus. Ich will unbedingt das kurzärmelige Laufshirt mit dem SCA-Firmenlogo haben, welches Richard trägt und durchwühle hektisch das Gepäck. Richard ist schon weiter. Er reiht sich ein, in die endlose Schlange blinkender und leuchtender roter Lampen, die sich bis zum Horizont über Berg und Tal windet. Ich finde das Shirt nicht, werfe den triefnassen Lappen, der mir bisher als T-Shirt gedient hat von mir. Angelika verstaut es mit spitzen Fingern im Tourmobil. Es ist kühl. Ich entscheide mich endlich für den leichten Fahrradpulli. „Der ist geweiht!" erkläre ich feierlich, „ein Geschenk von Moni!" Der Pulli erweist sich für den Rest der Nacht als die richtige Wahl, ist es doch nun schon recht frisch. Frisch gestärkt und mit Raimund neben mir, geht es weiter. Biel ist nahe! Nur noch 80 Kilometer! Kurz hinter Aarberg erweist sich die „fast flache Strecke" wie Richard Biel charakterisiert, als ganz schön profiliert: ich verlangsame meinen Schritt, trabe fast auf der Stelle und wurstele mich einen ganz schön heftigen Buckel hinauf. Plötzlich ein hastiges Trappen hinter uns, eine Stimme ruft: „Links frei! Staffler!" Schon braust ein junger Athlet in erstaunlichem Tempo den Berg hinauf. Begleitet wird er von einem Kerl auf einem Triathlon-Bike mit einer Befeuerung wie ein Monte-Carlo-Rallyefahrzeug. Noch mehrere Male scheuchen uns die Teilnehmer der Team-Staffetten zur Seite. Ein Team besteht aus vier Läufern, davon mindestens eine Frau, welche sich die Strecke in Abschnitte, von 39, 20, 23 und 18 Kilometern teilen. Vor uns winkt wieder einer mit einem Leuchtstab. Wir biegen nach links ab, überqueren die Autobahn. Ich bin immer noch gut drauf. Im linken Fuß bemerke ich ein leichtes Ziehen. Nichts schlimmes, aber ich belauere es. Voraus ein Kilometerschild: 25 steht darauf. Raimund staunt, hat er doch das Gefühl schon zehn Kilometer weiter zu sein. Ich auch. Trügerische Nacht! Am Ende der Steigung erwartet uns der Verpflegungsposten Ziegelried. Unter dem weit vorspringenden Dach einer Scheune ist das Buffet aufgebaut. Ein buntes Völkchen steht herum, sitzt teilweise auf der Erde oder lehnt an den herumstehenden landwirtschaftlichen Geräten. Die wenigsten laufen gleich weiter. Raimund und ich beschließen auf das „Running-Team-Rähmer" zu warten. Ich trinke Unmengen von Wasser, futtere Brot, Obst und probiere einen süßklebrigen Riegel von Schuhsohlenartiger Konsistenz. Nicht lange dann taucht Jörgs grauer Bart aus dem Dunkel auf und müde schlurft Mark in seiner auffälligen Weste herbei. Nachdem die beiden sich gestärkt haben, ziehen wir gemeinsam weiter. Im Militärschritt geht es weiter in Richtung 30 Kilometer. Bei Scheunenberg erreichen wir das flache Limpachtal. Rechts dehnen sich Wiesen und Felder, links erheben sich dunkel bewaldete Berge. Der Vollmond wandert in die andere Richtung, beleuchtet die Szenerie und wirft silbriges Licht auf die weit verstreut daherzockelnden Läuferinnen und Läufer. Der schiefe Opa trabt wieder an uns vorbei. Exakt im gleichen Tempo wie in Biel. Unaufhaltsam, stetig, merkwürdig anzusehen, strahlt er Zuversicht und Durchhaltevermögen aus. Ob ich in seinem Alter auch noch laufen kann? Oder sitze ich dann vor dem Fernseher und wackele mit dem Kopf? Zehn Kilometer geht es nun wie mit dem Lineal gezogen geradeaus. An einem Gehöft waschen wir uns am Brunnen das Salz aus dem Gesicht, kühlen unsere Arme und ziehen erfrischt weiter. Diese Brunnen mit ihrem Kristallklaren Wasser sind ein wahrer Segen. Wir beschließen wieder ein wenig zu joggen. Raimund mahnt zur Langsamkeit. Doch ich will nicht hören, singe militärische Kadenzen und versuche doch nur den Schmerz im linken Fuß zu übertünchen. Jetzt schon Probleme? Noch nicht einmal bei Kilometer 40? Was soll das bloß werden? Ich analysiere die Symptome. Komme zu dem Schluss, dass der Brooks zu weich ist. Ich laufe ihn platt, mein Fuß läuft aus dem Ruder. Ich sage den Kameraden, dass ich in Oberramsern die Schuhe wechseln werde. An einen Ausstieg wage ich nicht zu denken. Hoffentlich ist es nur der Schuh, schicke ich ein Stoßgebet zu wem auch immer. Um 03:15 erreichen wir die Station Oberramsern bei Kilometer 38,6. Wenn wir so weitermachen ist eine Zielankunft um 12 Uhr durchaus machbar. Ich wechsle die Brooks gegen die härteren Asics Gel-Foundation III. Mühselig, mit ungelenken, dicken Fingern brauche ich fast zehn Minuten um den Chip aus den Schnürsenkeln zu popeln. Nach kurzer Pause geht es rechts um die Ecke und nach dreihundert Metern lacht uns das 40er Kilometerschild entgegen. Haben wir eine Schleife vergessen? Was stimmt denn nun nicht? Sind die Aussteiger bei 38,6 weiter als gedacht, oder sind wir diejenigen, die sich zu früh freuen? Egal, wir beschließen uns darüber zu freuen und marschieren im Sturmschritt quer durch das Tal auf die Berge zu. Die Schmerzen im Fuß werden weniger. Es war doch nur der Schuh! Nun ist es so, dass Jörg und Mark erfahrene Marschierer sind, Jörg mit seiner Bundeswehrzeit sowieso, obwohl der Fast-Zwei-Meter-Mann eher gemütlich neben uns „Kleinen" herwalkt. Ich dagegen bin diese Art der Fortbewegung nicht gewohnt, freue mich nichtsdestotrotz über die Gelenkschonende Gangart und bin jedes Mal froh, wenn eine Joggingetappe wieder durch einen Marsch abgelöst wird. Jetzt rächt sich das relativ hohe Tempo auf den ersten zwanzig Kilometern. 100 Kilometer sind eben kein Marathon und zwanzig sind nur ein fünftel davon. Im rechten Kniegelenk ziept etwas. Ich ignoriere es. Läufer in meinem Alter haben ständig irgendwo etwas das ziept, zupft oder kneift. Doch das Ziepen wird stärker, erinnert mich an einen Muskelfaserriss vor längerer Zeit. Unwillkürlich verlagere ich mein Gewicht nach links. Sehe plötzlich selber aus wie der schiefe Opa. Ich verringere das

Tempo, informiere meine Begleiter und ziehe erstmals ernsthaft in Betracht in Kirchberg, bei Kilometer 58,9 abzubrechen. „Das ist aber noch ein weiter Weg" warnt mich Jörg. Ich weiß. 13 Kilometer oder etwas mehr. Mittlerweile ist es Vier Uhr vorbei. Im Osten kriecht die Dämmerung herauf. Noch einmal wird es stockfinster als wir ein Waldstück durchqueren. Mark fällt zurück, ich drehe mich um, sehe seine riesige Silhouette hin und herschwanken. Sein Vater hat es auch gemerkt, geht zu ihm hin. Mark ist fast eingeschlafen, schlurft lethargisch vor sich hin. Die Nacht ist zum Schlafen da, nicht zum Marschieren. Unsere Körper wissen das, wollen nicht überlistet werden, bestehen auf ihrem Rhythmus, den Jahrmillionen der Evolution in ihnen verankert haben. Mark redet auf seinen „Jungen" ein, nimmt ihn bei der Hand, zieht ihn heraus aus dem Loch. „Wir schaffen das, wir kommen immer an", redet er ihm zu. Das bewundere ich an den beiden: diesen Umgang miteinander, die Bande, die nicht nur der gemeinsam ausgeübte Sport knüpfen, das gegenseitige Vertrauen und der gegenseitige Respekt. Ein ungewöhnliches Gespann in der heutigen ach so coolen Zeit. Schön, solche Menschen kennen zu lernen, denke ich. Raimund ist zurückgefallen. An einer Steilstrecke stieg er erschöpft aus den Pedalen, ruhte sich etwas aus um dann das schwere Rad den Berg hinaufzudrücken. Raimund, der vor einem Jahr das Rauchen wieder angefangen hatte, der mit dem Rad höchstens mal ums Dorf gefahren war, seit zwei Jahren nicht mehr laufen war und beruflich seinen Tag zumeist am Schreibtisch verbringt. Der schlägt sich hier die Nacht und den folgenden Tag um die Ohren, legt 80 Kilometer zurück und hat sich zum Ziel gesetzt, mich nach Biel zu bringen. Raimund kann ganz schön ehrgeizig sein, das werde ich noch merken. Der Zieper im rechten Knie hat sich zum handfesten Schmerz entwickelt. Ich beschließe definitiv in Kirchberg auszusteigen. Gleichzeitig fürchte ich mich ein bisschen vor den letzten Kilometern bis dahin. Werde ich es schaffen? Ich überrede die beiden Rähmers, ihren Weg ohne mich weiter zu gehen. Sie wollen nicht, wollen bei mir bleiben und mir helfen. Ich will ihnen aber nicht ihren Lauf verderben. Außerdem habe ich ja Raimund bei mir. Endlich sehen sie es ein und nach vielen guten Wünschen ziehen sie davon. Die werden ankommen. Da bin ich mir jetzt schon sicher. Am Verpflegungsposten Jegenstorf lege ich mich kurz hin, Raimund massiert mir die Beine. Kilometer 50. Die magische 50! Obwohl man die Hälfte bei einem 100km-Lauf tunlichst bei 70 ansiedeln soll, bin ich doch froh, überhaupt so weit gekommen zu sein. Noch acht Kilometer dann ist Schluss. „Wir werden sehen" sagt Raimund und deutet in Richtung Horizont, wo sich der Sonnenaufgang ankündigt. Mit dem Tageslicht erwachen wieder die Lebensgeister. Richtig müde bin ich nie gewesen. Zwar musste mich Raimund mehrmals wieder in die reale Welt zurückholen, aber das war das ständige Bohren und Stechen in der Kniekehle und nicht die Müdigkeit an sich. In den langen Jahren als Fernfahrer habe ich Wochen gehabt, in denen ich nur sechs oder acht Stunden geschlafen habe. Ich weiß um die Geister der Nacht. Ich habe Vollbremsungen gemacht, weil Männer auf der Autobahn saßen und Kaffee tranken, ich habe Brückengeländer durchbrochen und bin schweißgebadet hinter dem Lenkrad aufgewacht. Wohlgesichert durch Handbremse und eingelegtem Gang auf einem Parkplatz. Ich kenne die Kapriolen des menschlichen Gehirns. 6:20 Uhr: kurz vor Kernenried steigt ein Heißluftballon in den Himmel. Dann noch einer. Der zweite sieht aus wie eine riesige Taschenlampenbatterie. Das sind keine Halluzinationen. Die Sonne scheint durch den Tüllvorhang aus Morgennebel über der Emme. Ich fasse neuen Mut. Rede mir ein, dass der Schmerz nicht stärker geworden ist. Marschiere etwas schneller, beginne gar wieder ein paar Schritte zu Joggen. Bis um sieben Uhr werde ich wohl in Kirchberg sein. Aufgeben? Niemals! „Ins Ziel" murmele ich. Raimund kommt näher. „Hast du etwas gesagt?" „Ins Ziel!" wiederhole ich lauter, „Ich komme ins Ziel, egal wie!" Raimund grinst zufrieden, steckt sich eine an, als ich kurz den Feldrand bewässere. Der Tag wird heiß. Die Sonne hat bereits jetzt schon eine enorme Kraft. Um 6:50 erreichen wir den Posten Kirchberg. Frühstück. Ich habe großen Appetit. Greife mächtig zu. Mittlerweile gibt es an den Verpflegungsposten auch Cola und ich nehme zwei Becher von der süßen Brause. Raimund gelüstet es nach einer Bratwurst, die nebenan verführerisch auf dem Grill brutzeln, aber wir haben nicht daran gedacht, Fränkli mitzunehmen. Pardon, Franken, denn ein Schweizer hat uns belehrt, dass es schon seit Jahren keine Fränkli mehr gibt. „Was so teuer ist, ist kein Fränkli, das ist ein ausgewachsener Franken!" Recht hat er, und so muss mein treuer Coach auch mit Brot und Riegeln vorlieb nehmen. Ich lasse mich noch einmal massieren, lüfte die Füße aus und versehe sie mit einer neuen Schicht Vaseline. Die Teflonsocken haben ihr Versprechen gehalten: keine Druckstellen, keine Blasen, keine Rötungen. Meine Füße sehen aus als wäre ich überhaupt nicht gelaufen. Der Schmerz im linken Fuß ist mittlerweile ganz verschwunden und ich fühle mich gut in Form. Keine Verspannungen, keine Muskelschmerzen, bis auf diesen hundsgemeinen Bohrer in der rechten Kniekehle. Genau da, wo der Wadenmuskel angetackert ist. Wut steigt in mir auf. Ich bin fit, ich bin ausgeruht, ich bin wieder mental gut drauf. Ich werde den Teufel tun und hier aussteigen. Ich bitte Raimund, unser Team zu informieren. „Krämer macht weiter", gibt er durch. Ich tausche den Pulli gegen ein Singlet, nehme noch einen Schluck Wasser und humpele los. Nach einer Pause ist der Schmerz immer ganz besonders präsent. Nach wenigen Minuten läuft es sich dann aber einigermaßen ein. Jetzt kommt der Ho-Chi-Minh-Pfad. Hier dürfen die Radler nicht mit. Sie müssen gesondert außen herum fahren um bei Kilometer 70 wieder zu uns zu stoßen. Aber wo ist der Abzweig? Wo stehen die Schilder, wo ist der Einweiser? Nichts zu sehen. Dummerweise sind auch gerade keine anderen Radfahrer in Sicht, nach denen wir uns richten könnten. Ich frage ein paar Läufer, aber die wissen auch nichts. Wir beschließen, zusammenzubleiben. Bestimmt steht weiter vorne einer, der Raimund auf den rechten Weg bringt. Wir durchqueren ein Gewerbegebiet und erreichen einen Hochwasserdamm, der neben der Emme entlang führt, die in ihrem breiten Kieselbett vor sich hinplätschert. Rutschige Steine und Wurzeln machen den Weg tückisch. Es ist auch nur ein schmaler Pfad. „Lieber Raimund", sage ich feierlich, „willkommen in Vietnam" mit jedem Schritt wird mir klarer, dass wir uns auf dem berüchtigsten Teil der Strecke befanden. Zehn Kilometer einspurige Verkehrsführung und ich Dödel schleppe meinen Radler da rein. Wir laufen auf ein Pärchen auf, die bereitwillig platz machen wollen. Wir bleiben aber lieber hintendran. Ich will mein Bein nicht verärgern, dass jetzt doch schlimmer geworden ist. Die ständigen Richtungswechsel und Ausfallschritte sind Gift für mein Knie. Raimund ist längst abgestiegen, schiebt das Rad hoppelnd und klappernd über diesen Knüppeldamm. Wir bewundern die Cracks, die diese Strecke im Tempolauf bei Dunkelheit durchlaufen. Es wird immer heißer. In der grünen Dämmerung dieses Dschungels schwirren Mücken um uns herum. Der Morgentau wird zu dampfendem Brodem. „Fehlen nur noch Blutegel und Alligatoren" scherze ich halbherzig, denn nach Späßen ist mir schon lange nicht mehr zumute. Längst habe ich die Gewissheit darüber erlangt, dass ich das Ziel nicht erreichen werde. Dann eben Gossliwil, denke ich trotzig und versuche nicht an die 20 Kilometer zu denken und an die zermürbende lange Rampe, welche die letzten 10 Kilometer da hinauf führt. Gekeife von hinten: eine junge Frau beschwert sich lauthals über das Vorhandensein eines Radfahrers auf diesem geheiligten Boden. Raimund macht Platz, entschuldigt sich, versucht die Situation zu erklären, erntet jedoch nur noch schrilleres Kreischen. Mit so viel Power hätte die Lady eigentlich schon längst im Ziel sein müssen, denke ich und bekomme ein schlechtes Gewissen wegen unserer Trotteligkeit. Es kommen noch mehr Läuferinnen und Läufer vorbei. Sie bedanken sich, wenn wir den Weg freimachen, flachsen über meinen geplagten Radler und nehmen es uns nicht übel, das wir ein bisserl doof waren. Unter einer Brücke befindet sich ein weiterer Versorgungsposten. Die Hälfte vom Ho-Chi-Minh-Pfad ist geschafft. Auch hier nimmt niemand Anstoß an meinem Begleiter. Ich setze mich auf eine Bank, Raimund massiert wieder meine Beine, dann geht es weiter. Ich werde immer langsamer. Selbst meine Schwiegeroma würde mich jetzt noch verratzen. Der Damm führt jetzt, gekrönt von einer niedrigen Betonmauer, heraus aus dem Wald. Die Sonne brennt, ich bin froh über meine Mütze. Dann kommt der Rote: „Schon wieder so ein Scheiß-Velo!" krakeelt es schon von weitem in breitestem badisch. Dann trabt ein älterer Herr im roten Karlsruher Trikot an uns vorbei. Ständig ist er am lamentieren und am Nörgeln. Wir würden disqualifiziert werden, wir müssten sofort aus dem Rennen geworfen werden, Frechheit! Unverschämtheit! Wartet nur, wenn euch ein Offizieller sieht! Bla, bla, bla! Ich rufe ihm noch hinterher, dass ich ihm noch einen guten Lauf und eine gute Zielzeit wünsche und ernte nur noch mehr wüste Beschimpfungen. Der glückliche. Dem tut nix weh, der hat keine Probleme, den treibt sein heiliger Zorn wahrscheinlich in neuer persönlicher Bestzeit ins Ziel. Lieber Laufkamerad aus Karlsruhe, du kannst ja einen bösen Leserbrief schreiben, wenn du das hier lesen solltest. Und angekommen bin ich auch nicht. Aber mein Radler. Ätsch! Wir trotten weiter. Dunkle Gedanken kommen mir in den Sinn: wenn nun wirklich ein offizieller? Da vorne stehen schon zwei!! Oje oje! Was nun? In einem Waldweg parkt ein Auto mit der Durchfahrtserlaubnis des Veranstalters hinter der Windschutzscheibe. Zwei junge Leute mit Listen und einem Handy in der Hand grüßen uns freundlich, lächeln Raimund aufmunternd zu, der unsicher sein Fahrrad an ihnen vorbeischiebt. Geschafft! Niemand hat uns in Eisen gelegt. Niemand wütend die Startnummer von der Brust gerissen und die Reifen zerstochen. Wahrscheinlich sehen die

das lockerer als mancher Teilnehmer. Zu dieser Zeit, wenn nur noch hier und da ein Häuflein Versprengter unterwegs ist, bildet ein einsamer Radfahrer der sein Stahlross schiebt, wirklich keine Gefahr für Leib, Leben oder Zielzeit mehr. Am nächsten Posten gibt es eine Sanitätsstation. Ich humpele hinein, freundliche Damen kümmern sich gleich um mich, fragen nach meinen Beschwerden. Ein herbeigerufener Arzt diagnostiziert eine Entzündung, Wasser im Knie und murmelt etwas von Meniskus und Operation. Herrliche Motivationstaktiken haben sie hier! Er empfiehlt den Ausstieg, registriert meinen wütenden Blick und mahnt dann lediglich zur Langsamkeit und zur Kühlung. Ich bekomme eine wohltuende kühle Salbe, eine Massage am gesunden Bein und viele gute Wünsche. Nach vier Bechern Wasser, einer ausgiebigen Waschung im Brunnen und dem Genuss zweier Orangen geht das „Humpling-Team-KräMü" wieder auf die Piste. Kurz darauf erreichen wir Kilometer 70. Es ist 9:00 Uhr. Nur noch 12,2 Kilometer! Das ich dafür noch geschlagene drei Stunden brauchen würde, habe ich Gott sei Dank noch nicht gewusst. Die Strecke führt jetzt über eine gesperrte Landstraße ständig bergauf. Nicht steil, zuhause im Training würden wir über so etwas nur milde lächeln, aber hier war es mein Weg der langen Messer. Messer, die in meiner Kniekehle wühlen und bohren. Jeder Brunnen wurde ausgenutzt: Schuh aus, Socken aus, rein das Bein. Ich entschuldige mich bei anderen Läufern, die sich im gleichen Brunnen das Gesicht waschen, werde aber lächelnd geduldet. Im Wasser ist der Schmerz weg, sobald ich wieder unterwegs bin ist er wieder da. Ein treuer Begleiter, auf den ich liebend gerne verzichtet hätte. Raimund fragt, ob ich nicht vielleicht doch noch bis ins Ziel? Ich antworte nicht, presse die Lippen zusammen wie ein trotziges Schulkind kurz vorm Weinen. Eine Welle aus Wut und Zorn kommt hoch. „Ich mach weiter!" stoße ich hervor, „Ich komm ins Ziel!" mehr sage ich nicht, denn da sitzt etwas in meiner Kehle. Doch ich weiß sehr genau, dass ich Biel heute nicht via Zielkanal erreichen werde. Meter für Meter schleppe ich mich weiter. Alle hundert Meter bleibe ich stehen, betaste mein Knie. Verfluche das nächtliche Marschieren. Das bitterste: ich fühle mich ansonsten fit. Ich habe Kraft, ich habe Luft, die Hitze macht mir nicht viel aus, ich bin gut hydriert, mein Magen macht keine Probleme und meine Füße schmerzen nicht. Aber ich kann nicht mehr laufen! Am liebsten hätte ich einfach losgeheult. Wäre ich ausgeschieden, weil ich erschöpft oder mental nicht stark genug gewesen wäre, ich hätte es akzeptiert. Aber so weiß ich, dass ich das Ziel sicher erreicht hätte, wenn ich mir bei dem Stundenlangen Stechschritt nicht dieses Zipperlein geholt hätte. Vielleicht nicht in 14 Stunden, sondern in 16 oder 17, aber ich hätte es erreicht. Ich lache plötzlich laut auf. Raimund mustert mich besorgt. „Ich weiß jetzt, warum der Stechschritt, Stechschritt heißt!" Von hinten nähert sich ein VW-Bus vom roten Kreuz. Er verlangsamt neben mir, der Fahrer schaut herüber, wartet auf ein Zeichen von mir. Ich wende mich ab, halte meinen rechten Arm fest, damit er nicht winken kann und bin erleichtert, als der Mann wieder Gas gibt. Raimunds Ehrgeiz, mich ins Ziel zu bringen, macht vernünftigen Überlegungen Platz: „Hör lieber auf, bevor du in etwas Ernstes hineinläuft" mahnt er. Doch da vorne kommt das Schild mit der 80 drauf. Liebe gute 80! Ich wackele über die Straße, halte mich an dem Schild fest. „Mach ein Foto!" sage ich zu Raimund. „Wenigstens die 80 ist gefallen!" „Du hast Sorgen" kommentiert er kopfschüttelnd und macht das Foto. Tatsächlich ließ ich das Bild machen, weil ich noch nicht wusste wie ich die letzten 2200 Meter schaffen sollte. Nach einer weiteren halben Stunde bei 33°C erreichte ich das Ortsschild Gossliwil. 200 Meter entfernt lagen die Zeitnahmematten auf der Straße. Zwei Leute saßen im Schatten auf der gegenüberliegenden Straßenseite und beobachteten neugierig, die humpelnde graubärtige Gestalt, die sich da mit der Geschwindigkeit einer Weinbergschnecke näherte. Ganz vorsichtig stellte ich meinen linken Fuß auf die Matte: „Piiep" sagte der Computer und ich grinste zu den beiden hinüber: „Habe fertig!" Es war kurz vor 12 Uhr, ich war genau 13:55:52 unterwegs. Noch nie in meinem Leben hatte ich eine längere Strecke zurückgelegt. Ich schaute mich um: eine Handvoll Bauernhöfe, eine Straßenkreuzung, Wiesen, Kühe, Schafe und Wälder. Ja, dachte ich, einmal musst du nach Gossliwil. Der Postenchef registrierte meinen Ausstieg und verwies mich bis zur Ankunft des Busses an die Sanitäter um die Ecke. Ich schleppte mich um besagte Ecke und blickte hoffnungsvoll auf die nur hundert Meter entfernte Tür mit dem roten Kreuz: Allerdings ging es auf diesen hundert Metern fast fünfzig Meter bergauf. So kämpfte ich mich wie ein verdurstender in der Wüste den Berg hinauf, registrierte aus den Augenwinkeln wie der schiefe Opa locker an mir vorbeitrabte und erreichte endlich die freundlichen Frauen, die mir schon besorgt entgegensahen. Mit mir hatte auch ein junger Mann im blauen Trikot die Gelegenheit zum Ausstieg genutzt, der auch eine Weile mit uns gegangen war. „wo ist eigentlich dein Radbegleiter?" fragte der mich und ich deutete lachend den Berg hinauf: „Wenigstens einer von uns soll bis ins Ziel kommen." Raimund hatte das schwere Gepäck abgeladen und wollte unbedingt die letzten 18 Kilometer noch mit dem Rad fahren. Wenig später, ich saß im Kleinbus nach Biel und schaute müde aus dem Fenster, da erkannte ich links vor dem Wald die kleinen bunten Figuren von Läufern, unterwegs auf den letzten Kilometern. Dann sah ich noch etwas: einen Radfahrer in knallgelbem T-Shirt auf einem riesigen schweren Stahlross, der in die Pedale trat als sei der Finanzminister persönlich hinter ihm her: Raimund, mein Coach! Ich zeigte ihn meinem Leidensgenossen. „Schau da drüben fährt mein Coach!" Ich war ganz stolz auf meinen treuen Begleiter. Das hat er sich nicht nehmen lassen. Da strampelte er in seiner geliehenen Radhose im großen Gang direkt nach Biel. Mein „nichtlaufender" Freund Raimund, der in dieser Nacht und an diesem Tag mindestens 30 Kilometer weit das Rad neben sich her geschoben hatte, der mich aus den schwarzen Löchern geholt hatte, der mir die Beine massiert hatte und der mich unbedingt in Biel abliefern wollte. Hatte ich so einen überhaupt verdient? Ich weiß es nicht. Aber gebraucht habe ich ihn um so mehr. Danke Raimund! Für alles! Der Bus lieferte uns am Eingang des Festzeltes ab. Ich schulterte die schweren Packtaschen und machte mich auf den „weiten" Weg um die Halle herum zum Ziel, um Richard und die anderen zu treffen. Bereits in der Nacht hatte Richard, als er die voluminösen Packtaschen sah, gefrotzelt: „Die hätte ich dem Krämer aber auf den Buckel gebunden!" Nun, jetzt ist Zeit für Sühne: wie ein andalusisches Maultier schlurfte ich über den Rasen, erreichte die Clique und gratulierte Richard zu seinen hervorragenden 12:45. Martha, die in der Nacht auf dem Fahrrad eingenickt und gestürzt war, hatte ihren Schutzengel arg strapaziert, denn außer einer Beule und kleinen Abschürfungen hatte sie keine Verletzungen erlitten. Sie musste Richard versprechen, in Zukunft nur noch mit Helm zu fahren. Wenig später trafen die beiden Rähmers glücklich und gemeinsam ein, wobei Mark, der sich von einem Wundermittelverkäufer eine Antiblasensalbe gekauft hatte, einen aus einer einzigen Blase bestehenden Fuß aus seinem Schuh befreite. Nur Frank, der ursprünglich auch unserem Team angehörte, hatte verletzungsbedingt bereits bei 38,6 aufgegeben und war bereits auf dem Heimweg. So leckten wir denn unsere Wunden, beglückwünschten unsere Finisher und dankten unseren Begleitern: den Fahrradcoaches genauso wie dem nimmermüden Ehepaar Angelika und Karl-Heinz Dosch, die auch schon auf dem Rennsteig für reibungslosen Ablauf in Küche und für guten Service an der Strecke gesorgt hatten. O

Wunder: ich erhielt eine Medaille, ein T-Shirt (Funktions-shirt!) und ein Diplom mit meinen Zwischenzeiten. Mein Hausarzt bescheinigte mir eine Entzündung und etwas Wasser im Knie, darüber hinaus eine erstaunlich lockere Muskulatur und erteilte mir Trainingsfreigabe für den Swiss-Alpine-Marathon in fünf Wochen! Den mache ich! Da wird aber nicht marschiert! Und im nächsten Jahr werde ich die Strecke komplett laufen. Irgendwann musst du nach Biel! Raimund hat schon zugesagt, wieder den Coach zu machen. Allerdings will er dann bereits vor dem Start zusammen mit den anderen Bikern über die Laufstrecke zum Treffpunkt radeln. Damit er den 100er auch komplett hat. Verrückt? Aber sicher!

Auf in die Schweiz!

Da wo`s den Swiss-Alpine gibt, bzw. nicht mehr gibt, denn der heißt jetzt Davos-Alpine. Klingt zwar auch ganz gut, aber es ist ein bisschen so, als würde Mercedes jetzt in Schwabenmobil umbenannt werden oder als wären die Schweizer Kühe nicht mehr Lila. Egal, was bleibt ist mit Sicherheit die Faszination, die alpine Langstrecken schon immer ausgeübt haben. Sogar auf so jemanden wie mich! Man(fred) steigert sich eben so von Jahr zu Jahr: zuerst habe ich die Schweiz mit dem Flugzeug auf dem Weg zu mallorquinischen Stränden überflogen, dann mit dem Auto durchquert und nun soll es zu Fuß von Davos nach Bergün gehen, bzw. laufen. Ha! Erwischt! Die Marathonne will gar nicht den K78 laufen. Richtig: der K78 ist für mich das, was der K2 für den Reinhold Messner ist: etwas für Profis. Ich als Feierabend-Athlet möchte es zunächst etwas gedämpfter angehen lassen. Der C42 darf es sein, der in diesem Jahr zum ersten Mal angeboten wird und der den bisherigen 30er ablöst. Das "C" steht für Cross, was mir von meinen Odenwälder Trainingsstrecken her verlockend in den Ohren klingt und im übrigen wird der C42 von den Organisatoren als der ideale "Einsteigerlauf" beschrieben. Wohl gemerkt: Einsteigerlauf für das alpine Marathonlaufen, nicht etwa für Leute die bisher noch niemals die 42,195 unter die Füße genommen haben. Das Höhenprofil zeigt eine zunächst ebene, dann sogar etwas abfallende Strecke, bis es dann die letzten 12 Kilometer stetig bergauf geht. Nicht so brutal wie beim Jungfraumarathon oder beim großen Bruder K78, aber immerhin gediegen. Dazu kommt noch die ungewohnte Höhenluft, immerhin liegt der Start in Davos ja bereits auf 1550 m. Das will ich machen! Das habe ich im Kopf. Jetzt muss ich es nur noch in die Beine kriegen. Seit Januar steht jeder Laufschritt im Zeichen des Schweizerkreuzes. Zugegeben, ein bissel Bammel habe ich schon vor diesem Vorhaben. Doch dank meiner vorjährigen Rennsteigerfahrung, den regelmäßigen Bergläufen mit der Clique und dem (wieder mal) felsenfesten Vorsatz, zehn Kilogramm abzunehmen, sehe ich einigermaßen gelassen dem 26. Juli entgegen. Ach ja, die Berglaufclique: Richard, mein erprobter Laufkamerad und Michael, mit Anfang dreißig unser "Altenpfleger" waren gleich dabei, als es hieß, die Marathonne rollt in Richtung Schweiz. Für unseren "Teenie" Michael ist dies dann auch tatsächlich der erste Marathon, den er aber dank sehr guter Kondition und mittlerweile bewiesener Bergfestigkeit wohl erfolgreich durchstehen wird. Für Richard dürfte der C42 auch nur ein besserer Regenerationslauf sein, ist dies doch nach Rennsteig und dem Bieler 100 km-Lauf endlich mal wieder eine etwas überschaubarere Strecke. Und ich? Wie trainiert die Marathonne für ihren ersten Alpenmarathon? Ganz einfach: ich habe mir von Dr. Feix, sowie der versammelten Runner's World Mannschaft, speziell auf mich zugeschnittene

Trainings- und Ernährungspläne zusammenstellen lassen. Ich habe in vier verschiedenen Instituten Leistungstests und Laktatmessungen machen lassen und ich spule jede Woche zwischen 70 und 110 Kilometern ab. Die letzten acht Wochen werde ich in den Rocky Mountains Professor Footpowers Höhentraining absolvieren. Danach dürfte es in Davos wohl keine Probleme geben. Bleiben wir aber lieber auf dem Teppich: ich habe nach dem Rennsteiglauf vom vergangenen Jahr ein recht beschauliches Dasein als Genussläufer geführt, wobei ich dem Genuss oftmals Vorrang vor dem Laufen eingeräumt habe. Das Ergebnis: ich bin wieder eine echte Marathonne. Seit März betreibe ich unseren Sport allerdings mit wieder erwachtem Ehrgeiz etwas ernsthafter, habe von meinen 85 kg bereits wieder fünf im Wald gelassen und bin wieder in der Lage, drei Stunden am Stück durch die Berge zu traben. Ein guter Anfang will mir scheinen. Das eigentliche Training begann am Montag den 5. Mai stilecht mit einem Ruhetag. Ab Dienstag trainiere ich dann nach dem Marathon-Trainingsplan für eine Endzeit von 4:00 Stunden aus dem Runner's World Laufbuch. Die langen langsamen Dauerläufe an den Wochenenden ersetze ich allerdings durch Bergläufe von gleicher Länge. Außerdem geht es unter der Woche einmal für zwei bis zweieinhalb Stunden ins Gebirge. Das ist alles. Ansonsten wird der Plan buchstabengetreu umgesetzt. Ich werde in Davos natürlich nicht auf eine Vierstunden-Endzeit hinarbeiten. Ankommen ist die Devise. Für eine längere Laufzeit wird wohl alleine schon die Höhenluft sorgen. Immerhin liegt der Startort Davos auch schon locker über 1500 m hoch. Durch unseren gemeinsamen Berglaufsonntag, der sich mittlerweile fest etabliert hat, habe ich nun einen etwas höheren Maximalpuls (188), so dass das herzfrequenzgesteuerte Training automatisch etwas an Tempo gewinnt. Zwischendurch werden auch bei den langsamen Läufen kleine Temposprizten gegeben. Der erste Fitnesstest war am 22. März beim Sandhofener Straßenlauf über 10 km, in der Nähe Mannheims: dieser Lauf ist bei den Läuferinnen und Läufern unserer Gegend sehr beliebt. In diesem Jahr wurden statt der bisher drei Runden zwei gelaufen, was mir entschieden besser gefiel. Mit dem Ziel wenigstens unter 60 Minuten zu laufen, ging ich an einem herrlichen Frühlingsnachmittag an den Start. Die Berglaufkumpels standen mir auch diesmal treu zur Seite: Michael frozzelte über die alten Herren, die wir wären. Richard betonte, dass er nie wieder solch eine Hetzerei wie einen "10er" machen werde (das sagt er bei jedem 10 km Wettkampf) und ich? Ich werde versuchen "in de Hosse" zu bleiben. Ich werde die erste Runde mit einer Herzfrequenz von maximal 150 laufen, die zweite bis zur Hälfte nicht über 160 und die letzten beiden Kilometer ist eh "Open race" damit sollte mir eine Endzeit von irgendwo bei 55 oder 56 Minuten glücken. Dieser Wettkampf dient einzig und allein der Formüberprüfung. Eine Verletzung so früh im Jahr kann ich jetzt absolut nicht gebrauchen. Mit dem Startschuss setzten sich die rund 700

Läuferinnen und Läufer in Bewegung. Die Strecke ist schnell, durchgehend asphaltiert und führt zweimal durch Dorf, Feld und am Rhein entlang. Das Wetter ist ideal: die Sonne scheint, die Temperatur liegt bei 15°C, wir laufen in T-Shirt und Sprintershorts. Wir, das sind insgesamt 12 Läuferinnen und Läufer des SCA-Lauftreffs. Das ist ein Firmenlauftreff, bei dem ich als Gastläufer schon öfters dabei war und auch stolz das Firmentrikot trage, ist doch der bekannte "Softis"-Hersteller auch ein Kunde meiner Spedition. Richard, unser "Stammesältester", der stundenlang über Tempoläufe und Kilometerbrenner hetzen kann, stürmt gleich los, als wären zehn Rottweiler hinter ihm her. Ich immer nebendran. Diesmal soll der mir nicht davonlaufen! Michael hält sich in unserem Windschatten und philosophiert über Vernunft und Geschwindigkeit. Meine Marschtabelle flattert davon wie ein Papiertaschentuch, meine HF liegt jetzt schon bei 160 und dabei haben wir erst einen Kilometer hinter uns. In 5:10 Minuten. Aber hallo! Während der ersten Runde habe ich Angst vor der zweiten, halte jedoch das Tempo. Bei der zweiten Runde freue ich mich, dass das gefürchtete Ziepen im hinteren Oberschenkel ausbleibt und ich noch genug Luft habe um die Hindenburg aufzublasen. Mittlerweile sind wir bei Kilometer sieben. Das Tempo liegt jetzt bei knapp 5:00. Noch nie war ich so lange so schnell gelaufen! Ich erhöhe das Tempo noch um einen Tick, Richard fällt zurück, Michael macht den Schlussmann. Ich überhole einige durchtrainiert aussehende

"Schlankis": die jungen Kerlchen schauen etwas verdutzt, als ein angegrauter Herr mit Bäuchlein vorbeizieht, dann hängen sie in meinem Windschatten. Noch zwei Kilometer! Tempo halten! Jetzt geht es doch ans Eingemachte: die HF liegt bei 180, aber ich fühle keine Schmerzen. Gelobt seien die Berge! Die Muskulatur arbeitet zuverlässig, stemmt kleines, dickes Krämer in Richtung Ziel. Die Sonne steht seitlich, ich sehe aus den Augenwinkeln die Schatten meiner Jäger: drei Silhouetten mit Kappen. Ich nenne sie im Geiste Tick, Trick und Track. So hechle ich als eine Art Onkel Donald auf das nahe Ziel zu. Kurz vor der letzten Kurve bricht einer der "Neffen" aus, zieht an mir vorbei, gibt alles und darf sich rühmen, drei Sekunden schneller als die Marathonne zu sein. Doll was? 52 Minuten und 42 Sekunden zeigt meine Zwiebel. Dicht hinter mir rollt Richard an, wiederum gefolgt von Michael, der seinen allerersten Wettkampf mit Bravour absolviert hat. Leute, das war klasse, besonders das anschließende fachsimplige Kaffee und Kuchenfestival. Trotzdem: nächste Woche gehen wir wieder in die Berge, Jodelahitti! Ich bin der Tourenmanager unserer kleinen Laufgruppe: jede Woche belieben die Herrschaften eine neue Runde zu laufen und ich knobele sie aus. Das macht einen Riesenspaß, besonders wenn man sich einmal mit dem Entfernungsmesser vertan hat und aus dem Zweistundenlauf ein ausgewachsener Marathon wird. Berüchtigt dafür: das sogenannte Elms- Wilmshausener Verlaufgebiet in der Nähe von Bensheim. Hier haben wir durch

Orientierungsfehler schon viele schöne Ecken kennenge-
lernt, sind durch nasse Wiesen gepatscht, unter Weidezäu-
nen durchgeklettert und auf der falschen Seite von Hoftoren
herausgekommen. (Auf der Hundeseite!!) Unseren neuen
Bergfreund Michael haben wir auch bereits auf dem
Melibocus "eingenordet " am letzten Sonntag erst. Lieber
Thomas Steffens: da wir mittlerweile wissen, das der "Melli" auch einmal dein Hausberg war, haben wir der "Rinne"
und dem Comoder Weg schöne Grüße von dir ausgerichtet.
Nun ist der Odenwald, auch wenn er einen Melibocus mit
knapp 500 m enthält, nicht die Schweiz und schon gar nicht
Graubünden aber für ein einigermaßen seriöses Training
muss es einfach reichen. 12 Wochen, insgesamt etwa
700-800 Kilometer, die Hälfte davon im Gebirge, sollten
mich doch aufrecht ins Ziel bringen. Seit ich im vorigen
Jahr mit dem Berglaufen begonnen habe, gibt es das Wort
von der Trainingsmonotonie nicht mehr für mich. Die sogenannte "Hausrunde", im ruhigen Trab unter die Hufe genommen, ist jetzt die Ausnahme. Neue Wege braucht das
Land! Wir haben mittlerweile den gesamten vorderen
Odenwald zu unserem Revier gemacht. Startorte sind Park-
plätze, welche in einem (Auto)-Radius von nicht mehr als
einer halben Stunde liegen. Jede Woche fährt ein anderer
von uns, die "Passagiere" bringen Kaffee und Kuchen ins
Rennen. Etwas ganz spezielles sind die richtig langen Kanten: So wird Richard ende April einen 50 km langen Trainingslauf absolvieren. Michael und ich, die ja "nur" den

kleinen Swiss-Alpine laufen, begleiten ihn dann auf den Fahrrädern. Zurzeit bin ich gerade am Austüfteln der Strecke. Sehr hilfreich sind dabei Wanderkarten im 20.000er Maßstab. Meistens erstelle ich eine Tour anhand der vorhandenen und markierten Wanderwege. Diese lassen sich auch hervorragend kombinieren und die angegebenen Gehzeiten sind schnell auf Läuferniveau gerechnet. Den zur Tour passenden Kartenausschnitt trage ich als Kopie bei mir; praktisch mit Klebeband versiegelt, in einer Dokumentenhülle. Ausrangierte Schnürsenkel dienen als Halskette und so lässt sich die Karte bequem unter der Laufjacke tragen. Wer keine komplizierten Rundstrecken planen will, der kann auch eine Punkt-zu-Punkt-Tour machen: wir haben hier an der Bergstraße einen Wanderweg, der mit dem blauen "B" markiert ist: das ist der Burgenweg und er führt auf einer Länge von 84 km von Heidelberg bis Darmstadt. Immer ungefähr auf halber Höhe der Berge, mit fantastischem Ausblick auf die Rheinebene, tiefen Taleinschnitten und ruhigen Schwenks in die Wälder. Der Weg steuert fast sämtliche Burgen an, viele sind bewirtschaftet und wer glaubt, das dies ein gemütlicher Spazierweg sei, der hat noch nicht erlebt wie gemein so ein richtig steiler Burgberg zu Läuferwaden sein kann. Auf der badischen Hälfte von Weinheim bis Heidelberg begleitet die OEG, eine Straßenbahn, den gesamten Verlauf und bietet zahlreiche Haltepunkte entlang der Strecke. Dies ist einfach ideal für Läufer: wir parken unser Auto in der Nähe einer Haltestelle, steigen in das Bähnchen und lassen uns 10, 16 oder gar 20 Kilometer weit fahren. Dann geht's raus und weil die OEG am Fuß der Berge rollt, haben wir erst einmal einen kräftigen Aufstieg zum blauen "B" zu bewältigen. Dort angekommen, geht es durch Weinberge, vorbei am Blütenmeer der Obst- und Mandelbäume zurück zum Ausgangspunkt. Möglich sind auch sogenannte "Private Ultraläufe": steht ein Kurzurlaub bevor oder ein Wochenendtrip, so kann man den Partner oder die Partnerin mit dem Auto vorausschicken und die Strecke bzw. einen Teil davon laufend zurücklegen. Logisch, dass sich für solche Vorhaben Ziele bis zu einer Entfernung von maximal 50 km eher anbieten, als ein Kurztrip an die Adria oder die Costa Brava. Also, wem sein Lauftraining auf den Wecker fällt, der kann hier buchstäblich ein weites Feld beackern. Was für lange Läufe gilt, ist natürlich genauso auf die kurzen Strecken anwendbar. Mut zur Improvisation gehört allerdings dazu: Laufen Sie zur Arbeit. Ist das zu weit, dann fahren Sie die erste Etappe mit Auto/Bus/Bahn oder machen Sie einen Duathlon daraus: mit dem Fahrrad bis zum besten Freund oder zur Verwandtschaft und den Rest auf Nikes Rappen. Machen sie es doch wie ich: ich habe heute meinem Chef wieder einen Lauf geklaut! Ich belieferte einen Kunden, der für seine langen Wartezeiten berüchtigt ist. Überraschenderweise wurde ich sofort abgefertigt. Anstatt den armen Disponenten dem Herztod auszuliefern und stolz ins Telefon zu plärren: "bin schon Fääärtig!!" parkte ich meinen LKW in einer stillen

Ecke, zog die Laufsachen an und trabte los: vorbei an Industrieanlagen, stillgelegten Bahngleisen und zweimal rund um den Mannheimer Rangierbahnhof. Ein interessanter und kurzweiliger Lauf in unbekanntem Geläuf. Dass nach solch kreislauffördemdem Tun die Arbeit umso leichter von der Hand ging, und anstatt eines müden und unkonzentrierten Kutschers ein gutgelaunter und aufgeweckter Fahrer hinter dem Steuer saß, kann der Firma doch nur recht sein oder? Trotzdem bitte nicht verraten! Was für mich als LKW-Fahrer möglich ist, geht auch in anderen Branchen: Außendienstler und andere relativ unbeaufsichtigte Arbeitnehmer haben es zwar naturgemäß etwas leichter als Banker oder Industrieangestellte, aber selbst eine Mittagspause bietet Zeitraum für wenigstens einen halbstündigen flotten Run. Wer keine Dusche nutzen kann, wird staunen, wie gepflegt man riecht/aussieht, selbst wenn man nur eine große Wasserflasche und einen Waschlappen bei sich hat. Duschgel, Shampoo, Deodorant gibt es überall in praktischen Minipackungen. Das passt alles in einen Minikulturbeutel. Die (fast) ausrangierten Gnadenbrot-Laufschuhe vom letzten Marathon, sowie die Laufklamotten vom Discounter sind immer griffbereit. Dies ist insofern wichtig, wenn nach einem festen Plan trainiert wird und die Familie ab und zu auch mal was vom Läufer oder von der Läuferin haben will. So ist man in der Lage, etwaige Ausfallzeiten sinnvoll zu nutzen und wenn der Feierabend einmal etwas später kommt, kann man diesen getrost auf der Couch zelebrieren.

Während ich diesen Artikel schreibe, liegt aber mein Lauf-jahr noch fast zur Gänze vor mir: Am 17. Mai werde ich Richard zum Rennsteig begleiten. Ich werde allerdings le-diglich als Betreuer und Fotograf mitfahren. Zwei Wochen später werde ich dann im Zuge meines Swiss-Alpine-Trai-nings am Lampertheimer Spargellauf teilnehmen. Dieser traditionelle Halbmarathon hat für mich eine ganz besonde-re Bedeutung, war es doch hier, wo ich als

"Die Marathonne" meine erste (süßsauere) Wettkampferfah-rung machte. (Runner's World Sonderheft für Einsteiger) Weitere zwei Wochen später werde ich bei den Bieler Lauf-tagen am 100 km Lauf teilnehmen. Als Fahrradbegleiter! Die müssen dort immerhin rund 80 km zurücklegen und das bei Nacht und allen möglichen Wetterlagen. Wer meine Hassliebe zu Fahrrädern kennt, wird wohl gespannt sein, was dabei herauskommt. Am 26. Juli wird es dann ernst: auf nach Davos!

Swiss Alpine Marathon C42

Der „C42" ist das jüngste Kind in der Swiss Alpine Familie. Das C steht für „Cross" und die 42 für die Marathondistanz von 42,195 km. Wer bisher in Graubünden Marathon laufen wollte, musste sich den K42 geben. Dieser hochalpine Marathon startet in Bergün und folgt der Strecke des legendären K78, der in Laufkreisen normalerweise gemeint ist, wenn von „dem" Swiss Alpine die Rede ist. Der K42 ist ein richtig harter Brocken, teilen sich die Läuferinnen und Läufer doch die schwerste Etappe mit Ziel in Davos. Keschhütte und Scalettapass, wahrhaft klangvolle Namen im Reigen der internationalen Langstreckenläufe. Dann gibt es noch den bewährten K30, der von Davos bis Filisur führt und ebenfalls neu in diesem Jahr eine Walkingstrecke mit einer Länge von 27,8 km ebenfalls von Davos nach Filisur. Biker, Inlineskater und Läufer können sich darüber hinaus den K78 teilen der, in dieser „Team-Version", durch eine Schleife über Alvaneu Bad auf 81,5 km kommt. Drei „Mini" Strecken von 0,6, 2,1 und 3,7 km Länge werden am Freitag für die zukünftigen Cracks bis 15 Jahren angeboten. Ich habe für den C42 gemeldet, wird dieser doch in der Ausschreibung als Einsteigerlauf beworben. Dies soll nun mein erster alpiner Lauf werden. Die Ausgangslage in Davos mit 1500 Höhenmetern dürfte atemtechnisch nicht sehr ins Gewicht fallen, die ausgewiesenen 830 m Steigung und 900 m Gefälle erscheinen mir recht zivil. Armer, armer

Manfred, das Höhenprofil sieht nur so harmlos aus, weil sich direkt im Anschluss der mächtige „Everest" des K78 in ungeheure Höhen schwingt. Doch davon später. Zunächst einmal genieße ich wieder dieses herrliche „Vor-dem-Start-Kribbeln" im Bauch, schlendere betont gelangweilt im Stadion von Davos-Platz umher, wo gerade die Musiker der Gugga-Felsberg ein (Nomen est Omen) Platzkonzert geben und unterhalte mich mit einigen Laufgenossen und Innen. Das Wetter ist fantastisch, ein wolkenloser Himmel verspricht Temperaturen von über 25°C. Tatsächlich meldet die Keschhütte am Mittag wahrhaft tropische 18°C und das in 2630 m Höhe! Es dominieren Singlets und Sprintershorts. Auch ich habe mich in der Sommeruniform eingefunden. Ehrfürchtig mustere ich die himmelsstürmenden Berge um mich herum und beglückwünsche mich zu meiner Umsicht und Vernunft, den „kleinen" C42 gewählt zu haben. Das es kein Spaziergang werden wird ist mir zwar klar, aber ich blicke in diesem Jahr auf eine einigermaßen seriöse Trainingsphase zurück. Immerhin habe ich in der Vorbereitung einen langsamen Dauerlauf von 82,2 km absolviert (siehe RW August 03) und an jedem Wochenende die Berge des Odenwaldes plattgetreten. Abgenommen habe ich dieses Jahr wieder nicht, aber das kennen meine Leserinnen und Leser ja schon. Aber Gewicht ist sekundär, es hat immerhin eine fühlbare Umverteilung von Fett zu Muskelmasse stattgefunden. Ich habe endlich kapiert, dass ich wohl niemals ein ausgemergelter „Dürrfleischreisender" sein werde und fühle mich pudelwohl mitsamt Bäuchlein und Heldenbrust. Der Start ist für 8.00 Uhr angesagt, zusammen mit den Teilnehmern des K78 und des K30. Um 7.50 Uhr werden die meist Stockbewehrten Walker losgelassen und um 7.55 die Farbenprächtigen Biker der Team-Disziplin. Ich reihe mich brav im hinteren Teil des Feldes ein und schaue mir verstohlen die Menschen in meiner Nähe an. Wieder einmal scheinen alle miteinander viel besser vorbereitet zu sein als ich armer Flachländer. Andrea Tuffli läuft in diesem Jahr von Bergün aus den K42. Ein wahrhaft glaubwürdiger OK-Chef. Zur Nachahmung anderen Veranstaltern unbedingt ans Herz gelegt! Ich habe mir als Zielzeit irgendetwas zwischen fünf und sechs Stunden vorgenommen, nach meiner Aufgabe beim Bieler 100km Lauf hat jedoch der Wunsch, ins Ziel zu kommen absolute Priorität. Noch ein Ausstieg würde mich wohl etwas traumatisieren, zumal ich mir nach Biel aus verschiedenen Mündern diverse Ratschläge und „Ich-habs-dir-gleich-gesagt" Weisheiten anhören musste. Weisheit 1: ich würde nicht mit dem nötigen Ernst trainieren. Also bitte! Ich laufe aus Spaß und habe viel Freude dadurch. Ernsthaftigkeit ist bei mir noch nie groß zum Durchbruch gekommen. Weisheit 2: unter 70 Wochenkilometern kannst du das Training eh vergessen. Also gut vergessen wir es! Weisheit 3: Süßigkeiten und Hausmacher Wurst sind tabu für Läufer. In erster Linie bin ich Mensch und erst in zweiter Linie Läufer. Wer mich der Unsportlichkeit bezichtigt, ist herzlich zur nächsten Trainingsrunde eingeladen. (Hinterher gibt's auch Kaffee und Kuchen) gemäß Schweizer Präzision peitscht pünktlich um acht der Startschuss, gefolgt von einem hallenden Böller. Über 2000 Teilnehmer machen sich auf den Weg. Die meisten (1153, Stand 22. Juli 03) wählten die Königsstrecke mit +/- 2320 Höhenmetern, gefolgt von etwa 340 C42 Teilnehmern und über 650 K30 Leuten. Die über 100 Walker sind bereits seit zehn Minuten unterwegs. In dichtem Pulk geht es hinaus aus dem Stadion und in einer großen Schleife durch die Stadt. Musik, zahlreiche Zuschauer und die Streckenführung durch die Hauptstraße erinnern eher an einen City-Marathon als an einen Crosslauf. „Warte nur!" mahnt eine Stimme tief in mir. Sie sollte recht behalten. Eine Frau spricht mich an, sie hat die „Marathonne" erkannt. Ihr Mann ist auch dabei. Etwas weiter vorn. Er ist in Biel siebter geworden. Hoppla! Erste Liga! Die freundliche Läuferin fragt nach meinem Knie, ich erzähle ihr, dass ich es mittlerweile im Griff habe. Habe ich das? Ich hoffe es. Hallo Knie, hast du gehört? Gib bloß Ruhe heute! Die Frau wünscht mir viel Glück. Sie läuft den K30. Vielleicht wäre das auch für mich besser gewesen? Kurze Bestandsaufnahme: Training? So gut wie nie zuvor! Ernährung? Nudelnudelnudelnudelnudel. Bis auf Gestern. Da haben wir in unserem Quartier mehrere Dosen Hausmacher Wurst geleert. Mit Senf, Bauernbrot und Weinschorle. Den Marathonmorgen eröffnete ich dann wie gewohnt mit drei fingerdick mit Nuss-Nougat-Creme bestrichenen Weißbrotscheiben. Ach ja, geschlafen habe ich wie ein Baby. Eines das schon durchschläft natürlich. Zwei Kilometer sind bereits geschafft. Immer noch sind wir in Davos. Ich sehne mich nach der Natur. Meine Beine sind immer noch etwas schwer. Aber das kenne ich vom Training. Ich brauche lange um warm zu werden. Meistens springt erst nach 45 Minuten der Motor an. Auf die Toilette hätte ich noch gehen können. Die Schlangen und das Aroma haben mich aber in die Flucht geschlagen. So habe ich mich mit einem Päckchen Taschentücher ausgerüstet und harre der Büsche, die da wohl hoffentlich bald kommen werden. Andere Läuferinnen und Läufer hatten wohl die gleichen Gedanken: am Ortsausgang von Davos-Platz schweift der Blick nach links über das weite Tal im weichen Licht der Morgensonne. Kitschiggrün die Wiesen, dunkel die Wälder und hell strahlend die Felswände der Berge. In der Ferne ein Kirchlein. Ein Bach glitzert. Davor wie eine Staffage eines modernen Theaterregisseurs, fünf Wildpinkler in Reih und Glied. „Herrliche Aussicht!" lacht einer neben mir und hinter fast jedem Mäuerchen und jedem Heuschober verschwinden Verdauende in geschäftlichen Angelegenheiten. Was den neugierig zuschauenden Kühen recht ist. Wir laufen auf der Hauptstraße in Richtung Wiesen. Ganz leicht geht es bergab. Endlich hat sich der Zement in meinen Beinen verflüssigt, ich lege ein wenig Tempo zu. Das Knie meckert nicht. Dann geht es nach rechts eine Steigung von etwa 10% hinauf. Einige gehen bereits hier. Taktik oder nicht? Ich falle in meinen kurzen Bergschritt, tappere an vielen vorbei und kontrolliere meine Herzfrequenz: 133. Wie bei meiner Hausrunde daheim am Rhein. Ich bin zufrieden mit mir, bewundere das herrliche Tal der Landwasser und genieße die klare Luft. Kaiserwetter! Richard und Michael, meine Laufkameraden, sind im wahrsten Sinne des Wortes bereits über alle Berge. So war es auch abgemacht: jeder läuft seinen eigenen Lauf. Das zu hohe Anfangstempo war es auch, dass mich vor sechs Wochen den Zieleinlauf in Biel kostete. Heute bin ich bewusst langsam unterwegs. Da nur alle fünf Kilometer eine Entfernungstafel steht, kenne ich meinen genauen Schnitt nicht, schätze ihn jedoch auf irgendwo zwischen 6:30 und 7:00 min/km. Das Feld hat sich entzerrt, trotzdem läuft man nie allein. So langsam hat wohl jeder sein Tempo gefunden. Ich sehe es daran, dass immer die gleichen Leute um mich herum sind. Die Gespräche werden weniger, jeder gibt sich seinem Rhythmus hin. Da kommt die erste Verpflegungsstelle. Fast wäre ich daran vorbeigelaufen, denn hier werden die Posten nicht durch Schilder im Voraus angekündigt. Vielleicht im nächsten Jahr? Eine Menschentraube schart sich um den Tisch mit den Wasserbechern. Ich lege eine gemütliche Gehpause ein und trinke in aller Ruhe meine zwei Becher. Das habe ich mir vorgenommen. Keine hastige Schlabberei, kein Verschlucken und Schnaufen und Prusten nur um keine „wertvollen" Sekunden zu verlieren. Rasch finde ich dann wieder mein Tempo, laufe locker und leicht, wie an irgendeinem Samstagmorgen im heimatlichen Wald. Wir überqueren nun die Hauptstrasse und der Weg führt endlich in den Wald. Kilometer zehn: eine Stunde und acht Minuten habe ich gebraucht. Ein guter Wert. Aber es ging bisher ja auch kaum bergauf. Dies ändert sich nun etwas: der Weg windet sich schmal und steil durch herrlich duftende Wälder in Richtung Spina. Vorbei an kleinen Wasserfällen und plätschernden Bergbächen, stockt die Karawane nun immer öfter. Der Grund dafür sind nicht etwa entkräftete Läufer, sondern die nun immer zahlreicher werdenden Walker mit ihren gefährlich schwingenden Stöcken. Auf den engen Waldpfaden ist Überholen nicht immer gefahrlos möglich und viele der Nordic-Walker denken auch nicht im Traum daran Platz zu machen. So bleibe ich eben dahinter und bedauere, das mir weder ein Mercedes-Kühlergrill, noch eine BMW-Niere, geschweige denn eine Lichthupe zur Verfügung stehen. (Bevor wieder welche böse werden: Privat fahre ich einen winzigen japanischen Dreizylinder) als auch hartnäckiges Räuspern und Schniefen nichts nützt, wage ich einen Angriff, schiebe mich rechts vorbei, murmele ein „Entschuldigung" und erwische eine ekelhaft glatte Baumwurzel mit meinem wenig profilierten Straßenlaufschuh. Der Traum jedes Lichthupenopfers wird wahr: ich gerate aus der Balance, lande auf Händen und Knien im Matsch, kippe seitlich weg und rolle zwei drei Meter den Abhang hinunter. Der Walker schmeißt gleich die Stöcke weg, bietet mir zusammen mit anderen sofort seine Hilfe an, aber ich bin schon wieder hochkant. Nix passiert, danke Leute! Vielleicht hätte man die Walker nicht vor, sondern nach den Läufern auf den Weg schicken sollen. Oder gleichzeitig, in einem Extra-Block am ende des Feldes? Manch ärgerliche Situation wäre dadurch wohl vermieden worden. Aber die herrliche Natur, die frische Bergluft und die atemberaubende Aussicht auf die Berge lassen jeden Ärger schnell verfliegen. Am Streckenrand stehen ein paar Leute, mächtige Kuhglocken geschultert, die sie rhythmisch schwingen. Ein Alpengruß, ganz ohne lila Kuh! Im Wald entdecke ich ein Eichhörnchen: es ist etwa einen Meter groß und sitzt unmittelbar am Wegrand. Es ist aus einem Baumstumpf geschnitzt, den Holzfäller stehen gelassen haben. Ganz in der Nähe sehe ich in gleicher Machart noch einen Hasen und einen überdimensionalen Pilz. Im Vorbeilaufen erwische ich einen raschen Blick auf eine Info-Tafel: Jede Menge kleingedrucktes und die Zeichnung eines Wolfes! Gibt es hier große böse? Kleine gemeine, wird es sicher en masse geben. Nicht jeder hat sich prophylaktisch vaseliniert. Einmal habe ich einen Läufer gesehen, der in merkwürdiger Gangart in Richtung Sanitätszelt wankte. „Wolf!" rief er den Sanis zu. Autsch! Endlich wird der Weg wieder breiter, ist ein ungehindertes Laufen möglich. Es geht nun wieder eine Zeitlang bergab. Übermütig gebe ich Gas, eile mit großen Schritten zu Tal, überhole andauernd und lege mich in die Kurven wie bei der morgendlichen Fahrt zur Arbeit auf meinem Helix-Roller. „Krämer pass auf deine Knie auf!" mahnt die

Vernunft. Aber diese spielt im Herzen eines Läufers meistens nur die Rolle der Opposition. Es zwickt nichts und es zwackt nichts, kein Ziehen und kein Kneifen, die richtigen Klamotten am Leib und das Gefühl mit meinen Lungen einen Heißluftballon zum Platzen bringen zu können. Läufer, was willst du mehr? Jetzt könnte ich wieder aus vollem Hals militärische Kadenzen schmettern, aber ich verkneif mir das. Die Schweiz ist schließlich ein neutraler Staat. Und schön ist sie! Nach jeder Biegung, nach jeder Kuppe neue Postkartenansichten. Ein Bergidyll jagt das andere. Ein Straftäter, wer hier nur Bestzeiten und Rekorde im Kopf hat. Ja, ich sehe euch schon leise lächeln, ihr bergerfahrenen Alpin-Läufer. Flachland-Manni, der mal ein bisschen Odenwaldluft geschnuppert hat, meets Graubünden. Grinst ihr nur. Ich gebe es zu, ich bin hin und weg von so viel herrlicher Kulisse. Gleichzeitig wächst mein Respekt höher als das Matterhorn, wenn ich an die Frauen und Männer denke, die den K78 laufen. Hinauf auf 2630 m und wieder hinunter nach Davos. Dagegen habe ich ja einen richtigen Sonntagsspaziergang gewählt. In Monstein erreichen wir C42-Leute den mit 1624 m höchsten Punkt unserer Strecke. Hier, bei Kilometer 16,4 befindet sich wieder eine Verpflegungsstation. Es gibt neben Wasser auch Bananen, ein (sehr gutes!) Sportgetränk, sowie Energieriegel und Traubenzucker. Ich grapsche mir zwei Bananenstücke, decke mich mit Riegelstücken ein und trinke Wasser und Sportgetränk halbe-halbe. Nach der üblichen Gehpause trabe ich gutgelaunt weiter. Kurz hinter Schmelzboden gelangen wir in die wildromantische Zügenschlucht. Auf breitem Schotterweg durchqueren wir roh in den Fels gehauene Tunnel, die durch extra aufgestellte Lampen beleuchtet werden. Zwischendurch immer wieder einmal das Pfeifen der „Kleinen Roten", wie die rhätische Bahn hier liebevoll genannt wird. Sie rattert unsichtbar durch verborgene Tunnel, leuchtet plötzlich in der Sonne auf einem der zahlreichen Viadukte. Rechts von uns eine steile Felswand, links sucht sich ein Wildbach in Kaskaden seinen Weg durch einen Felssturz. Alpen pur. Der Begriff Swiss-Alpin ist wahrhaft treffend gewählt. Die ersten Radfahrer der Teamwertung kommen uns entgegen. Sie haben ihr Etappenziel in Alvaneu-Bad erreicht und gondeln nun entspannt nach Davos zurück. Die Laufstrecke verlässt rechts den Hauptweg. Es geht über ungleichmäßig behauene Stufen in die Höhe. Danach windet sich der Weg in Serpentinen bergauf. Viele gehen. Ich stelle fest, dass mir das langsame Vorfußtrippeln leichter fällt als der raumgreifende Holzfällerschritt, den hier manche praktizieren. So hoppele ich an vielen vorbei, bin glücklich, dass mein altes Kriegsleiden im rechten Bein heute blau macht und freue mich auf den angekündigten Wiesner-Viadukt. Hier in Wiesen hat unsere Laufclique auch Quartier bezogen. Im Haus Clematis bewohnen wir ein riesengroßes Appartement im Dachgeschoss. Der einzige Nachteil: es führen 73 Stufen da hinauf. Warte nur, du kleines Läuferlein! Ich erreiche Kilometer 20 in 2.15h. Solche Zeiten laufe ich normalerweise in der Ebene. Ist das die Höhenluft, die mich beflügelt, oder die unerschöpfliche Energie der Pfälzer Wurst? Ich erreiche den Bahnhof Wiesen, der ein Stück vom eigentlichen Dorf entfernt ist. Hier, beim „Stationli-Kiosk" gibt es wieder Verpflegung. Ein Streckensprecher begrüßt uns, Musik erklingt und wir laufen ab hier unmittelbar an den Gleisen entlang. Kurz nach der Station überqueren wir den Wiesner-Viadukt auf einer bollernden Holzplankenkonstruktion, die seitlich an dem steinernen Viadukt befestigt ist. Ich versuche gut auszusehen, denn am Ende der ca. 200 m langen Brücke sitzt ein Fotograf. Ich verdränge die Gedanken an rhythmische Schwingungen, die schon stabilere Brücken zum Einsturz gebracht haben. Die Aussicht nach beiden Seiten ist grandios. Entschuldigung, wenn ich schon wieder mit Superlativen um mich werfe, aber das ist einfach so. Nach unten schaue ich tunlichst nicht, da krieg ich bloß das Hosenflattern. Nach der Brücke geht es wieder steil und glitschig hinauf in den Wald. Viele rutschen aus. Hier geht jeder. Ich schaue nach oben, erkenne im vierten Stock schlurfende Gestalten mit hängenden Köpfen. Ich glaube ich habe mir das Höhenprofil des C42 doch nicht so genau angesehen. So stapfe ich denn meinen Vordermännern und frauen hinterher wie einer der sieben Zwerge auf dem Weg zur Arbeit: hei-ho, hei-ho. Irgendeiner hat vor drei Kilometern gesagt, bis Filisur gehe es nur noch bergab. Typisch, jetzt will es natürlich keiner gewesen sein! Eines aber ist sicher:

ab Filisur geht es nur noch bergauf. Aber richtig! Endlich hat die Kletterei ein Ende. Endlich kann ich wieder laufen. Die Strecke steigt und fällt wie auf sanften Meereswellen. Dann geht es wieder ein langes Stück bergab. Die Sonne brennt ganz ordentlich. Es sind jetzt sicher schon 25°C. Ich trabe durch eine langgezogene Kurve. Noch zwei Kilometer bis Filisur und ich bin immer noch gut drauf! Links steht einer jener hölzernen Brunnen, die man in den Alpen oft sieht. Zwei Kerle in blauen Trikots stecken ihre Köpfe in den Trog. „SCA" prangt in großen weißen Lettern auf ihren Rücken. Genau wie bei mir. Jetzt schmettere ich aber doch mein geliebtes Barras-Lied mit dem Erfolg, das die beiden sich abrupt umdrehen und mich ungläubig anstarren. „Wo kommst du denn her?" fragt Richard geistvoll und ich kontere ebenso toll: „aus Davos!" Ich verspreche Richard, die Singerei zu lassen und so sind die drei Muskeltiere wieder komplett. Doch nicht sehr lange. Michael tänzelt herum wie ein nervöses Rennpferd. Ich verstehe, wir alten Säcke sind ihm zu langsam. Kurz darauf verabschiedet er sich und entschwindet um die nächste Kurve. Unser Marathondebütant. Als Richard und ich in Filisur ankommen, werfen wir einen verstohlenen Blick auf das Ziel des K30. Nix da! Weiter geht's! Unsere Begleiter stehen winkend und rufend an der Strecke, knipsen wie die Japaner und wünschen uns alles Gute. Wir bunkern Verpflegung und traben langsam weiter. Mir geht es gut. Kilometer 30 geschafft und der Hammermann ist in Urlaub gefahren. „Laufen wir noch nen kleinen

Zwölfer?" frage ich Richard lachend. Der winkt ab. „Lauf deinen Lauf." Das tue ich dann auch. Ganz gemütlich zockele ich davon. Die Landschaft wird wilder. Der Weg steiler. Ich leiste mir ein Katz- und Mausspiel mit einem „78er": an den leichten Steigungen hole ich ihn immer wieder ein. Aber wenn es richtig hart wird, schnappt er mich wieder. Der läuft einen gleichmäßig kräftigen Trab. Der wird den langen Kanten wohl locker schaffen, denke ich. Nun sind es nur noch etwas über zehn Kilometer bis nach Bergün. Ich beginne zu rechnen: mit ein bisschen Glück könnte ich noch unter fünf Stunden bleiben. Das beflügelt mich. Ich erhöhe etwas das Tempo. Ständig überhole ich Läuferinnen und Läufer. Endlich habe ich selber einmal das gemacht, was ich immer jedem Laufanfänger empfehle: zu Beginn bewusst langsam laufen. Energie sparen für die zweite Hälfte. Die ersten zwanzig Kilometer bin ich stur nach dem Herzfrequenzmesser gelaufen. Obergrenze 138-140 mehr nicht. Danach maximal 160 bei den Bergaufpassagen. Die waren allerdings teilweise so heftig, dass ich die 160 schon beim Gehen erreichte. Jetzt, nachdem der dreißiger gefallen war, ignoriere ich den HF-Messer. Ab jetzt laufe ich nur nach dem Gefühl. Und das Gefühl ist gut! Gerade kraxele ich einen fast senkrecht nach oben führenden Pfad hinauf. Teilweise sind hier sogar Stufen eingebaut worden. Weit oben sehe ich die Betonstützmauer einer Straße. Nachdem ich diese erreicht habe, pfeife ich nun doch wie ein Meerschweinchen, das sich bei den Fischer-

chören bewirbt. Ich latsche die Straße hinauf. „Latschen"
ist der absolut korrekte Ausdruck für diese Art der Fortbewegung: die Arme wild schwenkend, breitbeinig wie ein
Berggorilla und heftig schnaufend versuche ich wieder zu
Atem zu kommen. Ein ganzes Stück muss ich so wandern,
bis sich meine Oberschenkel und meine Lungen wieder
einkriegen. Links führt die Bahnlinie entlang. Ein fernes
Pfeifen und wenig später donnert eine rote Lokomotive mit
den gleichfarbigen Wagen der Rhätischen Bahn vorbei. Aus
den Fenstern hängen Leute wie bei der indischen Eisenbahn
und jubeln uns winkend zu. Die Straße ist ein Meisterwerk
schweizerischer Ingenieurskunst. Wie angeklebt führt sie
um den Berg herum. Ich pfeife auf die paar Minuten. Laufe
zur rechten Seite beuge mich über die steinerne Brüstung
und blicke in einen bodenlosen Abgrund. Das Kribbeln in
meinem höhenängstlichen Bauch wird zu
Grönemeyerschen Flugzeugen und ich wende mich schnell
wieder der Bergseite zu. Weit voraus kreist ein Hubschrauber über einem Dorf: Bergün! Wohl wissend, dass das Erreichen von Bergün nicht gleichbedeutend mit der Zielankunft ist, trabe ich fröhlich weiter. Dampf habe ich immer
noch in den Beinen. Niemand wundert sich mehr darüber
als ich selbst. Mehrere PKW mit Polizeibegleitung kommen
uns langsam entgegen: Zu festgelegten Zeiten darf die gesperrte Straße im Konvoi befahren werden. Eine gute Idee.
So kommen die Anwohner zu ihren Häusern und die Teilnehmer werden nicht gefährdet. Voraus der Ortseingang

von Bergün. Die K78 Teilnehmer dürfen geradeaus weiter und sich nun auf den richtig knackigen Teil der Tour freuen, wir C42er werden dezent wieder aus dem Dorf gewiesen um noch eine drei Kilometer lange Schleife über den historischen Säumerweg durch den Crap und die reizvolle Schluchtenlandschaft von Funtanislas. Gleich hinter dem Ortsschild geht es wieder hinunter. Quer über Wiesen, die Wegstrecke lediglich durch eingesteckte Fähnchen markiert, führt ein Trampelpfad immer weiter hinab. Ich spurte los, iss mir doch wurscht, ob das klug ist oder nicht. Dunkel wird mir bewusst, dass ich dies alles auf der anderen Seite wieder hinaufklettern muss. Aber zuerst erwartet uns auf der Talsohle ein fantastischer Schluchtweg, unter überhängenden Felsen hindurch, entlang rauschender Bäche, durch eine Welt wie sie Tolkien nicht besser beschreiben könnte. Ich komme mir vor wie Aragorn der Waldläufer aus „Herr der Ringe" auf dem Weg nach Mordor. Doch nicht das Böse an sich wird mich am Ende dieser Reise erwarten, sondern ein Zieltransparent und ein piepsender Scanner. Ja, die Zeiten ändern sich. Doch nun ist es vorbei mit Schluchten und Felsen, jetzt heißt es wieder klettern, kraxeln, schnaufen. Richard sagte mir später, dass ihn diese Klettersteige an den Dr.-März-Weg in seiner zweiten Heimat Filzmoos in Österreich erinnert hätten. OK Dr. März, aber ich würde diese Etappe eher Reinhold-Messner-Weg nennen. Der letzte Kilometer. Die ersten Häuser von Bergün. Es geht immer noch steil bergauf, aber wir sind jetzt auf einer befestigten

Straße. Ich gehe, sammele Kräfte für den Endspurt. Ehrensache, dass das Ziel im Laufschritt genommen wird. Eine Kurve, dann die letzten 200 m zum Ziel. Ich falle wieder in den Laufschritt. Ich lasse die beiden vor mir einen größeren Abstand gewinnen, denn da vorne hockt der Streckenfotograf. Hallo Eitelkeit, schön dich zu sehen. Dann das Ziel: ein schmuckloser Metalldurchgang, ein Transparent, unsere Begleiter, versteckt hinter klickenden Fotoapparaten und ein junger Mann, der den Abriss von der Startnummer scannt. „Piep!" 4.53h! Aber hallo, Herr Pfarrer! Ein kleiner Junge hängt mir die Medaille um und schaut ein wenig verständnislos, als ich ihm erkläre, dass ich seit Davos auf ihn gewartet habe. Michael, unser „Frischling" gratuliert mir, sieht aus, als wäre er gerade mal zehn Kilometer gelaufen, dabei ist er in einer Superzeit von 4:44h hier angekommen. So einer ist im Flachland doch locker für eine 3.30er Zeit gut oder? Mit Richards Ankunft in 5.03h waren wir dann wieder alle komplett, duschten ausgiebig (sanitäre Anlagen sehr gut!) und staksten dann steifknochig zum Bahnhof. In der überfüllten rhätischen Bahn ratterten wir dann Teile unserer Laufstrecke in umgekehrter Reihenfolge ab. Genossen das Gefühl, es geschafft zu haben und schworen uns: bis bald im nächsten Jahr!

Resümee:

Der C42 hat ohne Zweifel das Zeug zum absoluten Klassiker! Gerade für Läuferinnen und Läufer, die noch vor den ganz großen Schlappen wie Jungfrau, Matterhorn und K78

Mores haben, aber einen alpinen Lauf einmal probieren möchten, ist dieser Marathon allererste Wahl. Jeder, der sich einen Marathon zutraut und einigermaßen ordentlich trainiert hat, kann den C42 schaffen. Im Gegensatz zu den meisten Citymarathons schließt das Ziel in Bergün erst nach sieben Stunden. Die Versorgung an der Strecke ist, wie bei einer solch traditionsreichen Veranstaltung nicht anders zu erwarten, Top und die Landschaft ist vom allerfeinsten. Das Einzige, was ich jedem dringend ans Herz legen möchte, der hier zum ersten Mal Alpenluft schnuppern will: langsam anfangen! Die letzten 12 Kilometer haben es knüppeldick in sich! Wer hier keine Reserven mehr hat, wird gehen ohne Ende. Trailschuhe sind an manchen Abschnitten sicher von Nutzen, aber nicht unbedingt notwendig. Wichtig für Swiss-Alpine-Teilnehmer: Kleidung für jedes Wetter einpacken! Nicht immer hat man solch ein Wetterglück wie in diesem Jahr. Die Begleiter können für einen geringen Betrag ein Tagesticket der Rhätischen Bahn kaufen und damit den ganzen Tag die Strecke abklappern. Für Läuferinnen und Läufer ist die Startnummer gleichzeitig Fahrkarte. Also: raus aus den Federn und beim Swiss-Alpine mitgemacht! Der Termin Ende Juli erlaubt einen Trainingsbeginn Ende April, so dass sich niemand im Winter plagen muss, es sei denn er läuft noch einen Frühjahrsmarathon. Oder den Bieler 100er, so wie ich. Aber ich bin ja auch ein bisschen plem plem.

Mein Verein:

SG Stern Mannheim!

Die Sparte Laufen stellt sich vor:

Wir sind Menschen, die Spaß an der Bewegung und vor allem am Laufen haben. Laufen ist ein Stück Lebensqualität, das wir mit vielen netten Läufern teilen wollen.

Im Jahr 1993 hat sich die Laufgruppe der SG Stern im Werk Mannheim gegründet. Ziel war es, den bereits vorhandenen losen Verband von Läufern einer organisierten Gemeinschaft zusammenzuführen. Neben „Benzlern" sind auch Menschen, die nicht bei Daimler arbeiten, in unserer Gemeinschaft herzlich willkommen.

Wir treffen uns bei den verschiedensten Laufveranstaltungen im Rhein Neckar Dreieck. Gemeinsame Trainings sind auf Grund der vielen unterschiedlichen Schichtzeiten und

Wohnorten schwierig zu organisieren, aber das ein oder andere Mal wird auch gemeinsames Laufen eingeplant. Ehrenamtlich unterstützen wir den Mannheimer Dämmermarathon seit Anbeginn als Helferteam bei der Kleiderannahme. Hier sind wir teilweise mit bis zu 40 Helfern aktiv.

Regelmäßig nehmen wir an den verschiedenen Laufwettbewerben in der Region teil. Wir organisieren Läuferreisen wie z.B. nach München, Dresden, Amsterdam, Bregenz, Berlin, Erfurt, Leipzig und Salzburg. Dabei sind wir sind nicht nur sportlich unterwegs, auch der kulturelle Aspekt kommt nicht zu kurz.

Läuferische Höhepunkte sind die Deutschlandpokale: Zweimal im Jahr fahren wir zu den Laufwettbewerben, die im jährlichen Turnus von den verschiedenen SG Stern Standorten organisiert werden. Hier messen wir uns im 10-KM-Lauf, Halbmarathon und Marathon mit unseren Kolleginnen und Kollegen im fairen Wettkampf. Schon einige Male, konnten wir so den Titel der Konzernmeisterschaft über verschiedene Distanzen erringen.

Rege besucht und informativ sind auch die Laufworkshops, welche wir für die komplette SG Stern Mannheim veranstalten. Laufanalysen, Ernährungstipps, Muskelaufbautraining sowie Vorbeugemaßnahmen bezüglich Sportverletzungen mittels ABC-Lauftrainingsplan werden hier von unseren Lauf Coaches angeboten.

Für Mitglieder, die es mal ruhiger angehen lassen wollen, treffen wir uns alljährlich im Sommer/Herbst zu einem Wandertag, den wir abwechselnd im Odenwald oder Pfälzerwald durchführen. Auch unsere jährliche Jahresabschlussfeier ist bei unseren aktiven und passiven Mitgliedern sehr beliebt. Wir lassen das hinter uns liegende Laufjahr Revue passieren und belohnen Läufer/innen mit den meisten nachgewiesenen Wettkampfkilometern mit einem kleinen Geschenk. Des Weiteren ehren wir den Läufer/in des aktuellen Jahres, wobei hier nicht der Aspekt der Schnelligkeit oder Ausdauer ausschlaggebend sind. Wir sind eine harmonische Truppe, wichtig für uns sind neben dem sportlichen Erfolg genauso die Geselligkeit bei all unseren Events. Wenn Du Interesse hast bei uns mitzumachen, solltest Du dich bei uns melden. Wir beantworten gerne alle deine Fragen rund um das Thema Laufen. Wir freuen uns auf Dich!

Postanschrift:

Herr George Jones

SG Stern Mannheim

HPC G380

Hanns-Martin-Schleyerstr. 21 - 57

68301 Mannheim

www.mannheim.sgstern.de

Meine Herzensangelegenheit:

Wir – die **Athletes for Charity (A4C)** - sind ein hochmotiviertes Team von Freunden, denen das Engagement für eine gute Sache extremen Durchhaltewillen sowie enorme Kraft und Ausdauer verleiht. Wir nehmen bevorzugt an Extremsport- und Laufveranstaltungen für wohltätige Zwecke teil. Mit der Übernahme der Schirmherrschaft unterstreicht der **Bürgermeister der Stadt Sunrise FL. USA, Mayor Michael J. Ryan,** die Besonderheit unseres Anliegens. Dafür bedanken wir uns herzlich!

Im Jahr 2018 wurde die gemeinnützige **Athletes for Charity Stiftung** gegründet. Sie soll dem Andenken an unseren viel zu früh an Krebs verstorbenen Freund Alexander Breithaupt gewidmet sein. Mit der Athletes for Charity Stiftung wollen wir kranken und benachteiligten Kindern dauerhaft helfen.

Gutes tun

Als unabhängige Initiative besitzen wir die Flexibilität, uns gleichzeitig für mehrere gute Zwecke einzusetzen. Durch die Krebserkrankung unseres Freundes Alex lag es nahe, dass wir den Kampf gegen Krebs unterstützen. Des Weiteren setzen wir uns insbesondere für Kinder ein, die aufgrund unverschuldeter Umstände ein schweres Schicksal tragen. Dabei steht für uns das Sammeln von Spenden nicht an erster Stelle. Wir möchten vielmehr den Betroffenen Mut machen und ihnen auch auf andere Weise helfen.

Alle Geldspenden, die wir erhalten, kommen ohne Abzüge und in voller Höhe dem guten Zweck zu, den Sie gemeinsam mit uns unterstützen möchten. Zur Zeit engagieren wir uns für das "Waldpiratencamp" in Heidelberg und den "Kinderplanet" in Heidelberg. Außerdem helfen wir auch individuell Kindern, die einen schweren Schicksalsschlag erlitten haben.

Ein außergewöhnlicher Erfolg ist uns für zwei amerikanische Kinder gelungen, die gleich mehrfach ein schweres Schicksal tragen. Ava und Stella haben das sog. Usher-Syndrom. Sie sind taub auf die Welt gekommen, ihr Vater ist tödlich verunglückt und aufgrund des Usher-Syndroms erblinden sie mehr und mehr. Mit der Hilfe unserer Freunde und Supporter konnten wir den Traum der Mädchen erfüllen: einmal den Eiffelturm in Paris zu sehen, bevor sie völlig erblindet sind. Die Reise zum Eiffelturm werden die zwei nie vergessen, genauso wenig wie wir die Freude der Mädchen darüber vergessen werden. Über weitere Aktionen der Athletes for Charity können Sie sich auf unserer Facebook Seite www.facebook.com/athletes4charity informieren.

Menschen motivieren

Wir wollen den Betroffenen, deren Familie und Freunden Mut machen. Gebt nicht auf! Ihr schafft das! Wir kämpfen für Euch! Alle anderen rufen wir auf, uns dabei zu unterstützen. Gemeinsam sind wir stark! Jeder kann helfen und Supporter der Athletes for Charity werden.

Marco Steffan, Gründer der A4C (links) und
Mayor Michael J. Ryan, Bürgermeister von Sunrise in
Florida, Schirmherr der A4C

Lächeln schenken

Mit vielfältigen Aktionen für Betroffene und unserem Bemühen, auch in extremen Situationen ein Lächeln zu bewahren, möchten wir etwas Freude in das Leben all derer bringen, für die wir kämpfen.

Emil - der uns soviel zurückgibt!
Mit freundlicher Genehmigung der Familie Neubauer

Initiative: www.athletesforcharity.de
Stiftung: www.a4c-stiftung.de
Facebook: www.facebook.com/athletes4charity

Was mir noch wichtig ist:

Dieses Buch wäre ohne meine jahrelange Mitarbeit bei RUNNER'S WORLD und ohne die Genehmigung, diese Texte zu verwenden, nicht Zustande gekommen. Dafür möchte ich dem Chefredakteur Martin Grüning und seinen Vorgängern Thomas Steffens und Frank Hofmann ganz herzlich danken.

Dass aus einem dicken Couch-Potatoe überhaupt ein Läufer wurde, verdanke ich meinem Miteinsteiger, langjährigem Laufkameraden und immer noch gutem Freund Raimund Müller. Das aus dem Läufer ein Marathoni und Ultraläufer wurde, ist das Verdienst meines Mentors Richard Wehe und seiner Frau Martha, die uns auf tausenden von Trainingskilometern mit dem Fahrrad begleitete. Ihr habe ich auch ein eigenes Kapitel gewidmet. Mittlerweile traben links und rechts (bei Wettkämpfen aber stets vor mir) Sascha und Ingo, Schwiegersohn und Nachbar. Schön, dass ihr jungen Kerle mit so einem alten Sack trainiert!

Manfred H. Krämer ist „Die Marathonne" - Darüberhinaus aber auch ein erfolgreicher Krimiautor:

Im Dezember 2004 erschien sein Krimi von der Bergstraße **"Tod im Saukopftunnel"**. Die Story um Menschenschmuggler und eine brutale Mordserie wurde 2006 bereits zum fünften Mal aufgelegt.

Auch der 2005 erschienene Regionalkrimi **"Der Kardinal von Auerbach"** um einen Chirurgen mit dunkler Vergangenheit und eine schöne Archäologin, fand zahlreiche begeisterte Leser.

Mit **"Die Raben vom Mathaisemarkt"** (in Schriesheim), die einen auf grausige Weise zur Schau gestellten toten Bürgermeisterkandidaten umschwirren, schrieb Krämer 2006 einen neuen beeindruckenden Regionalkrimi, der ebenfalls an der Bergstraße spielt.

Im Dezember 2007 erschien **"Tod im Saukopftunnel"** als Hörbuch, gesprochen vom Autor selbst, der mit seiner wandelbaren Stimme und seiner expressiven Art zu lesen, stets für ausverkaufte Lesungen sorgt.

Mit dem Kurzkrimi **"TotenHochzeit"** lieferte Krämer 2007 ein höllisches Dinner-for-Two als Beitrag zur Krimi-Anthologie "Mannheimer Morde". Diese Geschichte las Krämer im April 2008 in Wien anlässlich der dort stattfindenden Criminale mit großem Erfolg.

2008 erwarb der zur Random House Gruppe gehörende Heyne-Verlag die Taschenbuchrechte für die gesamte Bergstraßentrilogie. Ende 2008 erschien "Tod im Saukopftunnel" mit neuem Cover bundesweit, ihm folgte im November 2009 "Der Kardinal von Auerbach". 2011 folgten "Die Raben vom Mathaisemarkt".

"ONCA Der weiße Jaguar" ist Krämers bisher umfangreichstes Buch. Der Roman um das Schicksal einer bemerkenswerten Frau, verbindet klassische Thrillerelemente mit großen Gefühlen, ohne jemals sentimental oder gar kitschig zu wirken. Ein faszinierendes Abenteuer mit Niveau.

Die Mannheimer Privatbrauerei Eichbaum nahm Krämer im Oktober 2010 unter Vertrag und veröffentlichte das Hörbuch **"Heiße Luft und kaltes Bier"**, in dem ebenfalls Solo & Tarzan die Hauptrollen spielen. Das Hörbuch wurde in einer Auflage von 30.000 Stück gebrannt und liegt als VKF-Aktion den Bierkästen bei.

2015 beteiligte sich Krämer mit dem Kurzkrimi **„Der letzte Flug des Albatros"** an der Pfälzer Krimi-Anthologie **„Slevogts Tod",** die im Agiro-Verlag erschienen ist.

Bücher von Manfred Krämer im Waldkirch Verlag:

"Spargelmord", ein spannender Krimi rund um den Spargel in der Metropolregion Rhein-Neckar, spielt zentral in Lampertheim sowie von Mannheim bis Heidelberg und ist im Verlag Waldkirch erschienen.

"Die Skorpionin", ein Thriller im Mode- und Society-Milieu um eine genauso so schöne wie grausame Mörderin und ihren Verteidiger Stephan Glimm, der in dem Mannheimer Anwalt Steffen Kling ein reales Vorbild hat.

"Kohlemord" spielt im Rheinschifffahrtsmilieu. Handlungsort ist Mannheim, Thema ist die "Kohlemafia" und ihre Aktivitäten auf dem Rhein. Im Zuge der Recherche zu diesem Roman fuhr Krämer auf einem Kohlefrachter von Rotterdam bis Mannheim als "Leichtmatrose" mit.

In **"MordsQuilt"** geht es um fünf Frauen und vier tote Ehemänner bzw. eine tote Nebenbuhlerin. Rabenschwarzer Humor in Deutschlands erstem Handarbeitskrimi!

"MaiMarktMord" ist zum 400. Jubiläum des Mannheimer Maimarkts erschienen und ein typischer Solo & Tarzan Krimi mit vielen Reminiszensen a n in Mannheim. Mit verarbeitet hat der Autor die latente Drohung von Massenanschlägen bei Großveranstaltungen.

"MordsMarathon" dreht sich um den Dämmermarathon in Mannheim. Mit verarbeitet hat der Autor die latente Anschlagsgefahr bei Großveranstaltungen. Krämer, der viele Jahre als Kolumnist für das Laufmagazin Runner's World gearbeitet hat, und von daher auch unter vielen Läuferinnen und Läufern bekannt wurde, ist selbst Läufer und kennt die Marathonszene aus eigener Erfahrung.

2017 erschienen ist **„RiverMord"**, ein Flusskreuzfahrtkrimi, der aus einer beschaulichen Rheinreise einen wahren Horrortrip macht. Manfred Krämer hat die darin beschriebene Fahrt selbst als Passagier mitgemacht und das Buch auch mit „echten" Crewmitgliedern bestückt.

2018 veröffentlichte er den ersten Band seiner Kolumnen- und Reportagesammlung **„Die Marathonne"**, welche er in seiner Zeit als freier Mitarbeiter und Kolumnist von RUNNER'S WORLD verfasste.

Im Sommer 2018 ist die Veröffentlichung eines Jugendromans geplant. Unter dem Titel **„Windkinder"** erzählt der Autor die dramatische Geschichte zweier entlaufener Heimkinder. Ein atemloser Roadmovie in Buchform, in dem Krämer seine Erfahrungen als Fernfahrer einfließen liess.

Aktuelle Informationen über
Manfred „Marathonne" Krämer
gibt es hier:

FaceBook: Manfred Krämer Autor
Homepage: www.krimi-kraemer.de
Blog: www.marathonne.de

Foto: Berno Nix